国学典藏

资治通鉴故事

（图文版）

《国学典藏》丛书编委会 ◎ 编著

下

中国铁道出版社有限公司
CHINA RAILWAY PUBLISHING HOUSE CO., LTD.

图书在版编目（CIP）数据

资治通鉴故事：图文版：全2册/《国学典藏》丛书编委会编著. —北京：中国铁道出版社，2017.10（2021.9重印）
（国学典藏）
ISBN 978-7-113-23342-6

Ⅰ.①资… Ⅱ.①国… Ⅲ.①中国历史－古代史－编年体－通俗读物 Ⅳ.①K204.3-49

中国版本图书馆CIP数据核字（2017）第162537号

书　　名：资治通鉴故事（图文版）
作　　者：《国学典藏》丛书编委会

责任编辑：付巧丽　　　　**电　　话**：（010）51873038
装帧设计：中北传媒
责任印刷：赵星辰

出版发行：中国铁道出版社有限公司（北京市西城区右安门西街8号，100054）
印　　刷：三河市燕春印务有限公司
版　　次：2017年10月第1版　2021年9月第2次印刷
开　　本：710mm × 1000mm　1/16　　**印张**：44.5　**字数**：700千字
书　　号：ISBN 978-7-113-23342-6
定　　价：98.00元（全二册）

宋武帝（公元363年—422年）

帝王世系表

宋武帝·刘裕

宋少帝·刘义符

宋文帝·刘义隆

宋孝武帝·刘骏

宋前废帝·刘子业

宋明帝·刘彧

宋后废帝·刘昱

宋顺帝·刘準

宋纪

公元420年—479年

东晋末年，刘裕在与四大家族的斗争中取得了胜利，于公元420年取代东晋政权而自立为王，国号宋。刘裕成为宋朝的开国皇帝。为与后来赵匡胤所建立的宋朝相区别，历史上通常称之为“刘宋”。

刘裕的出身十分贫寒，他吸取了东晋四大族屡屡兴兵而最终灭亡的教训，不再重用名门，而是多任用贫寒出身的有才之士，并由皇子掌握兵权，避免了重蹈东晋大族割据的覆辙。然而，由于皇子位高权重，相互间争权夺利，甚至最终相互残杀，这是刘裕始料未及的。

刘裕死后，宋少帝与宋文帝相继即位。其中，宋文帝刘义隆在位期间是宋朝最繁荣的一段时期，此时南方的经济、文化均有所发展。宋与北朝的魏国交战虽各有胜负，却都损失惨重，使南北方经济受到严重损失，无力再发动大型战事。由此，南北方才逐渐相对稳定。

宋文帝死后，宋孝武帝、宋明帝都是有名的暴君，不仅没能给予臣子、将士应有的信任，甚至兄弟间也相互残杀，政治一度陷入混乱。在此期间，南兖州刺史萧道成趁政治混乱之机而形成了较强的势力。后来，萧道成灭了刘宋，建立了齐。刘宋从此退出了历史舞台。

大事年表

- 公元 420 年／刘裕建立宋朝（刘宋），东晋亡。
- 公元 422 年／魏明元帝建立太子监国制。
- 公元 424 年／宋大臣徐羡之等废杀少帝，迎立宜都王刘义隆。
- 公元 427 年／晋诗人陶渊明去世。
- 公元 431 年／檀道济唱筹量沙智退魏军。
- 公元 436 年／宋文帝忌檀道济威名，杀之。
- 公元 439 年／魏太武帝经过十六年征战，统一北方。
- 公元 444 年／魏太武帝灭佛。
- 公元 450 年／宋文帝北伐失败，魏军兵临瓜步。北魏爆发国史之狱。
- 公元 452 年／魏太武帝在政变中被杀。
- 公元 453 年／宋文帝在政变中被杀。
- 公元 460 年／云岗石窟开建。
- 公元 462 年／祖冲之奏新历，纠正《元嘉历》的错误，定一回归年为 365.2428 日。
- 公元 466 年／魏文明太后临朝称制。
- 公元 471 年／太子宏即位，是为北魏孝文帝。

刘裕篡位建宋

公元420年，宋王刘裕通过暗示的方式迫使东晋恭帝司马德文将皇位“禅让”给他，刘宋建立，东晋灭亡。

刘宋永初元年（公元420年），东晋的宋王刘裕，希望晋恭帝[1]司马德文能实行禅让，将帝位传给自己，却又不好开口，于是召集朝廷群臣，设宴饮酒。

在酒宴上，刘裕假装不经意地说：“当年桓玄篡位，晋国政权被夺取，是我最先倡导大义，复兴宗室，南征北战，平定了天下。建立功业后，又蒙皇上恩赐九锡之礼。现在我老了，地位又如此尊贵，凡事忌讳太满，太满则难保久安。现在我要把爵位奉还皇上，回到京师养老。”

朝臣只称颂他的功德，没有人明白他真正的意图。天色已晚，大家散席离去。中书令傅亮走出宫门，突然醒悟，但是宫门已经关闭。傅亮敲门求见刘裕，刘裕立刻下令开门召见。

傅亮入宫，只说：“我应该暂时返回京师。”

刘裕明白他的意思，也不多说别的，直接问他：“你要多少人护送？”

傅亮回答：“几十个人就够了。”然后告辞离去。

傅亮出宫时，已经是半夜了，正好看见彗星划过夜空，傅亮拍着大腿感叹说：“我以前不相信天象，现在看起来，要开始应验了。”

傅亮抵达京师建康。到了四月，晋恭帝征召刘裕入京辅弼。六月初九，刘裕到达建康。

傅亮委婉地暗示恭帝把帝位禅让给刘裕，并草拟了退位诏书，呈给司马德文，让他亲自抄写。

司马德文装出高兴的样子，提起笔来，对左右侍从说：“桓玄的时候，晋朝已经失去天下，全靠刘公才使得重新延续将近二十年。今天禅位，我心甘情愿。”于是在红纸上抄写诏书。

十一日，司马德文回到琅琊旧居，百官叩拜辞别，秘书监徐广痛哭流涕，悲恸不已。

十四日，刘裕在南郊设坛，即皇帝位。仪式结束，刘裕从石头城乘法驾进入建康宫殿。徐广又悲痛哭泣。

侍中谢晦对徐广说：“徐公有些过分吧！”

劉裕

徐广说："您是宋王佐命的大臣，我是晋朝遗老，悲欢之间，当然不同。"

刘裕登上太极殿，大赦天下，改年号为永初。议论朝政的人，一律除去罪名，让他们改过自新。

刘裕尊奉司马德文为零陵王，对待他的礼节，全按照晋初的先例。

第二年，刘裕把一罐毒酒交给前琅琊郎中令张伟，让他毒死司马德文。张伟叹气说："毒死君主以求活命，还不如死！"于是在路上自己把毒酒喝了。

后来刘裕派伏兵翻入司马德文住处，给他毒药，让他服下去。司马德文不肯，说："佛教[2]的教义，自杀的人不能投胎再得人身。"士兵们就用被子捂住他的脑袋，将他闷死了。

相关链接

〔1〕晋恭帝：公元385年－420年，名司马德文，晋孝武帝之子，晋安帝之弟，共在位两年，被刘裕所废。

〔2〕佛教：世界三大宗教之一，由印度释迦牟尼所创，主张人的修行和解脱，于东汉明帝刘庄时传入我国，在魏晋南北朝时达到鼎盛。

拓跋焘攻打统万

北魏太武帝拓跋焘趁夏国后方兵力空虚，就进攻其都城统万，通过战争俘虏了夏国王公贵族并尽收其宝物。

北魏司空奚斤与夏国平原公赫连定在长安对峙。北魏太武帝拓跋焘想趁夏国后方空虚，进攻夏国的都城统万。于是厉兵秣马[1]，部署将领。任命司徒长孙翰等人率领三万骑兵，为前锋部队；常山王拓跋素等人率领三万步兵，作为后继部队；派遣南阳王拓跋伏真等率领步兵三万人，运送攻城的器具；将军贺多罗带领三千精锐骑兵，在部队最前面负责侦察。

刘宋元嘉四年（公元427年）五月，拓跋焘从平城出发，命令龙骧将军陆俟统率留在北方的各支部队，镇守大碛，防备柔然汗国的进攻。

五月初九，拓跋焘从君子津渡过黄河，抵达拔邻山后，在那儿修筑城寨，留下辎重，率领轻骑三万人，加速前行。

随行的官员都劝他，说："统万城十分坚固，不是一天就能攻下的。现在您率领轻装部队前去讨伐，进不能攻克，退又没有粮草物资。还是与步兵一起，带着攻城器具进发吧。"

拓跋焘说："用兵的策略，攻城是最下策，逼到万不得已，才能使用。现在如果以步兵带着攻城器具一起进发，敌人见了，心里恐惧，就一定会坚守。到了那个地步，如果不能及时攻下，粮草用尽，士兵疲惫，城外又没有可以抢掠的，就会进退维谷了。不如先用轻骑直接进军到统万城下，敌人没看见我们的步兵，一定不会在意。我们假装虚弱引诱他们，他们如果出城迎战，我们就能擒获他们了。

"之所以这样做，是因为我们距离家乡两千多里，又隔着黄河，所谓'置之死地而后生'！三万人的轻骑，攻城当然不够，但决战是足够了。"于是率军出发，抵达统万，分出大批兵力埋伏在山谷里，只派少数部队进军城下。夏国的大将狄子玉投降北魏，报告拓跋焘说："夏王赫连昌听说北魏大军将至，就征召平原公赫连定率军返回。赫连定说，'统万城十分坚固，不容易被攻破，等我擒获奚斤，再赶赴统万，内外夹击，一定可以成功。'所以赫连昌决定坚守，等待赫连定。"

拓跋焘听到后，非常担心，于是撤退示弱，又派遣娥清和永昌王拓跋健率领骑兵五千人到西边抢掠百姓。北魏军队里有士兵因为犯罪逃走，投降夏军，说魏军的粮草已经用尽，士兵们每天只吃野菜，辎重补给还在后面，步兵也还没到达，应该乘机迅速进攻。赫连昌听从了。

六月初二，赫连昌亲自率领步兵、骑兵共三万人出城。

北魏司徒长孙翰等人都说：“夏国的阵势很难攻破，应该避开他的锋芒。”

拓跋焘说：“我们远道而来，就是要引诱敌人出城。现在他们出城了，我们却躲避不战，这样会帮敌人振奋士气，而削弱我们自己，不是好计策！”于是集合士兵，假装逃跑，引诱敌人追赶，使他们身体疲惫。夏军兵分两路追击，大声呐喊。追了五六里路，遇到风雨从东南袭来，扬起漫天沙尘。

北魏军中的宦官赵倪，通晓方术[2]，对拓跋焘说：“现在风雨从敌人那边袭来，我们逆风，敌人顺风，表明天不助我。况且我们的将士又饥又渴，希望陛下暂时躲避他们，以后再寻找机会。”

太常崔浩呵斥他说：“这是什么话！我们千里而来，已经定下取胜的计策，一天之内怎么能说变就变？敌人贪图胜利，一定会继续追击，又没有后继军队。我们应该让隐藏的军队分别出击，出其不意。刮风下雨，要看人怎么利用，哪里会有不变的常规？”

拓跋焘说：“对！”于是把骑兵分成左右两队，牵制敌军。

拓跋焘因为坐骑突然失蹄，摔下马来，差点就被夏国的士兵擒获。拓跋齐用自己的身体掩护拓跋焘，拼死力战，夏国的士兵被魏军打退。拓跋焘趁机翻身跳上马背，刺杀了夏国尚书斛黎文，随后又杀死十几个敌人，自己被流箭射中，但仍然奋力杀敌，夏军大败。

北魏部队乘胜追击，一直追到统万城北，杀死了赫连昌的弟弟河南公赫连满和侄儿赫连蒙逊，斩

杀士兵一万多人。夏王赫连昌来不及进城，就逃奔上邽。拓跋焘换上普通衣服追赶逃跑的敌人，追进统万城。拓跋齐坚决劝阻，拓跋焘就是不听。

夏国人发现了，就将所有的城门关闭。拓跋焘与拓跋齐等人混进内宫，弄了几件女人的裙子，系在槊（一种长柄武器）上，拓跋焘撑着爬上城墙，才得以逃脱。黄昏的时候，夏国的尚书仆射保护赫连昌的母亲逃走。北魏司徒长孙翰率领八百骑兵追赶赫连昌，一直追到高平，没有追上，返回。

初三，拓跋焘进入统万城，俘虏了夏国的亲王、公卿、将领以及赫连昌的皇后、嫔妃、姐妹、宫女几万人。缴获马匹三十多万，牛羊几千万头，国库中的珍宝、车辆、旌旗、各种器物，多得数不过来，拓跋焘按等级赏赐给众将士。

当初，夏王赫连勃勃十分奢侈，修筑统万城，城墙高十仞，城墙根基厚三十步，上部宽十步，宫墙高五仞，坚硬得可以磨砺刀斧。亭台水榭都很雄伟壮丽，全部雕刻着图画，挂着锦绣，华丽奢侈到了极点。拓跋焘回头对左右侍从说："一个小国，如此奴役百姓，怎么能不灭亡呢？"

相关链接

〔1〕厉兵秣马：《左传·僖公三十三年》，"郑穆公使视客馆，则束载厉兵秣马矣。"意思是磨好兵器，喂饱马匹，准备战斗。

〔2〕方术：古代用来推测解释吉凶祸福的占卜、星相和神仙等术的总称。

冯弘投奔高丽

冯弘向北魏称臣，拓拔焘要求其子入魏为人质，冯弘不同意，于是拓跋弘进攻北燕，冯弘投奔高丽。

刘宋元嘉十一年（公元434年），北燕王冯弘[1]向北魏上表称臣，请求让自己的小女儿充实北魏后宫。北魏太武帝拓跋焘接受了，又征召北燕太子冯王仁入朝。

冯弘不愿意把太子送到北魏当人质，结果拓跋焘多次出兵讨伐北燕。北燕的形势十分危险，从朝廷到民间都非常忧惧。

太常杨㟭又劝冯弘赶快派太子冯王仁到魏国作人质，冯弘说："我不忍心这样做。如果情形危急，我准备先投靠东边的高丽，以后再图谋复兴。"

杨㟭说："北魏以全部的力量攻打我们一个小国，按理说不可能攻不下来。高丽没有信用，开始虽然亲善，最后恐怕还是会发生变化。"

冯弘不听，秘密地派遣尚书阳伊去高丽，请求接纳。

十三年二月，冯弘派使者到北魏进贡[2]，请求送太子冯王仁作人质。拓跋焘没有答应，准备出兵讨伐北燕。

初十，北魏派出十几名使者，分别前往东方高丽等国，告诉他们即将出兵的事。

三月二十日，北魏平东将军娥清、安西将军古弼率领一万名精锐骑兵，讨伐北燕，平州刺史拓跋婴率领辽西各路军队与他们会师。

四月，娥清、古弼进攻北燕的白狼城，攻了下来。高丽派将领葛卢孟光率领部队几万人，随北燕使臣阳伊到和龙迎接北燕王冯弘，将军队驻扎临川。

北燕尚书令郭生，因为百姓不愿意迁徙，就打开城门迎接北魏军队。北魏却心生怀疑，不敢进去。于是郭生聚集士兵进攻冯弘，冯弘引导高丽军从东门进城，与郭生在皇宫前交战，结果郭生被流箭射中死了。

葛卢孟光率军进入和龙城，命令高丽士兵脱掉破军衣，夺取北燕的军械库里的精良武器用来装备自己。高丽士兵在和龙城中恣意掠夺。

五月初五，冯弘率领和龙城中的居民向东迁徙，焚烧了宫殿，大火烧了十多天。

他们让妇女披着铠甲走在军队中间，阳伊等人率领精兵走在外边，高丽的将领葛卢孟光率领骑兵殿后，组成方阵前进，前后长达八十多里。

古弼的部将高苟子想率领骑兵追赶，古弼喝醉了，拔出刀阻止他，燕王因此得以逃脱。拓跋焘听说后，非常生气，把古弼和娥清装入囚车，押送回平城，罢黜为看门的卫士。

○ 品画鉴宝　锻铁制轮图（北朝）　此图为北朝墓室壁画。形象地反映了北朝时期的民族生活风情。

相关链接

〔1〕冯弘：字文通，长乐信都（今河北冀州）人，十六国时期北燕君主之一。

〔2〕进贡：古代附属、附庸国等政权首领定期或不定期地向帝王供奉本地特产等财物的形式。

孔熙先、范晔谋反

孔熙先和范晔密谋造反，想杀害刘义隆后拥立刘义康为帝，事未发而败露，二人及同伙等人皆被诛杀。

鲁国人孔熙先的文史知识渊博，并且通晓数术[1]，有纵横天下的才能和抱负。但他官只做到员外散骑侍郎，不为世人所知，因此郁闷不平，很不得志。

孔熙先的父亲孔默之担任广州刺史时，曾因贪赃枉法获罪，多亏彭城王刘义康相救才得免。后来刘义康被贬黜，孔熙先对他心怀感激，决心为他效命报恩。而且他认为，天文、图谶都表明宋文帝刘义隆一定会死于非命，原因是骨肉相残，天子应该出在江州，正应了刘义康。

孔熙先因为太子詹事范晔心中也对朝廷不满，就想办法说动范晔。他们又纠结受过刘义康恩惠的丹杨尹徐湛之、尼姑法静、法静的妹夫许曜等人，商定一起谋反，拥立刘义康为帝。

刘宋元嘉二十二年（公元445年）十一月，刘义隆到武帐冈赴宴，范晔等人谋划在这一天叛乱。

当时许曜侍卫刘义隆，把手放在佩刀上，向范晔使眼色，范晔都没敢抬头看。不久散席，徐湛之害怕事情不成，阴谋暴露，就偷偷地报告了刘义隆。

刘义隆派徐湛之详细了解情况，徐湛之得到了他们的檄文，和参与人的名单，上报朝廷。刘义隆命令有关部门仔细追查。

当天夜里，刘义隆召范晔入宫，把他软禁在客省。在这之前，先在外面逮捕了谢综和孔熙先兄弟，全部认罪。

文帝刘义隆派人审问范晔，范晔仍然隐瞒。孔熙先听说后，大笑，说："所有的安排、符节、檄文和书信都是范晔制定的，为什么到现在了他还要抵赖呢？"

文帝把范晔的亲笔书信拿出来给范晔看，他才招供认罪。

第二天，士兵将他们交付廷尉。孔熙先按照形势，交代情况，语气一点也不怯懦。

文帝对他的才华十分欣赏，派人劝慰鼓励，说："以你的才能，在集书省埋没了这么久，难怪心生反叛，是我亏待了你。"又责怪前吏部尚书何尚之，说："孔熙先年近三十，仍然只担任散骑郎，怎么能不反叛？"

孔熙先在监狱里上书谢恩，并具体陈述了图谶上的征兆，告诫文帝要特别警惕兄弟骨肉之间的灾祸，说："希望不要扔掉，把它存放在中书省。我死了以后，如果还会查看，那我就算到了九泉之下，也能多少赎免一些罪责。"

范晔在监狱里作诗，说："虽然不能像嵇康那样，临刑前弹奏《广陵散》[2]，至少可与夏侯玄相比，临刑前神色不变。"范晔本以为自己被关进监狱的当天就会被处死，但是刘义隆还要彻底追查，所以拖了二十多天，范晔以为还有活的希望。

狱吏嘲弄他，说："外边传说太子詹事范晔或许会被长期囚禁。"范晔听了，又惊讶又高兴。谢综、孔熙先笑话他，说："詹事以前卷着衣袖，瞪着眼睛，顾盼驰骋，自以为是一世英雄。现在混乱纷扰，如此怕死，就算皇帝赐他活命，身为人臣，而图谋不轨，又有什么脸面活着呢？"

十二月十一日，范晔、谢综、孔熙先和他们的儿子、兄弟、党羽全被诛杀。范晔的母亲到刑场，痛哭流涕，责骂范晔，用手打他的脖子，范晔没有后悔的神色；范晔的妹妹和妻妾前来告别，范晔却悲伤流泪。谢综说："舅舅的神色，可比不上夏侯玄呀。"范晔这才收住泪水。

相关链接

〔1〕数术：指通过阴阳五行生克来推测吉凶祸福的理论，属《周易》研究范畴的一大支派，又称术数。

〔2〕《广陵散》：又名《广陵止息》，古代一首大型琴曲，至少在汉代已经出现，一般看作与《聂政刺韩王》是异曲同名，旋律慷慨悲昂。

王玄谟滑台惨败

王玄谟刚愎自用，听不进别人的意见。公元450年，他奉命北伐，在滑台被北魏军队打得大败，夺路逃命而回。

刘宋元嘉二十七年（公元450年）七月，文帝刘义隆下诏北伐，全国总动员，各路军队一起进发。青、冀二州刺史萧斌，命令宁朔将军王玄谟[1]率军包围滑台。

九月，北魏太武帝拓跋焘率领军队南下，援救滑台。

王玄谟的军队兵力强盛，装备精良，但王玄谟刚愎自用，贪婪好杀。刚刚包围滑台的时候，滑台城里有很多茅草房，士兵们请求用火箭把这些茅草房烧掉。王玄谟说："那些是我的财产，为什么要烧了它们？"

滑台城里的人很快拆了茅草房，住进地洞。当时，黄河、洛水一带的百姓都竞相给刘宋军队送粮食，每天拿着武器来投奔的有几千人。王玄谟不把这些人分配给他们原来的将领，却把他们分给自己的亲信，还要求每家交一匹布和八百个梨，于是大家都很失望。

王玄谟进攻滑台几个月，没有攻下，听说北魏的援军就要到了，大家都请求用战车围成营垒，王玄谟不同意。

十月，拓跋焘到达枋头，派关内侯陆真夜里和几个人穿过包围，潜入滑台，抚慰城中的百姓与守军，并登城观望王玄谟军营的情况，回去报告太武帝。

过了两天，拓跋焘渡过黄河，号称百万大军，战鼓震天动地。王玄谟害怕，撤退逃跑。魏军追击，杀死一万多人。王玄谟的部下不是逃跑就是战死，几乎全军覆没，丢下的物资和武器堆积如山。

在这之前，王玄谟派钟离太守垣护之率领一百只小战船为前锋，占据石济，位于滑台西南一百二十里的地方。垣护之听说魏军快要到了，派人骑马送信，劝王玄谟迅速进攻，说："以前，武皇帝进攻广固，死了很多人。况且现在情况比那时更紧急，怎么还顾得上士兵的伤亡疲惫？希望您把屠城当作目前最急迫的事。"王玄谟没有听从。

王玄谟战败撤退，来不及通知垣护之。北魏军队把缴获的王玄谟的战舰，用铁链连起来，拴了三重，切断黄河，断绝垣护之的退路。河水湍急，垣护之的船只从河中间顺流而下，遇到铁链，就用长柄大斧把它砍断，魏军无法阻止。垣护之只损失了一只船，其余的都安全返回了。

萧斌派沈庆之[2]统领五千士兵去援救王玄谟。沈庆之说："王玄谟的士兵疲惫，士气低靡，敌军已经逼近，得有几万人才能前往。小部队轻率前去，没有什么帮助。"萧斌坚持派他去。

正好王玄谟逃了回来，萧斌要杀他，沈庆之极力劝谏，说："佛狸（拓跋焘）威震天下，率领百万大军，哪里是王玄谟能够抵挡的？而且，斩杀战将只会削弱自己，不是好办法。"萧斌这才饶了王玄谟。

相关链接

〔1〕王玄谟：公元388年－468年，字彦德，太原祁（今山西）人，南朝刘宋将领。
〔2〕沈庆之：公元387年－465年，字弘先，吴兴武康（今属浙江）人，为刘宋前废帝刘子业所害。

○ 品画鉴宝　敦煌壁画·运输队及建筑物（北朝）

沈璞臧质守盱眙

北魏拓跋焘带领军队南下，一路烧杀抢掠，沈璞和臧质共同守护盱眙城，与北魏军队浴血奋战，使得盱眙没有失守。沈璞把功劳都给了臧质，皇帝知道了以后，愈加地奖赏他。

刘宋元嘉二十七年（公元450年），文帝刘义隆北伐，宁朔将军王玄谟在滑台战败撤回，反而让北魏军队深入刘宋腹地，攻克了许多城池。

十二月，刘义隆派辅国将军臧质率领一万士兵援救彭城。臧质到达盱眙[1]时，发现北魏军队绕过了彭城，已经渡过淮河。臧质军队在城南扎营，被北魏军击败。臧质抛弃辎重器械，带领七百人奔赴盱眙。

盱眙太守沈璞刚刚到任的时候，王玄谟还在滑台，长江、淮河一带没有危险。沈璞认为盱眙郡地处要冲，就下令修筑城墙，清理护城河，积蓄粮食，储备弓箭石头，为守城作准备。他的僚属都认为没有必要，朝廷也认为他做得过度了。

等到北魏军队向南推进，各地的太守、县宰大部分都放弃城池逃走，也有人劝沈璞返回建康。沈璞说："如果敌人因为城小而不进攻，有什么可怕的呢？如果出兵进攻，则正是我报效国家的时候，也是诸位封侯的时候，为什么要逃走呢？诸位曾经见过几十万大军聚集在小城之下，最后能取胜的吗？昆阳、合肥就是以前的例子。"大家心里才稍稍安定。

沈璞招集士兵，得到精锐两千人，说："足够了。"

等到臧质逃到盱眙，大家都对沈璞说："敌人如果不来进攻，就用不着这么多人；如果进攻，城里也只能容下现有的兵力。地方小而人多，一定会有忧患，再加上敌众我寡，大家也都知道。

"如果靠臧质的军队打败敌人，保全城池，功劳就不全是我们的了；如果我们撤退，回到都城，人多船少，一定会相互残杀。臧质足以给我们带来祸患，还不如关闭城门，不接纳他们。"

沈璞叹息说："敌人一定无法攻破城池，我敢向各位保证。乘船撤退，早已经不提了。胡虏的凶残暴虐，从古到今不曾有过，百姓被屠杀抢掠，大家都已看见，其中幸运的也不过是被赶到北魏做奴婢。

"臧质他们虽然是乌合之众，难道就不怕这些吗？正所谓'同舟共

济，胡越一心’。现在我们兵力强盛，就能更快地打败敌人；兵少，则敌人退兵就会更慢。难道我们为了独占功劳，而要留下敌人吗？”

沈璞下令打开城门，迎接臧质。臧质看到城里准备充实，大喜过望，士兵们都欢呼万岁。此后臧质就和沈璞一起守卫盱眙城。

北魏军队南下，不带粮草物资，靠抢掠获得补给。他们渡过淮河后，百姓大多逃散躲藏，抢掠不到什么，人马又饿又乏。他们听说盱眙城有积蓄的粮草，就想夺来作撤退时的给养。

拓跋焘率领军队围攻盱眙城，没有攻克，就留下大将韩元兴率领几千人驻守在城外，自己率领大军继续南下。盱眙城则利用这一时机，进一步完善城防。

第二年春天，北魏军队撤退，路过盱眙的时候，顺势进攻该城。拓跋焘派人向臧质索要好酒，臧质把尿封在坛子里送给他。拓跋焘勃然大怒，围着盱眙城修筑长墙，一夜之间就已合拢。又下令搬来东山的土石填平沟渠，在君山上架起浮桥〔2〕，断绝了盱眙城与外界的水陆通道。

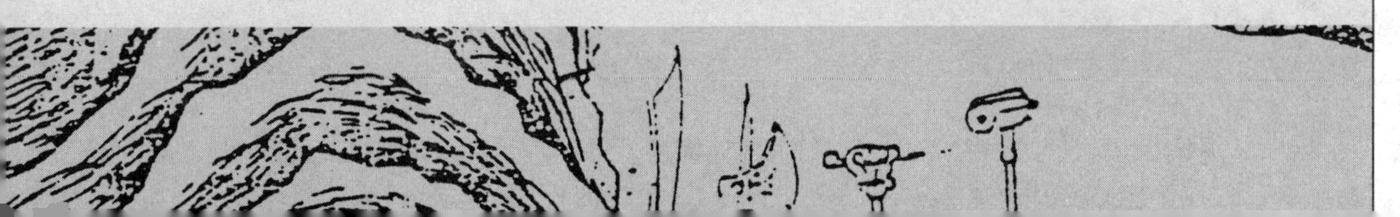

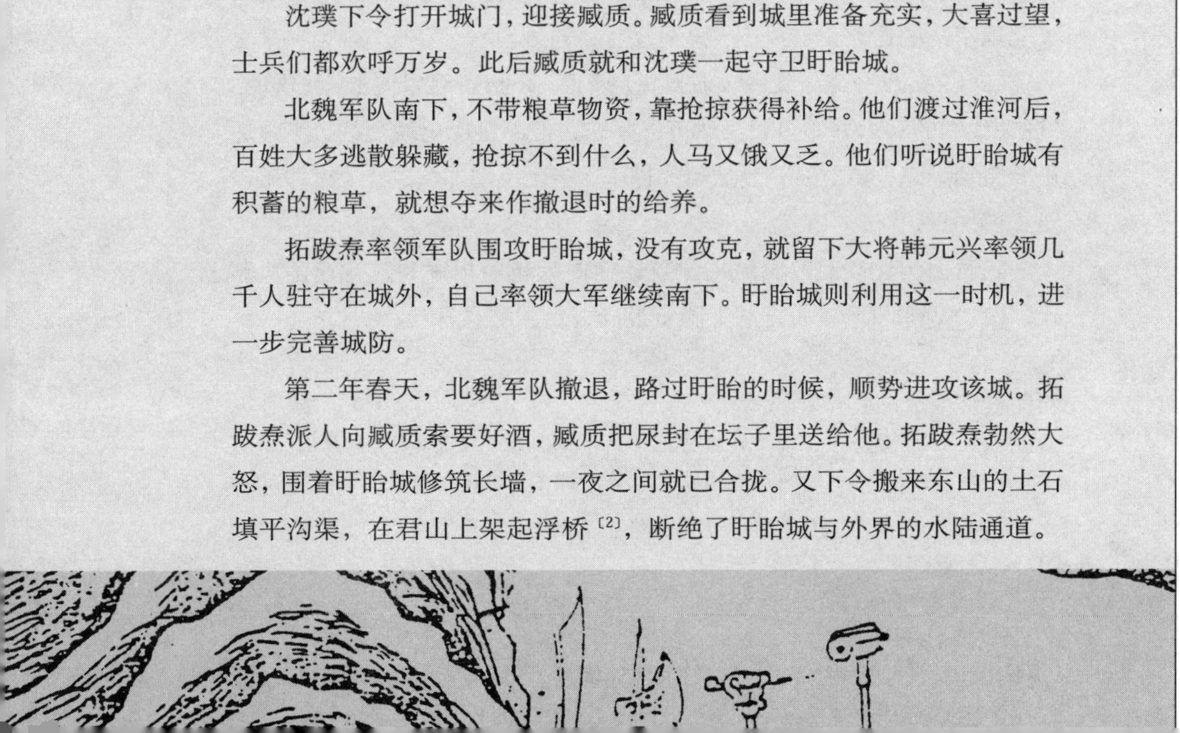

○ 品画鉴宝　敦煌壁画·官兵征剿（北朝）

拓跋焘写信劝降，臧质在回信中把他痛斥了一顿。拓跋焘更加生气，命令手下做了一个铁床，在上面倒放钉耙，说："攻下城池，捉住臧质，我一定让他坐在这上面！"

臧质又给北魏大军写了封信，鼓动他们起来反对拓跋焘，并将朝廷的悬赏写在信上，说："砍下佛狸（拓跋焘）人头的，封万户侯，赏赐绵布、丝绸各一万匹。"

北魏军队用钩车钩住城楼，城里的守军就用铁环制成的大铁链，拴住钩车，让几百人高声呼喊，拉住铁链，北魏的钩车无法后退。夜里，守军用桶把士兵从城上放出来，砍断车钩，并缴获了钩车。

第二天早晨，魏军又用冲车攻城，城墙很牢固，每次只能撞下几升墙土。魏军派士兵攀登城墙，分成几组轮流进攻，摔下来再重新攀登，没有人后退，死伤的士兵有几万人，尸体堆得和城墙一样高。

这样进攻了三十多天，仍然没有攻下。正赶上魏军中很多士兵生病。有人报告说，建康派遣水军从东海进入淮河，又命令彭城守军切断了北魏军队的退路。

二月，拓跋焘命令焚毁攻城器械，撤退。盱眙守军想追击，沈璞说："现在我们的兵力并不多，虽然可以坚守，但不足以出城交战。不过还是要整顿船只，装出要北渡淮河的样子，能让他们加快逃走，但并不需要真那样做。"

臧质因为沈璞是盱眙城主，就让他向朝廷通报胜利。沈璞坚决辞让，把功劳都归于臧质。刘义隆听说后，愈加奖赏沈璞。

相关链接

〔1〕盱眙：在今江苏省淮安市盱眙县，春秋时名善道，秦始皇时建盱眙县。

〔2〕浮桥：古时称舟梁，意思是用船舟代替桥墩架设桥梁，一般为临时性应用。由于浮桥架设简便，故在军事上多有应用，称为"战桥"。

刘劭弑父自立

刘宋文帝想废黜刘劭另立太子，刘劭知道后就密谋造反，一天早上，直接带兵进殿杀了文帝和他的亲信徐湛之，然后把罪责推脱到徐湛之身上。

刘宋元嘉三十年（公元453年），文帝刘义隆打算废黜太子刘劭，另立刘宏为太子，但是又担心不合长幼顺序，考虑了很久也决定不下来。

刘义隆秘密与尚书仆射徐湛之商议，总是非常小心，唯恐被人偷听。后来他把这件事告诉了潘淑妃，结果被潘淑妃泄露了出去。刘劭得知后，立刻与他的心腹队主陈叔儿、斋帅张超之等人密谋造反。

当初，刘义隆因为宗室力量过于强盛，担心发生内乱，就特别加强了东宫[1]的兵力，和羽林军差不多，实际兵力达到了一万人。

刘劭生性狡猾，又刚强勇猛，刘义隆一直很依赖他。刘劭准备叛乱的时候，每天夜里都设宴犒劳东宫卫队的士兵，有的时候还亲自敬酒。王僧绰秘密地报告了刘义隆。

当时正好捉住了女巫[2]严道育的婢女，即将送到朝廷，晚上的时候，刘劭伪造刘义隆诏令，说："鲁秀谋反，你可以在清晨守卫宫门，率兵入宫。"他命令张超之等人聚集平时蓄养的士兵两千多人，全部穿上铠甲；召集内外巡逻队的正副队长，约束他们的部队，说将有所征讨。

夜里，刘劭召来前中庶子右军长史萧斌、左卫率袁淑、中舍人殷仲素和左积弩将军王正见，让他们一起入宫。

刘劭流着泪对他们说："皇上听信谗言，要把我治罪废黜。我自己反省并没有过错，不能这样被冤枉。明天早晨，我将做一件大事，希望你们尽力协助。"说完站起来，对着他们下拜。大家都很惊愕，没有人敢回答。

袁淑和萧斌都说："自古以来都没有这样的事，希望三思。"刘劭大怒，脸色都变了。

萧斌感到害怕，就和大家一起说："一定尽力执行您的命令。"

袁淑斥责他们，说："你们以为殿下真要这样做吗？殿下小时候得过疯病，现在大概旧病发作了。"

刘劭更加愤怒，斜着眼睛看袁淑，说："我的事能办成吗？"

袁淑说："处于不被怀疑的地位，不用担心做不成！只怕做成以后，不被天地所容，大祸也就要来临。如果真有这种念头，现在还来得及打消。"

左右侍卫把袁淑拉出去，说："这是什么事情，怎么能作罢？"袁淑回去后左思右想，绕床徘徊，直到四更才睡觉。

二月二十一日，皇宫宫门还没开，刘劭在战甲外面穿上朝服，乘坐着画轮车，和萧斌同乘一车，侍卫随从和平时入朝时一样。

刘劭派人急急忙忙去召袁淑，袁淑还在睡觉，不肯起床。刘劭把车停在奉化门，不断派人催他。袁淑慢慢地起床，到了刘劭的车子后边。刘劭让他上车，袁淑又推辞不肯上去，刘劭就命令左右侍卫杀了他。

宫门打开，刘劭从万春门入宫。以往的制度，太子宫的卫队不能入宫。刘劭就把伪造的诏令给守卫看，说："接到诏令，入宫讨伐叛逆。"刘劭命令后面的队伍迅速赶来。张超之等几十个人，骑着马从云龙门到斋阁，拔出佩刀直接上合殿。

那天夜里，刘义隆和徐湛之秘密商谈，一直到第二天早上蜡烛还没熄灭，窗外值班的卫士还在睡觉。刘义隆看见张超之进来，举起身旁的小几抵挡，五个手指全被砍掉，最终被张超之杀了。徐湛之受惊起身，往北窗奔去，还没来得及打开北窗，就被士兵杀死。

刘义隆已死，刘劭即位。刘劭颁下诏书，将罪名推给徐湛之等人，说他们谋反弑君，而自己带兵入殿是想保护皇帝，可惜没有赶上。

相关链接

〔1〕东宫：古代指皇宫里太子、太后及嫔妃等人所居住的宫殿。

〔2〕女巫：女性巫师。巫师，古代以求神、占卜为职业的人，或指古代以祈祷为人治病的人。

○ 品画鉴宝　牧牛人（南朝）　图中牧牛人手撑木杖，神情虔诚，似为佛教题材绘画。

刘子勋称帝失败

公元466年，邓琬拥立晋安王刘子勋称帝，部下刘胡等人与前来讨伐的官军交战失利而逃，后张悦斩杀邓琬，刘子勋也被他人所杀。

刘宋泰始二年（公元466年），晋安王刘子勋手下的镇军长史邓琬托符瑞，假称接到路太后的密诏，率领将佐们向刘子勋奉上皇帝尊号。刘子勋登上皇帝位，任邓琬为尚书右仆射。

七月，各路官军与叛军将领袁颛、刘胡在浓湖对峙，很久都没有决出胜负。当时官军在长江下游，叛军在上游，官军的力量足以对峙，却不足以剿灭叛军。官军龙骧将军张兴世施出奇计，用一支奇兵，伺机溯流而上，在上游敌人后方的钱溪扎下营寨，站稳了脚跟。

张兴世的奇兵占领钱溪后，浓湖的叛军大营开始缺粮。郑琬想运送大量军用物资，又害怕张兴世拦截，不敢前往。

刘胡率领四百艘快船，从鹊头内航道前进，准备进攻钱溪。他对长史王念叔说："我年轻的时候学的是陆战，不懂水战。如果是步兵作战，我是在几万人中间；可是水上作战，只是在一条船上。战船各自前进，不能互相照应，我顶多在三十个人中间。这不是安全的打法，我不干。"

于是刘胡借口得了疟疾[1]，在鹊头停兵不前。他派龙骧将军陈庆率领三百艘战船开赴钱溪，又叮嘱陈庆不要交战，说："我很了解张兴世，他自己会逃走的！"陈庆抵达钱溪，在梅根驻扎。

刘胡派遣部将王起率领一百多只战船进攻张兴世，张兴世还击，打败了王起的军队。

○ 品画鉴宝　敦煌壁画·运输队及建筑物（北朝）

刘胡率领剩下的船只撤回浓湖，对袁颢说："张兴世已陷入我们的包围，不用再忧虑。"

袁颢愤恨刘胡不出战，对他说："运送粮草的水道被切断，该怎么办？"

刘胡说："他们能绕过我们，逆流而上，我们运送粮草为什么不能绕过他们，顺流而下呢？"于是刘胡派遣安北府司马沈仲玉带领一千人，步行前往南陵，迎接粮草。

沈仲玉抵达南陵，装了三十万斛米，军饷、布匹一共几十船，竖起木板作为围墙，想要突围。到了贵口，不敢前进，于是派人抄小路报告刘胡，请求派重兵支援。

张兴世命令寿寂之、任农夫等人率领三千人开赴贵口，进攻沈仲玉。沈仲玉逃回袁颢大营，所有的物资全部被缴。刘胡的部众十分惊恐，将领张喜投降。

二十四日，刘胡准备偷偷逃走，就骗袁颢说："我准备率领步兵、骑兵两万人，到上游夺回钱溪，并运回积存在大雷的剩余物资。"并让袁颢把全部的马匹都给他。

当天，刘胡丢下袁颢，直奔梅根。他先命令薛常宝聚集船只，又发动南陵各路军队，放火烧了大雷各城，然后逃走。

到了夜里袁颢才知道刘胡逃走，勃然大怒，借抓捕刘胡之名也逃走了。

二十五日，建安王刘休仁率领军队进入袁颢的军营，接纳投降的士

兵十万人，派遣沈攸之等人追捕袁觊。

袁觊逃到鹊头，与戍守在那里的主将薛伯珍会合，并带领他所属的部队几千人一起向西撤退，打算去寻阳[2]。

晚上，在山里露营，袁觊杀马犒劳将领士兵，回头对薛伯珍说："我并不是不能死，只是想到寻阳，在主上面前谢罪，然后自刎罢了！"说得慷慨激昂，唤左右侍从拿符节来，但没有人理他。

等到天亮，薛伯珍请求单独和袁觊说话，趁机砍下他的脑袋，然后投降了钱溪军的首领俞湛之。俞湛之斩杀了薛伯珍，与袁觊的首级一起呈上，作为自己的功劳。

刘胡率领两万人逃回寻阳，骗刘子勋说："袁觊已经投降，全军溃散，只有我率领部属逃了回来。应当采取紧急措施决战，我暂时驻守在湓城，誓死也没有二心。"刘胡连夜奔赴沔口。

邓琬听说刘胡逃走了，忧虑惶恐，无计可施，召集中书舍人褚灵嗣等人商议，大家都不知道该怎么办。

吏部尚书张悦假装生病，请邓琬到自己的住处商议大事。他让左右守卫埋伏在帐后，叮嘱他们："听见我命令拿酒，就出来动手。"

邓琬到了以后，张悦说："当初是你先倡议这样做的，现在情况紧急，有什么办法吗？"

邓琬说："应该杀掉刘子勋，查封府库，以此向朝廷谢罪。"

张悦说："现在难道还可以出卖殿下以求活命吗？"说完便下令拿酒。张悦的儿子张洵，提着刀冲出来，斩杀了邓琬。

邓琬的儿子，也一并杀了，然后张悦单独乘船，提着邓琬的人头顺流而下，投降建安王刘休仁。

寻阳陷入混乱，蔡那的儿子蔡道渊被囚禁在寻阳的兵器作坊里，他挣脱枷锁，入城抓住刘子勋，将其关进监狱。沈攸之各路大军抵达寻阳，斩杀了刘子勋，把首级送到建康。刘子勋当时才十一岁。刘胡逃到石城，被官军捉住杀掉了。

相关链接

〔1〕疟疾：一种经疟蚊叮咬而感染的疾病，全身发冷、发热、多汗，而且为周期性规律发作。

〔2〕寻阳：在现在的江西九江一带。

北魏派慕容白曜攻打刘宋，慕容白曜一路攻城掠地，很快，青州、冀州等地皆为北魏所有。

刘宋泰始三年（公元467年），北魏派平东将军长孙陵等人率领军队，进攻刘宋领地青州，征南大将军慕容白曜[1]率领骑兵五万人，作为后援。慕容白曜是前燕太祖慕容皝的玄孙。

慕容白曜抵达无盐，准备进攻。手下的将佐都认为攻城器械还没有完全准备好，不适合马上进攻。当时镇守无盐的，是刘宋东平太守申纂。左司马郦范说："现在轻装部队远道来袭，深入敌人领土，怎能久留？而且申纂一定认为我们来得太快，来不及围攻，所以没有防备，现在如果出其不意，可以很快攻克。"慕容白曜说："司马说得对。"

慕容白曜率军假装撤退，申纂果然不再防备。慕容白曜半夜的时候部署军队，三月初三清晨，发起进攻。早饭的时候攻克无盐，申纂逃走，被追上活捉，随即被杀。

慕容白曜准备把无盐城里的人，都当作战利品赏赐给部下。郦范说："这里是古代齐国的领地，位置重要，地势险阻，应该长远经营。现在我们刚刚到这里，百姓还没有归顺，城池之间互相观望，都有守城拒降的意思。如果不以恩德和信任安抚他们，恐怕不容易平定。"

慕容白曜说："好！"然后便赦免了全城百姓。

慕容白曜准备进攻肥城，郦范说："肥城虽然小，但攻打起来也要很长时间。胜了不能增加我们的声势，失败就会损害我们的威望。他们看到无盐被攻破，遍地死伤，一定会害怕，如果送信警告，他们就是不投降，也会逃跑的。"慕容白曜听从了，结果肥城守军果然自行崩溃，北魏大军缴获粟米三十万斛。慕容白曜对郦范说："这次出征，有你出谋划策，三齐一定可以平定。"之后慕容白曜又攻取垣苗、麋沟。十天之内，连克四座城池，震惊了齐地。

此后慕容白曜继续前进，包围了历城和东阳。一年后，攻下历城；再过一年攻下东阳。从此以后，青州、冀州的土地全部并入北魏版图。

相关链接

〔1〕慕容白曜：？—公元470年，昌黎棘城（今辽宁义县西北）人，鲜卑族，为南北朝时期北魏名将。

孝文帝受禅让

北魏献文帝拓跋弘喜欢黄老哲学和佛学，无意于皇权国务，想让位于叔叔拓跋子推，因为众臣反对，就让给了年幼的太子拓拔宏。

北魏献文帝拓跋弘，从小聪明睿智，刚毅果断，喜好黄老哲学和佛学，经常接见朝官和僧侣，一起谈论玄理[1]。他淡薄荣华富贵，总想出家修行。他认为叔父京兆王拓跋子推沉稳仁厚，一向声誉很高，想把帝位禅让给他。

当时，太尉源贺率领各路军马在漠南驻守，拓跋弘召他迅速回京。源贺抵达的时候，正好赶上公卿会议，没有一个人敢先说话。

任城王拓跋云是拓跋子推的弟弟，说："陛下正逢太平盛世，君临四海，怎么可以上违背祖宗，下抛弃百姓。而且父子相传，由来已久，陛下一定要放弃俗务，也该由皇太子继承。天下是祖宗的天下，陛下如果要授给旁支，恐怕不合祖先的心意，还会引发奸人的野心。这是祸福的源头，不能不谨慎。"

源贺说："陛下现今想禅位给皇叔，恐怕会扰乱继承的顺序，后世会嘲笑我们颠倒祭祀的次序。希望仔细考虑任城王的话。"

东阳公拓跋丕等人说："皇太子虽然早已显出德行，但实在还太小。陛下正当壮年，刚开始治理天下，怎么能只顾自己，不把天下放在心上？皇家宗庙怎么办？亿万百姓怎么办？"

尚书陆馛说："陛下如果舍弃太子，传位给亲王，请让我在金銮殿上自杀，不敢奉诏。"

拓跋弘很生气，脸色都变了，又问选部尚书赵黑。赵黑说："我以死侍奉皇太子，不知道其他的。"拓跋弘没有说话。

这一年，皇太子拓跋宏才五岁。拓跋弘因他太小，所以才想传位给拓跋子推。

中书令高允说："我不敢多说什么，希望陛下不要忘记宗庙的重要，追念周公辅佐幼主的事情。"

拓跋弘说："那么让皇太子登基，由你们辅佐，有何不可？"又说："陆馛是忠直的臣子，一定能保护我的儿子。"

于是拓跋弘任命陆馛为太保[2]，与源贺一起持符节，把皇帝的玺绶传给皇太子拓跋宏。刘宋泰始七年（公元471年），拓跋宏即位，是为北魏孝文帝。

拓跋宏从小就感情丰富，有一年，父亲身上长疮，拓跋宏亲自用嘴吸脓。等到接受禅让的时候，拓跋宏悲伤哭泣，不能自已。拓跋弘问他为什么，他回答说：“接替父亲的感伤，一直抵达内心深处。”

相关链接

〔1〕玄理：为魏晋玄学所推崇的玄妙、深奥的道理。

〔2〕太保：官职名，负责监护、辅佐君主。

○ 品画鉴宝　殿堂图（西魏）　图绘国王居坐殿堂，亲自省理一切事务的场面。

萧道成守新亭

刘昱即位后，桂阳王刘休范造反，萧道成率兵讨伐，杀了刘休范父子，叛乱得以平定。

刘宋泰豫元年（公元472年），明帝刘彧驾崩，太子刘昱[1]继位为帝，年仅十岁。第二年五月，桂阳王刘休范起兵谋反。

朝廷召集群臣，紧急商议。右卫将军萧道成[2]认为，此前多次从长江上游发动的叛乱，都是因为行动迟缓而导致失败；刘休范也在上游，他一定会吸取这些教训，这次会采取轻装突袭。所以朝廷方面，军队不应该离开很远，而应就近在新亭等地驻兵防守。

这个建议最后获得通过，由萧道成率领前锋部队，进驻新亭。当时时间紧迫，都来不及发放兵器铠甲，只好打开南北两个军械库，让将士们随意取用。

萧道成抵达新亭，修筑工事尚未完成，二十一日，刘休范的前锋部队已经抵达新林。萧道成脱下衣服睡觉，以安定军心，又从容不迫地挂起白虎幡，登上西城墙，派宁朔将军高道庆、羽林监陈显达、员外郎王敬则率领水军舰队与刘休范交战，颇有斩获。

二十二日，刘休范从新林登岸。他的部将丁文豪，请求刘休范直接进攻台城。刘休范却派丁文豪另率士兵进攻台城，自己则率领大军进攻新亭萧道成的营垒。

萧道成率领军队全力抵抗，从巳时到午时，刘休范大军的攻势越来越强，大家都惊慌失措。萧道成说："敌人虽然人数众多，但杂乱没有章法，我们很快就会打败他们。"

刘休范穿着白色的衣服，坐着轿子，亲自登上新亭南面的临沧观瞭望，只带了几十名卫兵。屯骑校尉黄回与越骑校尉张敬儿，策划假装投降刘休范，然后偷袭他。

黄回对张敬儿说："你可以去杀他。我以前发过誓，不杀害各藩王。"

张敬儿报告了萧道成，萧道成说："你若能成功，就把本州赏赐给你。"

于是张敬儿和黄回出城南，放下武器，大喊投降。刘休范很高兴，把二人叫到轿旁。黄回假称萧道成秘密派他们来传话，要投降刘休范。刘休范相信了，就把儿子刘德宣、刘德嗣送给萧道成作人质。刘休范的两个儿子一到，萧道成立刻把他们杀了。

刘休范把黄回、张敬儿留在身边，他的亲信李恒、钟爽都劝阻他，刘休范不听。刘休范白天喝酒，黄回见刘休范没有防备，就向张敬儿使眼色。张敬儿夺过刘休范的防身佩刀，砍下了刘休范的脑袋，左右侍从惊慌失措，四下逃散。张敬儿骑上马，带着刘休范的首级回到新亭。

萧道成派队主陈灵宝，把刘休范的人头送回台城。陈灵宝途中遭遇刘休范的军队，紧急之中把刘休范的人头扔到路边的水沟里，得以脱身，抵达台城，高喊："已经平定！"可惜没有人头作证，大家都不相信。

刘休范的将士也不知道刘休范被杀，将领杜黑骡对新

亭发动猛烈攻击。萧道成在射堂，叛军的司空主簿萧惠朗率领敢死队几十个人，冲进东门，径直冲到射堂。萧道成上马，率领部下奋战，打退了萧惠朗，再次保住新亭。

萧道成与杜黑骡交战，从午后一直到第二天早晨，箭如雨下，飞石不断。当天夜里，突然下起了大雨，双方战鼓和呐喊声都听不到了。将士们连续两天没有吃饭，也没有睡觉；军马夜里忽然受惊，在城内乱跑。萧道成点着蜡烛，正襟危坐，厉声呵责。这样的混乱发生了四五次。

进攻台城的丁文豪一路推进，在皂荚桥打败台城守军，一直打到朱雀桁的南边，几乎要攻下台城。不久，丁文豪的部下得知刘休范已经死了，有点退后，想要逃散。丁文豪厉声呵斥，说："我难道就不能平定天下吗？"

桂阳王典签许公舆谎称刘休范并没有死，还在新亭。官吏百姓都很惶惑，到新亭求见刘休范，却误入萧道成军营，呈递名片的有几千人。

萧道成把这些名片都烧了，登上北城对大家说："刘休范父子昨天已经被杀，尸体在劳山南冈下面。我是平南将军萧道成，请各位看清楚。名片都已经烧掉，不必担心害怕。"

萧道成派陈显达、张敬儿和辅师将军任农夫、马军主东平人周盘龙等人，率领士兵从石头渡过秦淮河，由承明门入宫，保卫皇宫。

前尚书令袁粲对众将领慷慨激昂地说："现在敌军进逼，人心离散，我受先帝嘱托，不能安定国家，只有跟各位一起为国而死。"于是穿上铠甲，跨上战马，准备冲出去。

陈显达等人率领军队出战，在杜姥宅打败了杜黑骡，陈显达的眼睛被流箭射中。

二十六日，张敬儿等人在宣阳门打败叛军，杀了杜黑骡和丁文豪。又乘胜攻克东府，余下的党羽也全被铲除。萧道成整饬军队，返回建康。百姓聚集在路边观看，说："保全国家的就是这个人啊！"

相关链接

〔1〕刘昱：字德融，小字慧震。公元473年－477年在位，史称后废帝。

〔2〕萧道成：公元427年－482年，字绍伯，小名斗将，祖籍东海兰陵（今山东兰陵），公元479年建立南齐，在位四年。

刘昱长大以后，不理朝政，每日游玩杀人，无所节制，曾想杀害萧道成，萧道成就和刘昱身边的人谋划杀害了他，然后迎立刘准为皇帝。

刘宋后废帝刘昱做皇太子的时候，喜欢沿着漆帐竿往上爬，能爬到一丈多高的地方。刘昱喜怒无常，侍从官员都无法劝阻。明帝刘彧经常让他的母亲陈太妃狠狠地打他。

刘昱即帝位以后，对内畏惧皇太后、皇太妃，对外害怕众大臣，不敢放纵。但是自从举行了冠礼，宫廷内外逐渐不能制约他，刘昱就不停地出宫游玩。一开始出宫，还带着整齐的仪仗队。过了不久，就丢下车马，只带几个随从侍卫，有时候跑到野外，有时候跑到街市上。

陈太妃每次乘着青盖牛犊车，跟在后面，监视约束刘昱。刘昱就改乘快马，一口气跑上一二十里，让太妃追不上。仪仗和卫队也害怕惹怒刘昱，不敢追随，只好把队伍停在别的地方，远远地观望而已。

刘彧曾把陈太妃赏赐给宠信的弄臣李道儿为妻，后来接她回去，生下刘昱。所以，刘昱每次微服外出，就自称“刘统”，或者“李将军”。

他经常穿着短裤短衫，在军营官府、大街小巷之间到处乱跑。有时晚上住在旅店，有时白天就睡在路边，在下等的百姓中间出没，跟他们做买卖。有时遭到怠慢侮辱，也欣然接受，毫不在意。任何低贱的事情，像缝衣服、制帽子，看过就会。从来没有吹过篪[1]，一拿起来就能吹得符合曲调。

刘宋元徽三年（公元475年），有人在京口反叛。反叛平定以后，刘昱更加骄纵放肆，每天都出宫，晚上出去，凌晨回来，或者凌晨出去，晚上才回来。

随从拿着短刀长矛，路上的行人，不论男女，或者狗马牛驴，只要碰上就被杀死。百姓扰乱恐惧，做买卖的商贩都停止经营，大门白天也关着，路上行人几乎绝迹。

针椎凿锯这些东西，刘昱总带在身边，只要有人稍微触犯他，就当场杀戮剖腹。一天不杀人，就闷闷不乐。朝廷官署里的人忧虑惶恐，吃饭睡觉都不安稳。

宋升明元年（公元477年），阮佃夫与直阁将军申伯宗等人，密谋趁刘昱到江边打野鸡的时候，假称皇太后的旨令，传仪仗和卫队回宫，关闭城门，派人逮捕刘昱，然后将他废黜，立安成王刘准。结果事情泄密，五月二日，刘昱逮捕了阮佃夫等人，全部处死。

皇太后经常教训刘昱，刘昱很不高兴。正好是端午节[2]，太后赏赐给刘昱一把羽毛扇，刘昱嫌它不够华丽，命御医配制毒药，想毒死太后。

左右侍从劝说他："如果这样做，陛下就要做不孝子了，怎么还能出宫玩耍呢？"

刘昱说："你说得很有道理。"于是作罢。

六月二十二日，有人举报，说散骑常侍杜幼文、司徒左长史沈勃、游击将军孙超之，与阮佃夫同谋。刘昱立即率领卫士，亲自前去诛杀这三个人的家族，肢解残害，连婴儿都没能幸免。

沈勃当时正在家里守丧，卫队还没到，刘昱挥刀独自在前。沈勃知道不能幸免，就赤手空拳与之搏斗，用力击打刘昱的耳朵，骂他："你的罪恶超过桀、纣，就快灭亡了。"然后被杀。

刘昱曾经直接闯进领军府，当时天气很热，萧道成白天光着身子小憩。刘昱让他站在屋里，然后在他肚子上画了一个箭靶，准备拉弓射箭。

萧道成说："老臣无罪。"

侍从王天恩说："萧道成肚子大，是个好箭靶，一箭射死，以后就不能再射了。不如用钝头骨箭。"

于是刘昱换用钝头骨箭，一箭正中肚脐。刘昱扔掉弓大笑，说："这只手怎么样！"

刘昱十分忌惮萧道成的威名，曾经自己磨利短矛，说："明天就杀了萧道成。"

陈太妃骂他："萧道成对国家有功，如果杀了他，谁还为你尽力！"刘昱这才作罢。

萧道成忧惧不安，想废黜刘昱，另立新帝。

越骑校尉王敬则偷偷结交萧道成，夜里换上黑衣服，潜伏在路边，替萧道成侦察刘昱的行动。萧道成让王敬则秘密结交刘昱的左右侍从杨玉夫、杨万年、陈奉伯等十五人，他们都在宫里任职，便于窥伺机会。

七月初七，刘昱乘坐没有车篷的车驾，带着随从去台冈赌博，然后前往青园尼姑庵。晚上，到新安寺偷狗，找到昙度道人煮狗肉。喝醉了，回仁寿殿睡觉。

弄臣杨玉夫一向受刘昱宠信，这一天，刘昱突然憎恨杨玉夫，一看

见他就咬牙切齿，说：“明天就杀了这小子，挖出肝肺！”

当天夜里，刘昱让杨玉夫等着看织女星渡河，说：“看见了就报告我。如果看不见，就杀了你。”

那时候，刘昱出入皇宫没有定时，宫里的大门夜里都不关。守卫的官员都害怕值班时被碰上，都不敢出来。卫士们更是躲得远远的，宫廷内外没有相互的约束。

当天夜里，王敬则出营。杨玉夫等到刘昱睡熟了，与杨万年一起解下刘昱的防身佩刀杀了他，然后假传皇帝的命令，让外面演奏音乐。陈奉伯把人头藏在袖子里，按照以前的惯例，称皇帝的命令，打开承明门出宫，把首级交给王敬则。王敬则骑马飞奔至将军府，报告萧道成。

接下来萧道成将局面控制住，以皇太后的名义发布命令，列举刘昱罪状，追封为苍梧王。迎立安成王刘准为皇帝。

相关链接

〔1〕篪：古代的一种竹管乐器，形状和笛子相仿，有八个孔。

〔2〕端午节：我国民间传统节日之一，又叫端阳、端五、重午等，日期在每年的农历五月初五。据说是为了纪念战国时期的屈原，人们在这一天一般要吃粽子，南方人还有赛龙舟等习俗。

齐高帝（公元 427 年 – 482 年）

帝王世系表

齐高帝·萧道成

齐武帝·萧赜

齐鬱王·萧昭业

齐海陵王·萧昭文

齐明帝·萧鸾

东昏侯·萧宝卷

齐和帝·萧宝融

齐纪

公元 479 年 – 502 年

齐是南朝的第二个王朝，在四个朝代中存在时间最短，仅二十三年。由齐高帝萧道成所建。历史上又称“南齐”“萧齐”。萧道成借鉴了刘宋灭亡的教训，以宽厚为本，提倡节俭。在他临死前，要求其子齐武帝继承其方针，告诫后代不要手足相残。

齐武帝遵其遗嘱，使南朝出现了一段相对稳定发展的阶段，虽然有过暴动，但政局仍相对稳定。齐初对宋末的暴政进行了一些改革，注意劝课农桑和学校教育，但是人民的生活负担并没能减轻，濒于破产的农民纷纷沦为豪强大族的隐户。

国家不拘一格，任用贫寒的才学之士担任中央机构中的重要职位，地方则重用典签，对皇族严加控制、监视，名门士族的实权进一步削弱。

到了齐明帝萧鸾在位期间，皇室间的相互残杀愈演愈烈，甚至比宋末时更为严重。高、武子孙几乎都被萧鸾杀绝。萧鸾死后，继位的萧宝卷更是一个喜好杀戮的暴君，造成了当时人人自危，统治阶级众叛亲离的极度混乱的政治局面。公元 501 年，雍州刺史萧衍起兵攻入建康，结束了齐的统治。

大事年表

- 公元 479 年／萧道成称帝，建立南齐，宋亡。
- 公元 482 年／齐高帝卒，太子赜即位。褚渊、王俭辅政。
- 公元 484 年／魏始“班禄”，每户增调帛及谷，以供百官之禄。
- 公元 485 年／北魏实行均田制。
- 公元 488 年／沈约撰成《宋书》。
- 公元 489 年／范缜著《神灭论》。
- 公元 490 年／魏太皇太后冯氏卒，谥文明。北魏孝文帝始亲政。
- 公元 493 年／齐武帝卒，太孙昭业立（郁林王）。北魏孝文帝迁都洛阳，开始推行汉化政策。
- 公元 494 年／洛阳龙门石窟始凿于本年前后。
- 公元 495 年／魏始行太和五铢钱（原不用钱）。嵩山少林寺始建。
- 公元 496 年／北魏孝文帝易俗改姓。
- 公元 498 年／齐明帝卒，太子萧宝卷立（东昏侯）。
- 公元 499 年／齐太尉陈显达攻魏，谋收复失地，败还。
- 公元 501 年／萧衍率兵攻入建康，次年灭齐。

公元479年，南宋顺帝刘准将皇位禅让给了齐王萧道成，南宋灭亡，南齐建立。

南齐建元元年（公元479年），三月初二，南宋顺帝刘准任命太傅萧道成为相国，统领百官，并封给他十个郡，号齐公，赐九锡，他以前的骠骑大将军、扬州牧、南徐州刺史的官职仍然保留。

四月初一，刘准晋封齐公萧道成的爵位为王，加封十个郡。

四月二十日，刘准下诏，将帝位禅让给齐王。

次日，刘准本应接见百官，但他不肯出去，躲到佛像的宝盖下面。王敬则率领卫队到大殿前，抬着板舆迎接刘准。太后害怕，亲自带着宦官找到刘准。王敬则劝说刘准，让他从宝盖下出来，带着他坐上板舆。刘准正哭着，止住眼泪，对王敬则说："要杀了我吗？"

王敬则说："让你居住到外面的宫殿而已。当初你家取代司马家，也是这样做的。"

刘准哭着说："希望以后投胎[1]永远不要再生在帝王家里！"宫里的人都哭了。

刘准拍着王敬则的手说："如果没有意外，就赏赐你十万钱[2]。"

当天，百官陪坐，参加典礼。侍中谢朏值班，应该由他解下刘准身上的玺绶，然而他却假装不知，说："有什么公事吗？"

有人传诏说："解下玺绶，交给齐王。"

谢朏说："齐王应该有自己的侍中。"然后拉过枕头睡觉。

传诏的官员害怕，就让谢朏自称病了，准备另找一个临时兼任的人。谢朏说："我没有生病，为什么要这么说？"于是穿上官服，走出东掖门，上车回家。

最后由让王俭担任侍中，解下皇帝玺绶。

典礼结束后，刘准坐着画轮车，从东掖门出去，前往太子的府邸。

刘准问："为什么今天没有演奏音乐？"左右没有人回答。

右光禄大夫王琨，在晋朝时已担任郎中，这时他抓着车上挂着的獭尾失声恸哭，说："人都为长寿而欣喜，老臣却为长寿悲哀。就是不能早死，才频频看见这样的事情！"哽咽不能自已，百官都泪如雨下。

司空兼太保褚渊等人捧上玺绶，率领百官前往齐王宫殿，请萧道成即位，萧道成谦让推辞。

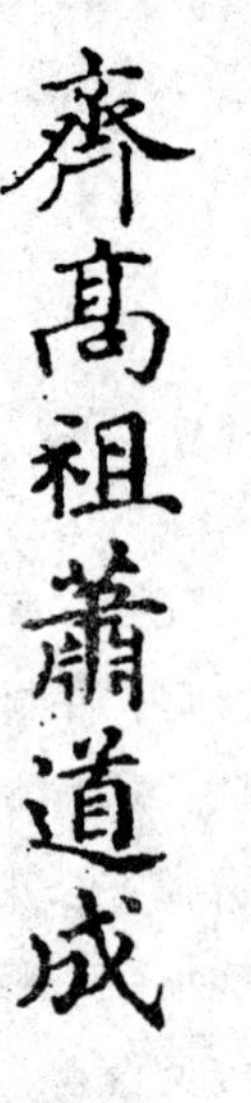

褚渊的堂弟、前任安成太守褚炤对褚渊的儿子褚贲说："今天司空在哪里？"

褚贲说："在齐宫大司马门奉玺绶。"

褚炤说："我真不明白，你家司空把一家的东西给另一家，到底算什么！"

四月二十三日，萧道成在建康南郊即帝位。萧道成回宫以后，大赦天下，改年号为建元。尊奉刘准为汝阴王，优待他的礼仪，都仿照刘宋初年对待晋恭帝那样。

相关链接

〔1〕投胎：迷信的说法，认为人死后还有灵魂存在，通过灵魂的投胎转世能再次获得生命。

〔2〕钱：古代对货币的称呼，也是一种重量单位，一钱大致等于3.125克。

北魏孝文帝迁都

北魏孝文帝拓跋宏想迁都洛阳，但又怕群臣反对，便以南伐的名义带领众人向南进发，冒雨行至洛阳而止，遂成就迁都大计。

南齐永明十一年（公元493年），北魏孝文帝拓跋宏因为平城气候寒冷，六月还下雪，又经常起风沙，所以准备把京都迁到洛阳。因为担心群臣反对，于是他提议讨伐南齐，想以此胁迫大家迁都。

拓跋宏在明堂东边的偏殿斋戒，让太常卿王谌卜卦，得到"革"卦[1]。拓跋宏说："卦辞[2]上说，'商汤和周武的变革，上应天命，下顺人心'，还有什么比这更吉祥的呢？"大臣们没有人敢说话。

尚书、任城王拓跋澄说："陛下继承大业，发扬光大，在中原称帝。现在出兵去讨伐还没有臣服的地方，而得到汤武变革的卦象，还不是全然吉利。"

拓跋宏严厉地说："繇辞说，'主上老虎一般变革'，怎么说不吉利呢？"

拓跋澄说："陛下作为飞龙，兴起已经很久，怎么到了今天又实施老虎一般的变革？"

拓跋宏脸色一变，说："社稷是我的社稷，任城王想阻止大家吗？"

拓跋澄说："社稷虽然为陛下所有，但臣是社稷的臣，怎能知道危险却不说呢？"

拓跋宏过了很久才消解怒意，说："各说各的看法，又有什么关系！"

拓跋宏回到皇宫，召拓跋澄入宫觐见，迎头就说："刚才的'革'卦，现在要和你再讨论讨论。在明堂我发脾气，是害怕大家竞相发言，破坏我的大计，所以才声色俱厉，吓唬文武百官而已。我想你应该明白我的心意。"

拓跋宏命令身边的人退下，对拓跋澄说："现在要做的，的确很不容易。我们国家在北方兴建，后来迁居到平城。这里是打仗的地方，不适合推行政治教化。现在我想移风易俗，确实很困难。我想以大军南下征伐为由，把京城迁到中原，你认为怎么样？"

拓跋澄说："陛下想把京城迁到中原，以经营四海，这也是以前周、汉兴盛的原因。"

拓跋宏说："北方人的风俗，会留恋传统的生活，要是迁都，一定会使他们受到惊扰，怎么办？"

拓跋澄回答：“不同寻常的事情，本来就不是常人所能明白的。陛下的决定出自陛下内心，他们又能怎么样？”

拓跋宏高兴地说：“任城王就是我的张良啊！”

六月初七，拓跋宏下令在黄河上修桥，准备让南下大军渡河。七月初十，朝廷内外戒严，发布公文，并转送各地，宣称即将南伐。

八月十一日，拓跋宏从平城出发，亲自率领步兵、骑兵三十多万，大举南征。九月二十二日，抵达洛阳，一路上不停地下雨。

二十八日，拓跋宏下令各路大军继续向南进发。次日，他自己也身穿军服，拿着马鞭，骑马准备出发。大臣们赶紧在马前不停地叩拜劝阻。

拓跋宏说：“计划已经确定，各路大军要继续前进，你们还想说什么？”尚书李冲等人说：“现在的行动，天下人都不愿意，只有陛下愿意。臣不知道陛下一个人出发，想到什么地方去。我们心里明白，却没有言辞表达，只好冒死请求。”

拓跋宏大怒，说：“我现在正经营天下，你们这些文弱书生却屡屡怀疑大计。斧钺该使用时就使用，你们不要再说了！”说完，用马鞭抽着马准备要走，安定王拓跋休等人一齐流着泪劝谏。

于是拓跋宏对大家说：“我们现在大规模出兵，如果没有什么成就，要拿什么留给后人？我家世代住在幽朔，想南迁中原。如果不向南征伐，就把京城迁到这里，你们认为怎么样？愿意迁都的人站在左边，不愿意的站在右边。”

南安王拓跋桢走上前说：“做大事的人，不与众人图谋。现在陛下如果放弃南伐的计划，迁都洛邑，这是我们的心愿，百姓的幸运。”群臣高呼万岁。鲜卑人虽然不愿意迁移中原，但是又害怕南伐，也没有人敢说话。于是决定了迁都的大计。

李冲对拓跋宏说：“陛下将要迁都洛邑，需要重建祖庙宫室，不是骑在马上就能等到的。希望陛下暂时返回代都，等到群臣全部准备好以后，陛下再准备仪仗驾临新都。”

拓跋宏说：“朕准备巡查各州郡，先到邺城，稍作停留，一开春就返回，不应该返回北方。”于是他派遣任城王拓跋澄返回平城，向留守的官员宣布迁都的事情。拓跋宏对任城王说：“现在才是真正的变革，你

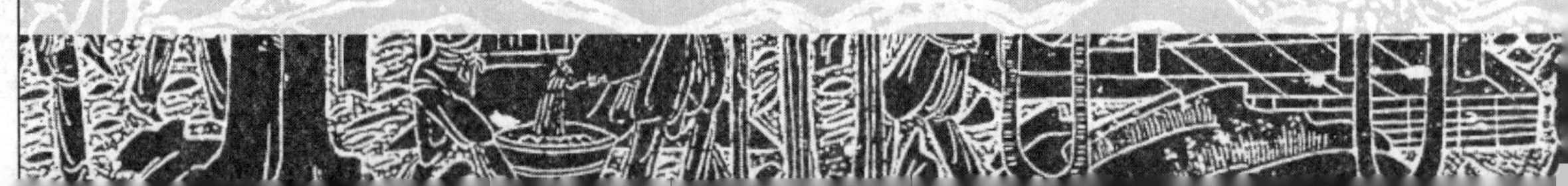

要努力。”

拓跋澄回到平城，大家一听要迁都，没有不震惊害怕的。拓跋澄引用古代的例子，慢慢地向他们解释，大家才明白过来。拓跋澄回到滑台向孝文帝报告，孝文帝很高兴，说：“没有任城王，朕的事就办不成。”

次年三月，拓跋宏抵达平城，让群臣再讨论迁都的利害，每个人都说了自己的意见。

燕州刺史穆罴说：“四方还没有安定，不适宜现在就迁都。何况征伐的时候缺少战马，要怎么取胜呢？”

拓跋宏回答说：“养马的地方在平城，何必担心没马？代地在恒山北边，九州之外，在这儿定都，不能成就帝王大业。”

尚书于果说：“我并不认为代地比洛阳好，但自从道武皇帝以来，一直居住在这里，百姓已经习惯这里的生活，一旦南迁，恐怕大家会不满。”

平阳公拓跋丕说：“迁都是大事，应当占卜询问。”

拓跋宏说：“古代的周公、召公都是圣贤，所以能占卜询问居住的地方。现在没有他们这样的圣贤，占卜又有什么用？何况占卜是为了解决疑难，没有疑难何须占卜！

“以前黄帝占卜，烧焦了龟甲，还没有裂纹，天老说是‘吉’，黄帝就听从了。也就是说，圣人能够预知未来，比龟甲还要灵验。帝王四海为家，有的住在南方，有的住在北方，哪有规律可循？

“朕的远祖，世代居住在北方荒凉的地方，平文皇帝开始在东木根山建都，昭成皇帝又营建了盛乐，道武皇帝迁都于平城。朕有幸拥有太平盛世，却唯独不能迁都吗？”群臣不敢再说话了。

二十八日，拓跋宏驾临朝堂，安排迁留的事宜。

十月初三，北魏任命东阳王拓跋丕为太傅、录尚书事，留守平城。初七，拓跋宏亲自去太庙祭告，派高阳王拓跋雍等将祖先牌位迁往洛阳。三天后，拓跋宏从平城出发，前往新都洛阳。

相关链接

〔1〕革卦：《周易》共有六十四卦，革卦为第四十九卦。

〔2〕卦辞：《周易》中每一卦后面都有相应的解释此卦、占卜吉凶的语言，称为卦辞。另外，每一卦有六爻，每爻也都有相应的爻辞。

萧鸾诛杀藩王

拥立萧昭文为帝后，萧鸾的权力更为强大，先后杀害了各地的多个藩王。在扫清篡位的道路后，他废黜了萧昭文，自立为皇帝。

齐建武元年（公元494年），宣城公萧鸾废除郁林王萧昭业，另立新安王萧昭文为帝。此后，萧鸾的权势更为强盛，朝廷内外都知道他有篡夺皇位的想法。

鄱阳王萧锵一开始并不知道萧鸾的阴谋，等到萧昭业被废黜，萧锵每次去见萧鸾，他总是来不及穿好鞋子，就到车后面去迎接萧锵。谈到国家大事，萧鸾总是声泪俱下，因此萧锵很信任他。

朝廷大臣都倾向萧锵，劝他入宫发兵，辅佐朝政。制局监谢粲劝说萧锵和随王萧子隆，说："二位王爷只要乘着油壁车入宫，把皇帝带到朝堂上，左右挟制，施发号令，我们其他人关闭城门，安排卫士，还有谁敢不从？东城的人正好可以把萧鸾绑着送过来。"

萧子隆想定下这个计策，萧锵却因为朝中兵力全由萧鸾控制，又担心事情不一定成功，所以犹豫不决。

马队主刘巨是武帝萧道成时候的旧臣，他进见萧锵，请求单独说话，叩头劝说萧锵行动。萧锵命令准备车马，准备入宫，又回到屋里，与母亲陆太妃告别，直到天黑还没出发。典签[1]得知了他们的谋划，就向萧鸾告发。

九月初二，萧鸾派遣士兵两千人，包围了萧锵的府邸，把他杀了，又杀了萧子隆、谢粲等人。武帝的几个儿子，萧子隆最为高大强壮，很有才能，因此萧鸾格外忌惮他。

江州刺史、晋安王萧子懋听说萧锵和萧子隆都被杀死，准备起兵，对防阁陆超之说："事成，则宗庙安宁；失败，我们也是为义而死。"

防阁董僧慧说："江州虽小，但宋孝武帝就是从这里起兵的。我们现在如果起兵入朝，讨伐萧鸾，谁能抵挡呢？"

萧子懋的母亲阮氏在建康，萧子懋秘密写信欲把她接来。阮氏把事情告诉了自己同母哥哥于瑶之，和他商量。于瑶之骑马报告了萧鸾。

初四，皇帝授萧鸾黄钺[2]，宫廷内外戒严，派遣中护军王玄邈讨伐萧子懋，又派遣军主裴叔业与于瑶之先去袭击寻阳，声称是郢府司马。

萧子懋得知后，派遣三百人守卫湓城。裴叔业溯流而上，等到夜里，

回来后对左右的人说："刚才萧鸾接见我，态度十分殷勤，流连不舍，不能自已，但又神色惭愧，一定是想杀了我。"当天晚上，萧铄就被杀了。萧鸾每诛杀一个藩王，总是夜里派兵包围他的府邸，翻越围墙，破门而入，把他的财产全部没收。

江夏王萧锋，有才能德行，萧鸾曾经对他说："始安王萧遥光很有才干，可委以重任。"

萧锋说："萧遥光比起殿下，就像殿下之于高皇帝。守卫宗庙，安定社稷，确实可以委托重任。"萧鸾大惊失色。

等到萧鸾杀害各藩王的时候，萧锋给萧鸾送去一封信，嘲讽斥责。萧鸾非常忌惮他，不敢到他的府邸去抓他，就让萧锋在太庙里兼任祠官，夜里，派兵到太庙里逮捕他。

萧锋从太庙出来，登上自己的车子，那些士兵也想上车。萧锋很有力气，空手把好几个人打倒在地上，最终被杀。

萧鸾派遣典签柯令孙去杀建安王萧子真，萧子真躲到床底下，柯令孙把他拉出来。萧子真给柯令孙磕头，乞求做他的奴仆。柯令孙不答应，仍然杀了他。

萧鸾又派中书舍人茹法亮去杀巴陵王萧子伦。萧子伦性情英勇果断，当时任南兰陵太守，镇守琅琊。琅邪城有守卫的部队，萧鸾担心萧子伦不肯束手就擒，问典签华伯茂怎么办。华伯茂说："大人如果派兵逮捕他，恐怕不能立刻办到。如果委托给我，我一个人就行。"

华伯茂亲自拿着毒酒逼萧子伦，萧子伦整理衣冠，出来接受诏令，对茹法亮说："前朝太祖灭了刘氏，今天的事情也是天理注定的。你是前朝老臣，今天拿着这个来，也是身不由已罢了。这酒不是宴饮的酒。"说完一口喝完，中毒身亡，当时他才十六岁。茹法亮和旁边的人都哭泣流泪。

杀死各藩王后，已经没有人能阻止萧鸾篡夺帝位。萧鸾便将萧昭文废为海陵王，自己登上皇位，大赦天下，更改年号。萧鸾就是南齐的明帝。

相关链接

〔1〕典签：又称主帅，南朝设置的地方长官之下负责典掌机要之官，朝廷通过典签监视和控制地方军政事务。

〔2〕黄钺：钺，为古代一种斧形兵器，安装木柄，用以砍斫。后来黄钺成为权力的象征。

王敬则谋反

王敬则是前朝旧将，萧鸾称帝时他起兵谋反，声势非常浩大，但很快就溃散了。

南齐明帝的时候，大司马、会稽太守王敬则因为自己是高帝、武帝时候的旧将，心里很不平衡。明帝萧鸾虽然表面上对他很好，但心里却猜疑提防他，曾经几次询问他的饮食、身体状况。听说他年老体衰，又待在内地，才稍微放宽心。

萧鸾的病情几次加重，于是安置兵力，暗中提防王敬则。朝廷内外都传言，又将有不同寻常的事情发生。

王敬则听说后，私下里说："东边现在还有谁？只是想除掉我而已。我又何尝是那么容易就能除掉的？我终究不会接受他的毒酒。"

一天夜里，王敬则与手下的官员赌博，他对大家说："你们想让我怎样做呢？"没有人敢先说话。防阁丁兴怀说："您应该起事。"王敬则没有回答。

第二天清晨，王敬则召山阴令王询、台传御史钟离祖愿相见，把刀横着，跪坐在席上，问王询、祖愿二人："如果发兵可以招集多少人？府库里还有多少钱财器物？"

王询说："县里的壮丁仓促间不能召集起来。"祖愿说："府库的财物大多还没有输入库房。"王敬则大怒，准备把他们二人拉出去斩首。

王公林劝谏说："什么事情都能反悔，只有这件事不能反悔。您为什么不再考虑考虑呢？"

王敬则唾了王公林一脸口水，说："我做的事情，和你小子有什么关系？"王敬则举兵谋反，招集兵力，分配战服，两三天后就出发了。

前任中书令何胤，辞官隐居若邪山，王敬则想挟持他任尚书令。长史王弄璋等人进谏说："何大人清高隐居，一定不会顺从；如果不从，就应该杀了他。但是做大事先杀有名的贤士，所做事情一定不会成功。"王敬则这才作罢。

王敬则率领甲兵一万人渡过钱塘江[1]，张瓌派遣三千兵力在松江抵挡。这些士兵一听到王敬则部队的战鼓声，就立刻四下逃散，张瓌只好抛弃郡署，逃到民间躲起来。

王敬则以前朝旧将的身份起兵，百姓都扛着竹竿、锄头[2]前来投奔，追随他的有十几万人。到达晋陵，南沙人范修化杀了县令公上延孙，响应王敬则。经过武进高帝陵墓所在的陵口，王敬则恸哭而过。

乌程人丘仲孚是曲阿县令，王敬则的前锋部队刚刚抵达，丘仲孚就对手下的官吏百姓说："敌人虽然乘着胜势，气势很盛，但只是乌合之众，很容易溃散。现在如果把船舰收起来，挖开长冈水坝，把河水放掉，他们的前进就会受阻。如果能阻挡他们几天，朝廷的军队一定就到了，这样一定能大功告成。"王敬则的军队抵达后，因为河渠干涸，果然军队受阻，不能前进。

五月，萧鸾下诏命令前军司马左兴盛、后军将军崔恭祖、辅国将军刘山阳、龙骧将军马军主胡松在曲阿长冈修筑营垒。任右仆射沈文季为持节都督，在湖头驻兵，防守京口的道路。

王敬则进攻左兴盛、刘山阳，朝廷的军队不能抵挡，准备撤退，但是又不能突围，只好死战。胡松率领骑兵从背后进攻王敬则的军队，百姓手里没有武器，都惊慌失措，四下逃散。

王敬则的军队大败，王敬则还想找一匹马继续战斗，找不到，被崔恭祖刺中，倒在地上，最终被刘兴盛手下的军客袁文旷斩杀。初五，王敬则的首级被送到建康。

当时，萧鸾的病情已经十分危险，王敬则突然在东边起兵，朝廷为之震惊惶恐。太子萧宝卷让人爬上屋顶查看战况，得知征虏亭失火，以为是王敬则到了，急忙穿上军服准备逃走。

王敬则听说后，大喜，说："檀公三十六策，走为上策，估计你们父子只有逃走了。"所谓"檀公三十六策，走为上策"，是当时的人讥讽檀道济躲避北魏军队的话。王敬则来势汹汹，声势浩大，但很短的时间内就失败了。

相关链接

〔1〕钱塘江：古称浙江、浙江、之江等，发源于安徽南部黄山一带，经杭州注入杭州湾，有著名的"钱塘潮"景观。

〔2〕锄头：一种长柄农具，可用于除草、松土等。

江祏谋废被杀

萧鸾很信任江祏兄弟，临死时嘱咐他们辅佐萧宝卷，但萧宝卷贪恋游玩，不理朝政，江祏兄弟就谋划废除他，因事情泄露而被杀。

齐永泰元年（公元498年），明帝萧鸾去世，太子萧宝卷即位。萧宝卷做太子时就不好好学习，整天游玩，没有节制。即位以后，他不爱和朝臣们来往，专门亲信宦官和左右侍从。

萧鸾临终前，虽然嘱托群臣，但最信任的是江祏兄弟二人，主要把遗命托付给他们两个人。江氏兄弟轮流在宫殿里值班，皇帝的一举一动都要干涉。萧宝卷逐渐想按自己的意思办事，江祏总是坚决制止，萧宝卷对他十分愤恨。

萧宝卷的左右心腹茹法珍和梅虫儿等人，受皇上委任办事，也常被江祏阻止，茹法珍等人对江祏恨得咬牙切齿。

徐孝嗣[1]对江祏说："皇上稍微有些自己的意见，怎么能全部反对阻止呢？"

江祏说："只要把事情交付给我，就没什么可忧虑的。"

萧宝卷丧失德行的情况日益严重，江祏提议要废黜他，另立江夏王萧宝玄为帝。

○ 品画鉴宝

生活图（北周）　图中以骑马之人的所见连缀画意，反映了当时屠宰、耕作、猎鹿、网鱼的情景。

刘暄曾经做过萧宝玄的郢州行事，处理事情呆板、苛刻。有人献给萧宝玄一匹马，萧宝玄想去看一看，刘暄说："一匹马有什么值得看的？"萧宝玄的妃子想吃煮鸡肫，手下的人请示刘暄，他说："早上已经吃了煮鹅，不要麻烦再做这个了。"

萧宝玄生气地说："刘暄根本没有一点舅舅的情义。"刘暄因此怨恨萧宝玄，不同意江祏的主张，而想立建安王萧宝寅为帝。

江祏与始安王萧遥光秘密商量，萧遥光自以为年长，想自己即皇帝位，并稍稍向江祏透露。江祏的弟弟也认为皇帝年纪太小不容易保住帝位，就劝江祏立萧遥光为帝。江祏犹豫不决，就去询问萧坦之，萧坦之当时正在为母亲守丧，仍然任领军将军。

萧坦之对江祏说："萧鸾自立为帝，已经没有按照顺序，天下到现在仍然不服气。如果再来一次，恐怕要天下大乱，其他我不敢说什么了。"萧坦之仍然回家为母亲守丧。

江祏和江祀秘密地对吏部郎谢朓说："江夏王萧宝玄年纪尚小，也许不堪重负，总不能到时候再把他废黜吧？始安王萧遥光年长，由他继承，不会违背大家的意愿。我这样想，并不是想由此得到荣华富贵，只是为国家求得安定。"

萧遥光又派自己的亲信丹阳丞刘沨，秘密地告诉谢朓，想拉谢朓为同党，谢朓没有回答。不久，萧遥光让谢朓兼任知卫尉事，谢朓很害怕，就把江祐的谋划报告了太子右卫率左兴盛，左兴盛没敢上报。

谢朓又去劝说刘暄，说："始安王萧遥光一旦称帝，刘沨、刘晏就会占据你现在的地位，并把你看作反复的小人。"刘暄假装吃惊的样子，回头立刻骑马去报告了萧遥光和江祐。

萧遥光想把谢朓调到东阳郡[2]去做太守，因为谢朓常常轻视江祐，所以江祐坚决请求除掉他。萧遥光就把谢朓抓起来，交付廷尉，并和徐孝嗣、江祐、刘暄等人联名上书："谢朓煽动朝廷内外，妄自贬低皇帝，私自议论宫禁，诽谤亲贤，轻视议论朝中大臣。"谢朓最后死在了监狱里。

刘暄认为，如果立萧遥光为皇帝，自己就失去了皇舅的尊贵，因此不赞同江祐的意见，江祐犹豫了很久也不能决定。

萧遥光大怒，派遣手下黄昙庆在青溪桥刺杀刘暄。黄昙庆看见刘暄的卫士很多，不敢下手，反而被刘暄发现，于是刘暄告发了江祐的阴谋，萧宝卷命令逮捕江祐兄弟。

江祀正在内殿值班，怀疑情况有异，派人送信给江祐，说："刘暄似乎有别的阴谋，现在该怎么办呢？"

江祐说："以静制动。"不久，有诏令召江祐入宫觐见。入宫后，江祐被扣押在中书省。

当初，袁文旷因为斩杀了王敬则有功，应该封官，但江祐不肯。萧宝卷就让袁文旷去杀江祐，袁文旷用刀背上的环子敲江祐的心口，说："能再夺去我的封赏吗？"

江祐和他的弟弟江祀一起被处死。刘暄听说江祐等人已经死了，睡觉的时候大惊，跑到门外，问左右侍从："逮捕的人来了吗？"过了很久，他才定下心神，回到屋里坐下，十分悲伤地说："不是怀念江氏弟兄，而是悲痛自己啊！"

相关链接

〔1〕徐孝嗣：公元453年－499年，字始昌，东海郯（在今江苏境内）人，南朝宋大臣，具文才，有文集传于世。

〔2〕东阳郡：在今浙江省金华市。

萧衍讨伐东昏侯

萧宝卷除掉江祏等人后，愈加荒淫残暴，想把萧衍兄弟全部杀害。萧衍拥立萧宝融，带兵包围都城，萧宝卷手下人杀了他开城投降。

南齐东昏侯萧宝卷诛杀江祏后，无所忌惮，越发放纵，荒淫残暴。太尉陈显达和平西将军崔慧景相继叛乱，结果都失败了。

萧宝卷怀疑雍州刺史萧衍[1]有谋反之心。直后郑植的弟弟郑绍叔，任萧衍的宁蛮长史，萧宝卷派郑植以探望弟弟为借口去刺杀萧衍。郑绍叔得知后，偷偷地报告了萧衍。

萧衍在郑绍叔家里设宴，开玩笑地对郑植说："朝廷派你来杀我，今天正好有空宴饮，是下手的好机会呀。"宾客和主人哄堂大笑。

萧衍又带郑植把雍州的城墙、壕沟、仓库、兵马、器械、船舰等仔细看了一遍。郑植退下，对郑绍叔说："雍州的实力强盛，不容易图谋。"郑绍叔对他说："哥哥回去后，请认真地对天子说，如果要攻取雍州，我将率领军队决一死战！"郑绍叔把郑植送到南岘，兄弟二人握着手，恸哭告别。

齐永元二年（公元500年）十月，萧衍的哥哥、尚书令萧懿受萧宝卷所忌，萧宝卷派人赐下毒酒，将萧懿毒死，并捕杀他的各个弟弟。萧衍听说了，连夜召集张弘策、吕僧珍、长史王茂、别驾柳庆远、功曹吉士瞻等人到家里商议对策。

初九，萧衍把手下的臣僚召集起来，对他们说："昏庸的君主暴虐无度，罪恶超过纣王[2]，我应当与你们一起把他除掉。"

当天，萧衍召集兵马，得到武装士兵一万多人，战马一千多匹，船舰三千艘。萧衍又命令搬出檀溪中的竹子木材，装到战舰上，上面用茅草掩盖，事情很快就准备妥当。将领们争夺船桨，吕僧珍把原先准备好的拿出来，每只船发两支，才制止了争夺。

萧衍联合南康王萧宝融等一起讨伐萧宝卷。次年三月，萧宝融在江陵称帝，任命萧衍为左仆射，加授征东大将军、都督征讨诸军事，并授予代表皇帝的黄钺。萧衍进兵，接连获胜，逼近京城建康。十月，萧衍坐镇石头，命令各军攻打建康的六个城门。萧宝卷下令烧毁城门内的军营、府署，驱赶士人百姓，全部进入宫城，关闭宫门死守。萧衍让各军修筑长长的围城工事，进行围困。

萧宝卷迷信钟山神蒋子文，萧衍大军到来，萧宝卷尊蒋子文为灵帝，将他的神像迎入后堂，令巫师祈祷求福。宫城关闭后，萧宝卷就把城中的军务全委托给征虏将军王珍国，让赶来守卫京城的兖州刺史张稷做王珍国的副手。

当时，城中的士兵还有七万人。萧宝卷一向喜好军阵，他与身边的黄门、卫士和宫人在华光殿前演习战斗，假装受伤，让人用木板抬去，用来求取吉祥。

萧宝卷还经常在宫殿里穿着军服，骑马出入，用金银做成铠甲和头盔，用翡翠装饰。白天睡觉晚上起床，像平时一样。听到外面的战鼓和呐喊声，萧宝卷就披上大红袍，登上景阳楼观望，以致差点被弓弩射中。开始的时候，萧宝卷与左右心腹商量，认为陈显达交战一次就失败，崔慧景包围城池很快就逃走，于是认为萧衍的军队也会这样，所以命令太官准备木柴和粮食，够用一百天就行了。

等到大桁失败，百姓都人心惶惶。茹法珍等人担心士兵和百姓逃跑，就关闭城门，不再出兵交战。过了不久，萧衍的长围已经布置好，战壕深挖，栅栏坚固。城里再派兵出城交战，屡战屡败。

萧宝卷特别吝啬金钱，不肯赏赐。茹法珍磕头请求，萧宝卷说：“敌人来只是要抓我一个人吗？为什么要我赏赐？”后堂里储存了几百块木材，有人向萧宝卷启奏，拿去做防御工事，他却想留下来用于修建宫殿。

萧宝卷又催御府制作了三百人使用的精锐兵器，准备等长围解除，出外游玩的时候，卫士们用来驱赶百姓。至于金银雕镂的物品，萧宝卷也催着赶制，要求比平时要快一倍。

大家都怨恨、倦怠，不愿意为他出力。外面包围了很久，城里的人都希望能早点逃走，只是没有人敢先逃而已。茹法珍和梅虫儿劝说萧宝卷：“大臣不用心，使包围不能解除，应该把他们全杀了。”

王珍国和张稷害怕有灾祸。王珍国偷偷派遣亲信献给萧衍一块明镜，萧衍截断金子作为回答，两人互相会意。

兖州中兵参军张齐，是张稷的心腹。王珍国就通过张齐秘密地和张稷谋划，一起杀掉萧宝卷。夜里，张齐把王珍国带到张稷那里，两人一起商议决定计划，张齐亲自在旁边拿着蜡烛，又把计划告诉了后阁舍人钱强。

十二月初六夜，钱强偷偷让人打开云龙门，王珍国和张稷带兵冲进殿里，御刀丰勇之为内应。萧宝卷在含德殿弹唱，还没有睡觉，听到士兵冲进来，急忙从北门跑出去，想跑回后宫，可是宫门已经关闭。宦官黄泰平用刀砍伤了萧宝卷的膝盖，萧宝卷倒在地上，张齐斩下了他的脑袋。张稷召集群臣，派人把萧宝卷的首级送到石头，向萧衍投降。

相关链接

〔1〕萧衍：公元464年－549年，字叔达，小字练儿，南兰陵（今江苏常州一带）人，公元502年称帝，建立南梁，谥武帝。

〔2〕纣王：商朝最后一个帝王，以凶暴残虐著称。周武王带兵攻下都城朝歌后，他自焚而死。

○ 品画鉴宝

黄釉瓷扁壶（北朝） 此壶图案明显受外来文化的影响，造型别致，胎质细腻，是研究中西文化及乐舞发展史不可多得的实物资料。

梁武帝（公元464年－549年）

帝王世系表

梁武帝·萧衍

梁简文帝·萧纲

梁元帝·萧绎

梁敬帝·萧方智

梁纪

公元502年－557年

梁是南朝的第三个王朝，由萧衍所建。前后共四位帝王，共存在五十六年，历史上又称"萧梁"。盛时疆域较广，约为今广东、广西、海南、福建、江西、浙江、江苏、安徽、湖北、湖南、云南、贵州等省区；河南、陕西、四川各一部分以及越南北部、东部、缅甸北端小部分。

萧衍期间放松了对皇族的控制，提倡佛教，又勒令地方官"上献"，以致地方官吏竞相聚敛，盘剥百姓，百姓徭役繁重，人人苦不堪言。东魏大将侯景投降于梁，萧衍不顾朝臣反对，妄图依靠侯景灭掉魏。后来，侯景起兵反梁，造成了侯景之乱，叛军攻克台城，萧衍被活活饿死。

侯景起初立太子萧纲为帝，后又杀掉萧纲，自称汉皇帝。此时，萧衍诸子及孙各据一方，互相争夺，萧绎灭掉萧纶又灭侯景后称帝，是为梁元帝。几年后，萧绎被杀，后梁建立。后来，陈霸先复立萧方智为帝，是为梁敬帝。此后，陈霸先受禅称帝，改元永定，都建康，国号陈。梁朝亡。另外，萧衍的孙子萧詧曾在江陵建立西梁，传三帝，后亡于隋。

大事年表

- 公元502年／萧衍称帝，建立梁朝。
- 公元514年／梁在钟离筑浮山堰，准备用淮水灌魏寿阳城。
- 公元515年／魏宣武帝死，太子诩即位，是为孝明帝。
- 公元518年／魏胡太后派宋云与僧惠生西行求佛经。
- 公元520年／南天竺僧人菩提达摩到广州。
- 公元523年／梁罢铜钱，改铸铁钱。魏怀荒镇民杀镇将起义。破六韩拔陵率沃野镇兵民起义，杀镇将。六镇起义开始。
- 公元524年／北魏各族人民起义爆发。
- 公元526年／鲜于修礼率流民在定州左人城起义。
- 公元531年／高欢起兵讨伐尔朱氏。
- 公元534年／北魏分裂为西魏、东魏。
- 公元544年／贾思勰著成《齐民要术》。
- 公元547年／梁下诏伐东魏，以贞阳侯萧渊明督诸将。
- 公元548年－552年／侯景之乱。
- 公元550年／高洋建立北齐，东魏亡。
- 公元554年／西魏攻陷江陵，俘杀梁元帝。
- 公元555年／梁王詧在江陵称帝，为魏附庸，是为西梁。

平定萧宝卷后，萧衍与沈约等人谋划自己称帝。公元502年，南齐和帝萧宝融禅位于梁王萧衍，梁朝建立，南齐灭亡。

南齐大司马萧衍拥立和帝萧宝融，讨伐东昏侯萧宝卷，平定天下，立下赫赫大功。萧衍占领建康，迎接宣德太后进宫，让她临朝听政，代行皇帝权力。

萧衍与黄门侍郎范云[1]、南清河太守沈约[2]，当年曾一起在竟陵王西官邸共事，关系非常亲密。当上大司马后，萧衍就让范云担任自己的谘议参军、领录事，沈约担任骠骑司马，让他们参与各项事务的谋划。

萧衍心里有受禅的想法，沈约稍稍挑明，萧衍没有回答。有一天，沈约又向萧衍进言："现在和古代不一样，不能期望还有淳朴的古风，士大夫们都攀龙附凤，希望有或大或小的功劳。现在连小孩、牧童都知道齐已经要完了，明公应当继承它的国运，天象、谶文也如此显示。天意不可违背，人心不能失去。如果天数如此，即使想要谦让，也是不行的。"萧衍说："我正在考虑。"

沈约又说："明公刚开始在樊、沔起兵的时候应该考虑，现在王业已成，还考虑什么？如果不早点定下大业，只要有一个人有异心，就会损害您的威德。何况人又不是金石，能坚定不移；时事无常，怎么能把建安郡公的封爵留给子孙？如果天子返回京城，公卿各司其职，那么君臣的名分确定，人们就不会再有异心。圣明的君主在上，忠诚的臣子在下，怎么还会有人再起来反叛呢？"

萧衍很是赞同。沈约出去后，萧衍召范云进见，告诉了他沈约的想法。范云的看法和沈约的差不多，萧衍说："智者所见不谋而合。你明天早晨带着沈休文再来。"范云出来后，告诉了沈约，沈约说："你一定要等我！"范云答应了。但是第二天，沈约提前到了，萧衍命令他起草登基的诏书，沈约从怀里取出已经写好的诏书和人事安排的名单，萧衍没作改动。过了一会儿，范云从外边来到了殿口门，守卫不让他进去，他又等不到沈约，只好在寿光阁外徘徊。沈约出来后，范云问他："怎么安排我的？"

沈约举起手指向左边（意思是安排范云为尚书左仆射），范云笑着说："和我希望的差不多。"

过了一会儿，萧衍召范云进去。萧衍赞叹沈约的才智纵横，并且说：“我起兵到现在已经有三年了，功臣将领的确出了不少力气，但成就帝业的只有你们两个人。”

梁天监元年（公元502年）正月，宣德太后下诏给萧衍加官，并封他为梁公，给他十郡封地，加赐九锡。二月，又晋封为梁王，加十郡封地。

四月，宣德太后宣布，南齐皇帝要效法前代，将帝位禅让给梁王萧衍。然后颁下策书，派人奉持皇帝玺绶，送到梁王宫殿。萧衍接受，在南郊即皇帝位，梁朝正式取代南齐。

相关链接

〔1〕范云：公元451年－503年，字彦龙，祖籍南乡舞阳（今河南泌阳），南朝时诗人。

〔2〕沈约：公元441年－513年，字休文，吴兴武康（今浙江德清）人，南朝时文学家、史学家。

○ 品画鉴宝

青瓷莲花尊（北朝） 此器纯朴庄重、美观实用，反映出北朝时期青瓷制作的成就。

骑乘人物图（北朝） 此图原绘于木板上，图中二人手持葡萄酒杯或碗，神态谦恭。

萧宝寅逃奔北魏

萧衍即位后准备杀害南齐各地藩王，萧宝寅越过长江，独身逃到了北魏。

梁王萧衍准备谋害南齐各藩王，但防卫还不是很严密。鄱阳王萧宝寅[1]家里的宦官颜文智和心腹麻拱等人秘密策划，夜里挖开墙壁，把萧宝寅送出去，并在长江岸边准备了一只小船。萧宝寅穿着黑布短衣，腰里系着一千多钱，偷偷地跑到了江边，因穿着草鞋步行，两只脚都磨破了。

看管的人天亮后才发现萧宝寅不见了，急忙去追赶。萧宝寅装成钓鱼的人，和追赶的人在江里并舟而行，行了十几里，追赶的人都没有怀疑。等到追赶的人离开后，萧宝寅就渡到西岸，投奔百姓华文荣家。

华文荣和他的同族人华天龙、华惠连抛下家业，带着萧宝寅逃到山里。然后租了一匹毛驴，让萧宝寅骑，白天躲起来，夜晚才赶路，就这样，他们到了寿阳[2]的东城。

北魏戍主杜元伦骑马去报告扬州刺史元澄，元澄下令用车马侍卫迎接萧宝寅。萧宝寅当时才十六岁，因为徒步赶路，十分憔悴，看见的人还以为是被掠卖的人口。

元澄用招待客人的礼节对待他，萧宝寅请求用为皇帝守丧的生麻布做丧服，元澄派人劝说了他一番，给了他为兄长守丧穿的熟麻布做的丧服。

元澄率领手下的官吏前往凭吊，萧宝寅的举动礼节，就像为君父服丧一样。寿阳有很多南齐的旧人，他们都来凭吊，只有夏侯一族因为夏侯详跟从了萧衍，所以没有人来。元澄对萧宝寅非常器重。

相关链接

〔1〕萧宝寅：公元485年－530年，字智亮，南齐明帝萧鸾的儿子，逃到北魏后企图光复南齐。公元527年，他控制长安自称齐帝。

〔2〕寿阳：今山西省寿阳县。

高欢有远见

高欢深沉而有大志，当他看到北魏大势已去，就倾尽自己的财产结交宾客贤士，以图他日成就非凡之业。

梁天监十八年（公元519年），北魏张彝的儿子张仲瑀上书，请求修订选官制度，限制武将，不让他们列入士大夫。导致抗议声充满街道，大家在街上张榜，约定时间，去屠害张家。张彝父子没把这件事放在心上。

二月二十日，羽林、虎贲近千人到尚书省诟骂，没有找到张仲瑀的哥哥张始均，就用瓦片、石头砸尚书省的大门。尚书省没人敢挡。

这些武士又拿火把点燃路边的蒿草，用石头、木棍为兵器，一直冲进张家府邸，把张彝拖到堂下，恣意殴打污辱，还烧了他的房屋。

张始均翻墙逃走，但又回来向他们求饶，请求饶恕他父亲的性命。这些人趁机殴打张始均，并把他扔到了火里。张仲瑀受重伤逃走了，张彝被打得只剩一口气，第二天晚上就死了。

远近的人都震惊恐惧。胡太后[1]只抓了羽林、虎贲将士里最凶恶的八个人，并杀了他们，其余的人都不再追究。二十五日，颁布大赦，安抚他们，命令武官可以按资格入选。有见地的人都知道北魏就要动乱了。

当初，燕国的燕郡太守高湖逃奔魏国，他的儿子高谧担任侍御史，获罪被流放到怀朔镇，世代居住在北部边境。高谧的孙子高欢[2]，深沉且有大志，家里贫困，在平城做奴役。有钱人娄氏的女儿看到他，觉得他很不一般，就嫁给了他。高欢因此才有了马匹，得以做镇上的信使。

高欢抵达洛阳，看到张彝被打死，回家后就倾尽财产结交宾客。有人问他原因，高欢说："宫里的卫兵纠结起来，焚烧大臣的府邸，朝廷畏惧他们而不敢过问。政治到了这个地步，事情可想而知，这些财物怎么可能长久拥有呢？"

相关链接

〔1〕胡太后：北魏宣武帝拓跋恪的皇后，孝明帝拓跋诩的母亲，孝明帝即位时年幼，她在一些大臣支持下摄政。

〔2〕高欢：公元496年－547年，小字贺六浑，渤海蓨县（今河北景县东）人，其子高洋称帝建立北齐后，追尊他为高祖。

源子雍平叛

北魏北方的胡人反叛，源子雍和其子全心全意守护城池，被俘后劝降了曹桑生，并很快平定了夏州、东夏州两地的叛乱。

北魏北方的胡人反叛，包围了夏州[1]。当时的夏州刺史是源子雍[2]，城里的粮食吃完了，就煮马皮吃，大家都全心全意地固守城池。源子雍想亲自出城收集粮食，留下他的儿子源延伯驻守统万城。

将校们都说："现在四方离散叛乱，粮食用尽，援助断绝，不如你们父子一起去。"源子雍流着泪说："我家世代蒙受皇恩，应该拼死守护城池。因为没有粮食，所以想前往东夏州，为大家筹集几个月的粮食。如果有幸能获得，就一定能保全城池。"于是他率领羸弱的士兵去东夏州运粮食，源延伯和将校们流着泪为他送行。

源子雍走了几天，遭到胡人头领曹阿各拔的袭击，被俘虏。源子雍偷偷派人给统万城送信，命令城里的士兵和百姓努力坚守。大家都很担心害怕，源延伯劝导他们："我父亲吉凶未卜，我心里焦急，方寸大乱。但是奉命守护城池，责任重大，不敢因私害公，希望各位明白我的心意。"大家都被源延伯的忠义感动，都奋发励志。源子雍虽然被擒，但是胡人经常用百姓对待官长的礼节对待他。他给胡人分析祸福凶吉，劝说曹阿各拔投降。正好曹阿各拔去世，他的弟弟曹桑生竟率领部队追随源子雍投降。

源子雍与行台、北海王元颢见面，详细分析了各路反贼可以消灭的情状，元颢拨给源子雍兵力，让他做先锋。当时，整个东夏州境内都起兵造反，到处都有贼寇聚集，源子雍转战而前，九十天之内出战几十次，终于平定了东夏州，征收税粟补给统万城。夏州、东夏州因此得以保全。

相关链接

〔1〕夏州：在今陕西省横山县一带。

〔2〕源子雍：？　公元528年，字灵和，河南洛阳人，北魏将领，封乐平县开国公，谥庄穆。

元叉弄权被杀

元叉凭借自己的权势在朝中肆意妄为，曾勾结刘腾谋害元怿并囚禁胡太后。胡太后和皇帝元诩想办法罢黜了他的官职，后来又把他赐死在了家中。

北魏太傅、侍中、清河文献王元怿[1]，仪表堂堂，胡太后逼他和自己私通。元怿一向有才能，辅佐朝政，多有匡正贡献，喜好文学，对士大夫很尊敬，声望很高。

侍中、领军将军元叉在门下省，兼管禁兵，倚仗胡太后的宠幸肆意妄为，奢侈无度。元怿总是以律法限制他，元叉因此怨恨元怿。

卫将军、仪同三司刘腾，权倾朝廷内外。吏部为了奉承刘腾，就上奏请求任命刘腾的弟弟为郡太守，但是刘腾的弟弟才能资历都不够，元怿就压了下来没有上奏，刘腾因此也怨恨他。

龙骧府长史宋维，是宋弁的儿子，元怿推荐他任通直郎。宋维是个轻薄无行的小人，元叉许诺他荣华富贵，让他告发司染都尉韩文殊父子谋反，要立元怿为帝。

元怿被逮捕囚禁，经过审查，没有谋反的行为，得以释放。宋维因诬陷应该被治罪，元叉对太后说："现在杀了宋维，以后若真有反叛的人，就没人敢报告了。"于是胡太后把宋维贬为了昌平郡太守。

元叉担心元怿最终成为自己祸患，就和刘腾密谋，让主食中黄门胡定自首，说："元怿贿赂我，让我毒死皇上，许诺如果他做了皇帝，就让我享受荣华富贵。"北魏孝明帝元诩当时只有十一岁，相信了他的话。

梁普通元年（公元520年），七月初四，胡太后在嘉福殿，没到前殿来。元叉侍奉皇帝到显阳殿，刘腾关闭永巷门，胡太后无法出来。

元怿进宫，在含章殿后面遇到元叉，元叉厉声呵斥，不许元怿入宫。元怿说："你想造反吗？"元叉说："我不造反，我正要抓造反的人！"元叉命令卫士和直斋抓住元怿，送到含章东省，并派人看守他。

刘腾假称皇上的命令，召集公卿讨论，列数元怿谋反。大家都害怕元叉，没有人敢反对，只有仆射新泰文贞公游肇反驳，认为元怿不可能谋反，最终没有签名。

元叉、刘腾拿着公卿的意见进宫，很快就得到元诩的同意，在夜里处死了元怿。元叉等人又伪造胡太后的旨令，称自己患病，要把政权还给元诩，然后把胡太后幽禁在北宫的宣光殿，宫门昼夜关闭，内

外隔绝，刘腾自己拿着钥匙，连元诩都不能探望，只许递送饮食。

胡太后的衣服饮食都不如从前，免不了挨饿受冻，她叹息着说："养虎却被虎咬，说的就是我啊。"

元叉派中常侍贾粲侍奉元诩读书，命令他暗中监视元诩的行动。元叉与太师高阳王元雍等人共同辅政，元诩叫元叉姨父。元叉和刘腾内外专权，元叉防备朝廷之外，刘腾监视朝廷之内，两人经常在殿里值勤，一起决定刑赏，政事不论大小，都由他们二人决定，威震朝廷内外，百官行事都小心谨慎。

梁普通四年（公元523年），刘腾去世，此后胡太后与元诩身边的监视稍稍有些放松。元叉自己也觉得宽慰，经常出宫游玩，留连不返，亲信多次劝说，他也不听，胡太后察知了这一情况。

第二年秋天，胡太后当着元诩的面，斥问群臣，说："现在把我们母子隔绝，不许我们往来，那要我还有什么用？我应该出家，到嵩山闲居寺修行。"说完就要剃下头发，元诩和群臣磕头流泪，苦苦哀求，胡太后神色言语却更加严厉。

梁普通六年（公元525年）二月，元诩住在嘉福殿，住了好几天，与胡太后一起密谋罢黜元叉。元诩隐藏形迹，胡太后也装作愤恨的样子。

元诩把胡太后想在显阳殿之间往来的想法告诉了元叉，还流着泪对元叉说，胡太后想出家为尼，他一天里忧虑害怕好几次。

元叉一点也没怀疑，还劝元诩答应胡太后的要求。于是胡太后屡次驾临显阳殿，两宫之间不再有禁令阻碍。

元叉推荐元法僧任徐州刺史，元法僧叛乱，胡太后几次提起，元叉十分羞愧后悔。

丞相高阳王元雍，虽然官位比元叉高，却非常畏惧元叉。正好胡太后与元诩到洛水游玩，元雍就邀请他们驾临自己的府邸。黄昏时分，元诩与胡太后到元雍的内室，随从都不许进去，他们一起商定对付元叉的计划。

胡太后对元叉说："元郎如果忠于朝廷，没有反叛之心，为什么不辞去领军的官职，担任其余的官职辅政朝廷呢？"元叉十分害怕，脱下官帽，请求解除领军的官职。朝廷顺势任命元叉为骠骑大将军、开府仪同三司、尚书令、侍中、领左右。

元叉虽然被解除了兵权，但仍然总管朝廷内外，他并不认为自己会被罢黜。胡太后犹豫不决，侍中穆绍劝胡太后迅速除去元叉。

潘嫔受元诩宠爱，宦官张景俊对她说："元叉想害您。"

潘嫔哭着对元诩说："元叉不仅要害我，还想对陛下不利。"

元诩相信了，趁元叉出宫的机会，解除了他的侍中官职。第二天早晨，元叉要入宫，守卫不让他进去。四月十七日，胡太后再次临朝摄政。下诏追削刘腾的官爵，把元叉罢黜为平民。

以前，给事黄门侍郎元顺为人正直，违背了元叉，元叉就把他贬出朝廷，担任齐州刺史。元叉被贬后，胡太后召元顺回朝廷，任他为侍中。

有一次，元顺陪胡太后坐着说话，元叉的妻子坐在太后身后，元顺指着她说："陛下为何因为妹妹的缘故，不法办元叉，让天下人不能伸冤解恨？"胡太后没有话说。

有一天，胡太后对侍臣说："刘腾和元叉过去曾经向我请求铁券，希望任何时候都不被处死，但我始终都没有给。"

韩子熙说："事关生死，怎么是铁券所能决定的？您过去既然没给他们，不明白现在为什么不杀掉他！"胡太后怅然。

过了不久，有人上告："元叉和弟弟元瓜密谋诱降六镇降户，在定州反叛，又招集鲁阳各蛮族部落侵扰伊阙[2]，准备作内应。"朝廷得到元叉的亲笔书信，胡太后还是不忍心杀他。群臣坚决请求，元诩也跟着请求，胡太后就顺从了，赐元叉和弟弟元瓜在家中自尽，仍然追赠元叉为骠骑大将军、仪同三司、尚书令。

相关链接

〔1〕元怿：公元487年－520年，字宣仁，北魏孝文帝第四子，封清河王。

〔2〕伊阙：即龙门，位于今洛阳城南十三公里处，因香山、龙门山两山东西对峙，如若天然门阙，而伊水又自南向北经流其间，故称"伊阙"。

尔朱荣立新帝

小皇帝元诩死后，胡太后为了能更长久地控制朝政，立三岁的元钊为帝。尔朱荣兴兵斩除了胡太后，另立元子攸为帝。

北魏胡太后再次听政以来，宠信小人，政务荒废，恩德不施，威信不立，结果国内盗贼四起，朝廷控制的疆域一天比一天小。

梁大通二年（公元528年）二月，北魏孝明帝元诩突然去世，胡太后立皇女为帝；过了几天，又立前临洮王元宝晖的长子元钊[1]为帝。元钊当时才三岁，胡太后想更长久地掌权，看中他年幼，所以才选中了他。

尔朱荣[2]为北魏车骑将军、仪同三司，以及并、肆、汾、广、恒、云六州讨虏大都督，手握重兵，朝廷也很忌惮他。尔朱荣听说胡太后立了小皇帝，大怒，对元天穆说："皇上驾崩的时候已经十九岁，天下人还称他为小皇帝，况且现在立一个还不会说话的小儿统治天下，想求得长治久安，怎么可能？我准备率领骑兵奔赴国都，哀悼皇帝，剪除奸佞小人，另立一位年长的皇帝，怎么样？"

元天穆说："这是伊尹、霍光于今日重生。"

于是尔朱荣上书朝廷，对元诩暴死的原因表示了怀疑，要求太后让他回到京城，参与国家大事，调查元诩的死因，诛杀朝中奸佞，另选合适的皇室成员继承皇位。

尔朱荣的堂弟尔朱世隆，当时任直阁。胡太后派他去晋阳慰问尔朱荣。尔朱荣想把他留下，尔朱世隆说："朝廷怀疑兄长才派我来，现在把我留下，就会让朝廷预先防备，这不是好办法。"于是尔朱荣送尔朱世隆回去。

尔朱荣跟元天穆商量，认为彭城武宣王元勰有功，他的儿子长乐王元子攸，一向有很高的声望，想立元子攸为帝。

尔朱荣又派侄子尔朱天光与亲信奚毅、奴仆王相到洛阳，与尔朱世隆秘密商量。尔朱天光与元子攸见面，详细陈述尔朱荣的心意，元子攸答应了。

尔朱天光等人回到晋阳，尔朱荣仍然犹豫不决，于是用铜为皇室的子孙铸造铜像，只有元子攸的铜像铸造成功。之后尔朱荣从晋阳起兵，尔朱世隆逃出京城，在上党与尔朱荣会合。

胡太后得知后非常恐惧，把王公大臣全召进宫商量。宗室大臣都很

痛恨胡太后，没有人说话。只有徐纥一个人说："尔朱荣这个胡人，敢起兵进犯朝廷，文武禁军绝对可以制伏他。只要守住险要关口，以逸待劳，他们远征千里，兵马疲惫，我们就能打败他们。"

胡太后认为徐纥说得对，任命黄门侍郎李神轨为大都督，率领军队抵挡，副将郑季明、郑先护率领士兵守护河桥，武卫将军费穆屯兵小平津。

尔朱荣的军队抵达河内，尔朱荣派王相秘密进入洛阳城，迎接长乐王元子攸。四月初九，元子攸与他的哥哥彭城王元劭、弟弟霸城公元子正，悄悄地从高渚渡过黄河。初十，在河阳与尔朱荣会合，将士们都称元子攸万岁。

十一日，大军渡过黄河，元子攸即位，任元劭为无上王，元子正为始平王，尔朱荣为侍中、都督中外诸军事、大将军、尚书令、领军将军、领左右，封为太原王。

郑先护平时与元子攸交好，听说他已即位，就与郑季明一起打开城门，迎接尔朱荣的军队。李神轨抵达河桥，听说北中已经失守，就立刻逃了回来。费穆抛下军队，先投降了尔朱荣。

胡太后把元诩的后宫嫔妃召集起来，命令她们都出家，自己也削了头发。

尔朱荣召集百官迎接皇帝车驾。十二日，百官捧着皇帝的玉玺、印绶，准备法驾，从河桥迎接孝庄帝元子攸。

十三日，尔朱荣派骑兵抓获了胡太后和小皇帝，把他们送到河阴。胡太后对尔朱荣说了很多恳求的话，尔朱荣拂袖而起，命令把胡太后和小皇帝沉入黄河。

相关链接

〔1〕元钊：公元526年－528年，北魏第十位皇帝，临洮王元宝晖之子，在胡太后操纵下于公元528年称帝，年仅三岁。

〔2〕尔朱荣：公元493年－530年，字天宝，北秀容（今山西忻县）契胡人，因先世居于尔朱川，故以地为氏，世为部落酋帅。

魏帝诛杀尔朱荣

尔朱荣的权力非常大，元子攸怕有一天会控制不了他，就和温子升一起谋划，亲手杀害了他。朝廷内外的人知道了都很高兴，欢庆的声音充满了洛阳城。

北魏孝庄帝元子攸与尔朱荣互相猜忌，外界也传言纷纷，有的说尔朱荣要反叛，有的说元子攸要借机诛杀尔朱荣。梁中大通二年（公元530年）九月，尔朱荣将入朝，照看女儿尔朱皇后生产，元子攸就想趁这个机会将他杀了。

十八日，元子攸召见中书舍人温子升[1]，跟他说了准备杀尔朱荣的事，又问他东汉时王允杀董卓的事情，温子升详细地说给他听。

元子攸说："王允当时如果立即赦免凉州士兵，一定不会到这个地步。"

过了很久，元子攸对温子升说："朕的想法你都知道。就是死了也一定要做，何况不一定会死。我宁愿像高贵乡公曹髦那样死，也不愿像常道乡公曹奂那样活！"

元子攸认为除掉尔朱荣、元天穆，然后立刻赦免他们的党羽，那些人应该不会反叛。应诏官王道习说："尔朱世隆、司马子如、朱元龙等人很受尔朱荣的信任，十分了解国家的虚实，我认为不应该留下他们。"

元徽和杨侃都说："如果尔朱世隆被杀，尔朱仲远和尔朱天光怎么还会来投降呢？"元子攸认为他们三人说得对。

元徽说："尔朱荣腰间经常佩着刀，逼急了也许会伤人，到时候请陛下躲避一下。"于是元子攸让杨侃等十几个人到时候埋伏在明光殿东侧。

这一天，尔朱荣与元天穆一起入朝，坐下来吃饭，没吃完就起身出去了。杨侃等人从东边的台阶上殿的时候，看到尔朱荣、元天穆已经走到中庭，事情没有成功。

二十一日，尔朱荣上朝只待了一会儿，就到陈留王家里喝酒，喝醉了，就说生病，好几天都没有上朝。

元子攸的计划大半被泄漏，尔朱世隆又告诉了尔朱荣，并劝他赶快逃走。尔朱荣很轻视元子攸，认为他不会有什么作为，便说："为什么要这么着急？"

与元子攸一起谋划的人都很害怕，元子攸也很担心。元徽说："以皇后生太子为理由，尔朱荣一定会入朝，到时候趁机杀了他。"

元子攸说："皇后才怀孕九个月，行吗？"

元徽说："产妇不到日期生产的很多，尔朱荣一定不会怀疑的。"元子攸听从了。

二十五日，元子攸在明光殿东厢埋伏了武士，声称皇太子出生了，派元徽骑马赶到尔朱荣家通知他。尔朱荣正在和上党王元天穆赌博，元徽摘下尔朱荣的帽子，拿在手上扔来扔去，表示庆贺。殿里的文武官员也来催尔朱荣，尔朱荣相信了，就和元天穆一起入宫。

元子攸听说尔朱荣来了，不由变了脸色，温子升说："陛下的脸色都变了。"元子攸连忙要酒来喝。

元子攸命令温子升起草赦文[2]。写完以后，温子升拿着出宫，正好遇到尔朱荣从外面进来，尔朱荣问他："这是什么文书？"温子升神色都没变，说："赦文。"尔朱荣没有拿过来看一下就走了进去。

元子攸在东墙下面西而坐，尔朱荣、元天穆在御榻西北面朝南坐。元徽进来，刚拜了一拜，尔朱荣看见光禄少卿鲁安、典御李侃晞等人拿着刀从东门闯了进来，就立刻站起来，快步走到元子攸身边。元子攸事先把刀横在膝下，趁机亲手杀了尔朱荣。鲁安等人上前乱砍，尔朱荣与元天穆一起被杀。

尔朱荣的儿子尔朱菩提与车骑将军尔朱阳睹等三十名随尔朱荣入宫的人，也都被埋伏的士兵斩杀。元子攸得到尔朱荣的几份奏折，写的都是皇帝身边要除去或者留下的人的名单，不是尔朱荣心腹的人都要被逐出朝廷。

元子攸说："这小子如果活过今天，就不能控制了。"朝廷内外人人都很高兴，庆贺的声音充满洛阳城。百官入朝庆贺，元子攸登上阊阖门，下诏大赦。

相关链接

〔1〕温子升：公元495年－547年，字鹏举，济阴冤句（今山东菏泽一带）人，晋朝将领温峤的后代，北魏著名文学家。

〔2〕赦文：古代帝王赦免他人罪行的文书。

○ 品画鉴宝

官兵与盗贼鏖战图（西魏） 图中官兵着铠甲，军马披装具，五百强盗着短裙靠衣，一手拿盾牌，一手执刀戟，正相互厮杀。

高欢起兵伐叛

尔朱荣被杀，其侄尔朱兆反叛，立元晔为帝，攻下洛阳后绞死了元子攸。高欢遂起兵讨伐尔朱兆。

梁中大通二年（公元530年），北魏孝庄帝元子攸诛杀了尔朱荣之后，尔朱荣的侄子、汾州刺史尔朱兆占据晋阳造反，另立长广王元晔为帝。不久，尔朱兆攻下了京城洛阳，将元子攸绞死。

次年二月，尔朱兆的叔父、尚书令尔朱世隆与兄弟商量，认为元晔与皇族嫡系关系较远，又没有什么声望，就打算另立嫡系近亲为帝。于是选中广陵王元恭，让元晔将帝位禅让给元恭。元恭过去为了避祸，就假装嗓子哑，至此已经有八年没有开口说话了。

六月，北魏大都督、冀州刺史高欢在信都起兵，但还没敢公开宣称反叛尔朱氏。

正好赶上李元忠起兵逼近殷州，高欢命令高乾率领军队前去援救。高乾骑着马进城，与殷州刺史尔朱羽生见面，便与他商量计划。尔朱羽生和高乾一起出城，高乾趁机擒获斩杀了他，带着人头去拜见高欢。

高欢拍着胸口说："现在只好造反了！"于是任命李元忠为殷州刺史，镇守广阿。高欢上表，列数尔朱氏的罪状，尔朱世隆偷偷地把奏表藏了起来，没有上奏。

十月，长史孙腾劝高欢："现与朝廷隔绝，没有号令可以接受，如果不暂且立一位皇帝，大家就会泄气溃散。"

高欢很是迟疑，孙腾多次坚持请求，于是高欢立勃海太守元朗为皇帝，是为安定王。元朗即位，任命高欢为侍中、丞相、都督中外诸军事、大将军、录尚书事、大行台。

高欢准备与尔朱兆交战，但畏惧尔朱兆兵力强盛，就询问亲信都督段韶，段韶说："所谓多，是得到大家效死的决心。所谓强，是得到天下的人心。尔朱氏上谋害天子，中屠杀公卿，下暴虐百姓，大王以顺讨逆，就像用开水浇在雪上，敌人有什么强盛呢？"

高欢说："虽然是这样，但我们以少对多，如果没有天命，大概也是没法成功的。"

段韶说："我听说'小能敌大：小的道义，大的淫邪'，上天没有偏爱，只是辅助有德行的人。现在尔朱氏外扰乱天下，内失去人心，有智慧的人不为他策划，勇敢的人不为他战斗，他们已经失去民心，天意怎么会不顺从呢？”

十五日，高欢在广阿打败尔朱兆，俘虏敌军五千多人。

梁中大通四年（公元532年）正月，高欢攻打邺城，在城墙下挖掘地道，用木头柱子支撑。挖好后，点火将柱子烧毁，地道坍塌，城墙陷入地下。当月，攻下了邺城。

闰三月[1]，尔朱氏各路军队聚于邺城下，号称二十万，沿洹水两岸驻扎。高欢命吏部尚书封隆之镇守邺城，自己率军出城，在紫陌驻扎，大都督高敖曹率领家乡部曲三千人跟从。

二十七日，尔朱兆率领三千轻骑夜袭邺城，攻打西门，没有攻下，于是撤退。

二十九日，高欢率领一千多骑兵，两万多步兵出战。人数多少悬殊很大，高欢就下令在韩陵布成圆阵，把牛驴等牲畜连在一起，阻挡退路，将士都有死战的决心。

尔朱兆看见高欢，远远地斥骂他背叛自己。高欢说：“我原本与你齐心协力，是为了共同辅佐皇室，现在皇帝在哪里？”

尔朱兆说：“孝庄帝冤枉了天柱大将军，把他杀了，我只是报仇而已。”

高欢说：“我过去听说天柱大将军的计划，你就在门口站着，怎么能说不是造反呢？何况君主杀臣子，有什么可报仇的？我今天与你情义断绝。”

两军激战，高欢统领中军，高敖曹统领左军，高欢的堂弟高岳统领右军。高欢的军队失利，尔朱兆乘机进攻。高岳率领五百骑兵从正面进攻尔朱兆；别将斛律敦聚集起散落的士兵，从后面进攻尔朱兆；高敖曹率领一千骑兵从栗园出发，从侧面进攻尔朱兆。尔朱兆大败，逃奔晋阳。

这时，大都督斛斯椿等人在洛阳发动兵变，反叛尔朱氏，将尔朱世隆等抓起来，向节闵帝元恭启奏：“高欢的义举已经成功，请陛下诛杀尔朱氏。”元恭下令将尔朱世隆等斩首，把首级送到高欢那里。

元恭派中书舍人卢辩到邺城犒劳高欢，高欢让他去见安定王元朗，卢辩严词抗议，不肯听从，高欢勉强不了他，只好作罢。

高欢因元朗与皇族嫡系关系较远，想另立新君，就派仆射魏兰根去洛阳慰问，顺便观察元恭的为人，想仍旧奉立元恭。魏兰根回来报告，说元恭神采飞扬，恐怕将来难以驾驭，高欢就将元恭囚禁了起来。

当时北魏各封王大多都逃走躲藏了起来，尚书左仆射平阳王元修，藏在田舍。高欢想立元修为帝，就派斛斯椿去寻找元修[2]。

斛斯椿拜见元修的亲信，员外散骑侍郎太原人王思政，询问元修的下落，王思政说："我要知道你的用意。"

斛斯椿说："想立他为天子。"王思政告诉了他。

斛斯椿跟随王思政见到了元修，元修神色大变，对王思政说："难道你出卖了我？"

王思政说："没有。"

元修说："你敢保证吗？"

王思政说："事情变化无常，怎么能保证？"

斛斯椿骑马报告高欢，高欢派四百名骑兵迎接元修到毛毡大帐里。高欢表明自己的诚意，说着就流下泪水，打湿了衣襟。元修声称自己德行不够，几次谦让推辞，高欢拜了两拜，元修也拜了两拜。高欢出来准备衣服物品，让元修沐浴更衣，彻夜警戒。

第二天早晨，文武百官拿着马鞭朝拜元修。高欢让斛斯椿进去奉上劝进表，斛斯椿进了帐门，弯腰行礼，不敢走到元修面前。元修让王思政接过劝进表查看，说："不得不即位了。"于是元朗作诏书，禅位给元修。

二十五日，元修在洛阳东郊即位，是为孝武帝。沿用鲜卑以前的制度，用黑毡蒙在七个人身上，高欢就是其中一个。元修在毡上向西祭拜上天，然后进入太极殿，群臣朝拜庆贺。元修登上阊阖门，大赦，改年号为太昌。任命高欢为大丞相、天柱大将军、太师、世袭定州刺史。

七月，高欢率领军队进攻尔朱兆。尔朱兆大肆掠夺晋阳，然后向北逃奔秀容。尔朱兆抵达秀容，分配兵力把守险要关口，到处抢掠。高欢声称讨伐尔朱兆，军队已经出发，又停了下来，反复多次，尔朱兆戒备逐渐松懈。

高欢猜测尔朱兆年初应当设宴，就派遣都督窦泰率领精锐骑兵迅速进军，一天一夜走了三百里，高欢率领大军跟在后面。

次年正月，窦泰率军突然冲进尔朱兆军营前庭，军队里的人因为宴

○ 品画鉴宝　押解受审（北周）　本图设色艳丽，通过传神的笔触，表现出不同处境中人们的不同心态。

饮而放松警戒，这时忽然看见窦泰的军队，都惊慌失措，撤退逃走，在赤谼岭被追上，大败，士兵全都投降或者逃散了。

尔朱兆逃到荒山里，命令侍从西河人张亮与奴仆陈山提砍下自己的脑袋投降，张亮与陈山提都不忍心。于是尔朱兆杀了自己的白马，在树上上吊而死。高欢亲自到尔朱兆自杀的地方，厚葬了他。

相关链接

〔1〕闰三月：公元532年是闰年，其中闰月是三月。农历年有闰月，为了协调与回归年之间的矛盾，有“十九年七闰”的说法。

〔2〕元修：公元510年－534年，字孝则，广平武穆王元怀第三子，南北朝时北魏最后一位皇帝，公元532年即位，谥孝武帝。

北魏分裂东西

元修忌惮高欢，想讨伐他。高欢率兵而出，元修逃往长安，依靠宇文泰，建立西魏。高欢到达洛阳，拥立元善见为帝，迁都邺城，建立东魏。

北魏丞相高欢当初起兵讨伐尔朱氏，拥立孝武帝元修，功高权大，手握重兵，元修非常忌惮他。梁中大通六年（公元534年）五月，元修想讨伐在晋阳的高欢，就下诏让军队戒严，假称自己将亲自率军讨伐南梁。元修征发河南各州的军队，在洛阳举行了盛大的阅兵典礼。

六月，元修给高欢送去密诏，假称自己觉察到国内宇文黑獭（即宇文泰）、贺拔胜有反叛的企图，所以要南征，发兵征讨他们，希望高欢派兵支援。元修想以此试探高欢。

高欢回奏说，已经暗中派遣部下率领大军出发。元修知道高欢已经觉察自己的图谋，就拿出高欢的表奏，让群臣商议，想办法阻止高欢出兵。

高欢也聚集部下商议，又上表说："我受到陛下身边的奸臣离间，陛下因此对我产生怀疑。我如果敢辜负陛下，就让我身受天谴，断子绝孙。陛下若相信我一片赤诚，使我不必动用军队，就请考虑废黜身边的几个奸臣。"这样书面往来了几次，仍没有什么结果。

中军将军王思政对元修说："高欢的居心非常明显，谁都能看出来。洛阳不是打仗的地方，宇文泰是向着皇室的，现在迁到他那里，以后再光复旧都，何必担心不成功？"

元修也这样认为，就派散骑侍郎柳庆到高平会见宇文泰，一起讨论当下的情形。宇文泰请求去迎接元修，柳庆回京报告，元修私下里问柳庆："我想到荆州去，你认为怎么样？"

柳庆说："关中地形有利，宇文泰的才能谋略值得依靠。荆州不是要害之地，南面接近强敌梁，我认为不能去。"

元修又询问阁内都督宇文显和，宇文显和也劝元修驾临西边。

当时，元修从各州郡召集兵马，东郡太守裴侠率领部属到达洛阳，王思政问他："现在掌握大权的官员擅作主张，皇室日益衰微，怎么办？"

裴侠说："宇文泰被三军推崇，占据了以两万人就可以抵挡百万人的险要地势。正是所谓的，自己拿着戈矛，怎么愿意把手柄交给别人？虽然您想去投靠他，恐怕是躲开沸水，又进了火坑。"

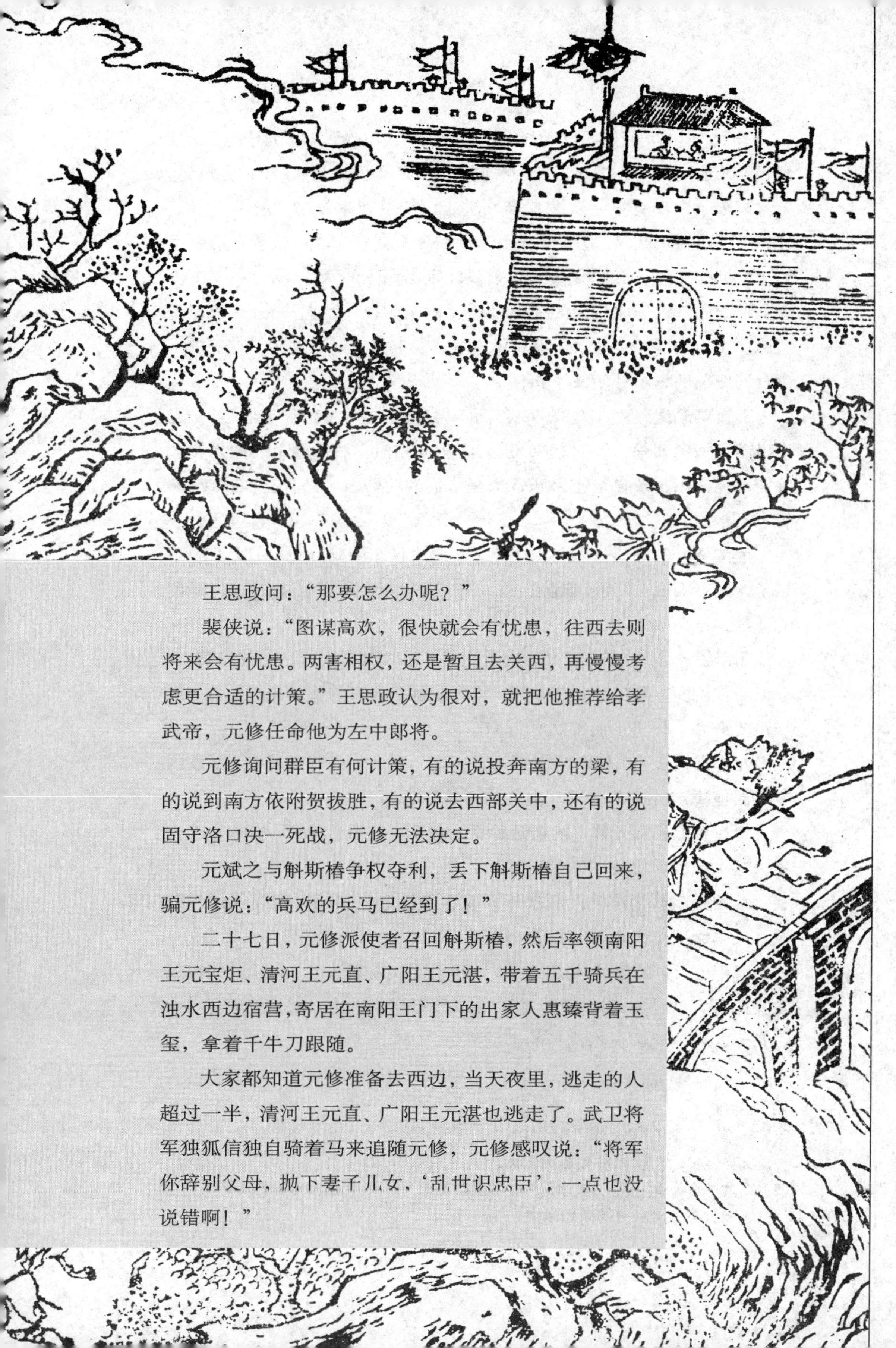

王思政问："那要怎么办呢？"

裴侠说："图谋高欢，很快就会有忧患，往西去则将来会有忧患。两害相权，还是暂且去关西，再慢慢考虑更合适的计策。"王思政认为很对，就把他推荐给孝武帝，元修任命他为左中郎将。

元修询问群臣有何计策，有的说投奔南方的梁，有的说到南方依附贺拔胜，有的说去西部关中，还有的说固守洛口决一死战，元修无法决定。

元斌之与斛斯椿争权夺利，丢下斛斯椿自己回来，骗元修说："高欢的兵马已经到了！"

二十七日，元修派使者召回斛斯椿，然后率领南阳王元宝炬、清河王元直、广阳王元湛，带着五千骑兵在浊水西边宿营，寄居在南阳王门下的出家人惠臻背着玉玺，拿着千牛刀跟随。

大家都知道元修准备去西边，当天夜里，逃走的人超过一半，清河王元直、广阳王元湛也逃走了。武卫将军独狐信独自骑着马来追随元修，元修感叹说："将军你辞别父母，抛下妻子儿女，'乱世识忠臣'，一点也没说错啊！"

二十八日，元修向西逃奔长安，李贤在崤县境内遇上了元修。二十九日，高欢进入洛阳，住在永宁寺，派遣领军娄昭等人追赶元修，请他东还。

长孙子彦没有守住陕城，弃城逃走。高敖曹率领精锐骑兵追赶元修，一直追到陕城以西，没有追到。元修骑马走了很久，粮食和水都用完了。两三天里，跟随元修的官员只能喝山涧里的水。

到了湖城，王思村里的村民献给元修麦饭和一壶水，元修很高兴，免除了全村十年的徭役。到了稠桑，潼关大都督毛鸿宾迎接元修，送上酒食，跟随的官员才解决了饥渴。

宇文泰派遣赵贵、梁御，率领两千名穿戴铠甲的骑兵迎接元修，元修沿着黄河向西前行，对梁御说："河水向东流，朕却西上。如果有一天能重见洛阳，亲自祭祀宗庙，都是你们的功劳。"说完与左右侍从都流下泪水。

宇文泰准备好仪仗队与卫士迎接元修，在东阳驿拜见。宇文泰脱下帽子，流着泪说："我没能阻止敌人的侵犯，使得皇上流离迁徙，是我的罪过。"

元修说："你的忠心节义，远近闻名。是朕没有德行，让贼寇横行，今天与你见面，实在是太惭愧了。朕现在就把国家的重任托付给你，你一定要努力！"将士们都高呼万岁。

元修进入长安，任命宇文泰为大将军、雍州刺史兼尚书令，军政国事都由他决定。这个政权，史称"西魏"〔1〕。

高欢见追不回元修，就立元善见为皇帝，是为孝静帝，当时才十一岁。这个政权，史称"东魏"〔2〕。

丞相高欢认为洛阳西面接近西魏、南面靠近梁朝，就提议迁都邺城，文书颁下三天，就开始迁都。

二十七日，元善见从洛阳出发，四十万户人家被迫一起上路。也征发文武百官的马匹，尚书丞、郎以上，不是陪同的人，都只能骑驴。十一月十二日，元善见抵达新的都城邺城。

相关链接

〔1〕西魏：公元535年－557年，由鲜卑人宇文泰控制北魏后代元宝炬所建立，都长安，实际大权为宇文泰所掌握。

〔2〕东魏：公元534年－550年，由高欢控制北魏孝文帝后代元善见所建立，都邺城，实际大权为高欢所掌握。

宇文泰重用苏绰

宇文泰向苏绰询问政事，彻夜不眠。宇文泰很佩服他的才能，对他加以重用。

西魏丞相宇文泰任用武功人苏绰[1]为行台郎中。宇文泰对苏绰并不了解，但是过了一年多，行台官署里的人都称他有才能，遇上疑难问题都请他帮助解决。

宇文泰与仆射周惠达[2]讨论一件事，周惠达回答不出来，就请求出去和别人商量。

周惠达出去后告诉了苏绰，苏绰帮周惠达分析解决，周惠达再进去按照苏绰说的回答。

宇文泰十分赞赏，问他："谁和你一起讨论的？"周惠达说是苏绰，并称赞苏绰有辅佐君王的才能，于是宇文泰提升苏绰为著作郎。

宇文泰与公卿一起去昆明池参观打鱼，走到汉代传下来的仓池，回过头询问身边的人，没有一个人知道。宇文泰询问苏绰，苏绰回答得又详细又生动。

宇文泰很高兴，又问天地造化的开始，历代的兴亡，苏绰对答如流。宇文泰与苏绰骑着马并排前行，到了昆明池，竟然没等撒网就回去了。

宇文泰把苏绰留下过夜，询问他为政的事。开始时，宇文泰躺着听。后来苏绰指出治理国家的要点关键时，宇文泰起身，整理好衣服端坐着听。不知不觉膝头已经往前移动。苏绰从晚上讲到第二天清晨，宇文泰还没有厌倦。

第二天上朝，宇文泰对周惠达说："苏绰真是个奇才，我要让他管理政事。"随即任苏绰为大行台左丞，让他参与管理机要大事，苏绰从此越来越受宇文泰的宠信。

苏绰开始制订处理文书的程序，比如用红笔批出，用黑笔签收，以及记账、管理户籍的办法，后来的人大多遵循沿用。

相关链接

〔1〕苏绰：公元498年—546年，字令绰，京兆武功（今陕西武功西）人，北朝西魏大臣，博学多闻，有《佛性论》《七经论》等著作。

〔2〕周惠达：？—公元544年，字怀文，文安（今属陕西）人，南北朝时北周、西魏大臣。

高澄弄权跋扈

高澄弄权朝野，飞扬跋扈，把元善见当成傀儡，派人监视他的行动。元善见和荀济密谋杀害高澄，事情败露，元善见被幽禁，荀济被烹杀。

东魏孝静帝元善见仪容俊美，臂力过人，能够夹着石狮子跃过宫墙，射箭百发百中。他还喜好文学，举止从容优雅，当时的人都认为他有孝文帝拓跋宏的遗风。大将军高澄[1]对此非常忌惮。

高澄执掌政权以后，高傲怠慢，让中书黄门郎崔季舒观察皇帝的动静，元善见大小事情都要让崔季舒知道。高澄给崔季舒写信，说："傻子比以前怎么样了，痴呆的程度好些没有？你应该用心检查。"

元善见曾经在邺城城东打猎，骑马追逐野兽，速度飞快，监卫都督乌那罗受工伐从后面大声呼喊，说："皇上不要纵马飞奔，大将军要责怪的！"

高澄曾经陪元善见喝酒，他举起大酒杯对元善见说："臣高澄劝陛下酒。"

元善见十分愤怒，说："自古没有不灭亡的国家，朕要这一生有什么用？"

高澄生气地说："朕？朕？狗脚朕!"让崔季舒打了元善见三拳，甩下衣襟出门。第二天，高澄让崔季舒进宫慰问元善见，元善见也向他道歉，并赏赐一百匹绢。

元善见不堪侮辱，吟诵谢灵运[2]的诗："韩亡子房奋，秦帝鲁连耻。本自江海人，忠义动君子。"常侍、侍讲荀济明白元善见的心意，就和祠部郎中元瑾、长秋卿刘思逸、华山王元大器、淮南王元宣洪、济北王元徽等人，一起密谋诛杀高澄。

元善见假装下令问荀济："您打算什么时候开讲？"于是假称要在宫里修一座土山，实则是挖掘地道通向城北。地道挖到千秋门的时候，守门的卫士察觉地下有响声，就报告了高澄。

高澄带着士兵进宫，觐见元善见，没有叩拜就坐了下来，说："陛下为什么要谋反？我们父子有保护国家的功劳，哪里对不起陛下？这一定是您身边的侍卫和嫔妃这些人干的。"

高澄准备杀掉胡夫人与李嫔。元善见神色严肃地说："自古以来，

只听说臣子反叛国君，没听过君王反叛臣子的。你自己想造反，何必责备我？我杀了你，江山社稷就能安定；不杀你，很快就会灭亡。我怜惜自己尚且顾不过来，何况这些嫔妃？如果一定要弑君反叛，那人早晚都是你!”

高澄下床叩头，痛哭谢罪。随后两人畅饮，高澄深夜才出宫。过了三天，高澄把元善见幽禁在含章堂，在街市上烹杀了荀济。

相关链接

〔1〕高澄：公元520年—549年，字子惠，高欢长子，东魏权臣。

〔2〕谢灵运：公元385年—433年，乳名客儿，世称谢客，陈郡阳夏（今河南太康）人，谢玄之孙，曾袭封康乐公，南朝刘宋时诗人，作品多写山水，明代张溥辑有《谢康公集》两卷。

高洋继承家业

高洋聪明果断，但外表显得愚笨，为高澄等人所看不起，唯独高欢器重他。高澄死后，他主持高家基业，才能让文武百官非常吃惊。

当年，东魏丞相高欢的几个儿子中，高洋[1]聪明果断，但看上去显得很笨拙，兄弟与其他人都经常笑话他，看不起他，只有高欢认为他不一般，高欢对长史薛琡说："这个孩子的见识谋略都比我强。"

高洋等人还小的时候，高欢想看看几个儿子的聪明才能，让他们各自整理一团乱丝，只有高洋一个人抽出刀砍断了乱丝，说："乱的一定要砍断！"

高欢又给他们配备了士兵，让他们四下出击，让都督彭乐率领穿着铠甲的骑兵假装进攻他们。兄长高澄等人都很害怕，连忙求饶，只有高洋布置兵力与彭乐对抗。彭乐脱去铠甲说出实情，高洋还是把他抓起来，献给了高欢。

高欢死后，长子高澄继承家业，担任大将军，封勃海文襄王。由于高澄的弟弟太原公高洋年龄仅次于他，高澄心里很记恨他。高洋十分小心谨慎，很少开口说话，经常贬低自己，与高澄说话总是顺从他的意思。

高澄很看不起高洋，经常对别人说："这个人也能得到富贵，相书[2]怎么解释呢？"

高洋为他的夫人李氏买衣服、小玩意，高澄看见了就要自己拿去。高洋的夫人有时候很生气，不愿给他，高洋笑着说："这些东西还能再弄到，兄长需要，怎么能吝啬呢？"高澄有时候也有些羞愧，于是作罢，高洋就拿回来，也不谦让。

每次退朝回家，高洋就关起楼阁静坐，就是对自己的妻子，也整天不开口说话。有时候还光着脚跑跑跳跳，夫人问他原因，高洋说："为你戏耍一下。"其实是要锻炼身体。

高澄擒获徐州刺史兰钦的儿子兰京，让他做负责膳食的奴仆。兰钦请求把兰京赎出去，高澄不答应。兰京自己也多次请求，高澄就棒打他，说："再说就杀了你！"兰京与他的党羽，一共六个人，谋划作乱。

高澄在邺城，住在北城东侧的柏堂，宠幸琅琊公主，为了往来方便没有干扰，经常把侍卫派到外面。

梁太清三年（公元549年），闰八月初八，高澄与散骑常侍陈元康、吏部尚书侍中杨愔、黄门侍郎崔季舒，喝退左右侍从，一起密谋逼东魏皇帝禅让给高澄，议定百官的名单。

兰京送食物进来，高澄叫他退下，并对陈元康等人说："昨天夜里梦见这个奴才用刀砍我，应该赶快把他杀了。"

兰京听到了，把刀子放在盘子下面，假装说要送食物进来，高澄生气地说："我没要食物，为什么突然进来？"

兰京挥着刀说："来杀你！"高澄闪躲，扭伤了脚，钻到了床底下。兰京把床掀开，杀了他。

杨愔狼狈逃走，掉了一只鞋；崔季舒藏到了厕所里；陈元康用身体掩护高澄，和兰京争夺刀子的时候被砍伤，肠子都流了出来；库直王纯迎着刀抵抗；纥奚舍乐在搏斗中被杀死。当时事情发生得很突然，朝廷内外都非常惊恐。

高洋在城东的双堂，听说此事后，神色从容，立即布置军队去讨伐叛贼，最终杀了他们，并把尸体切成了碎块。

高洋慢慢地走出来，说："奴才造反，大将军受伤了，并不严重。"朝廷内外都很惊讶。高洋隐瞒了高澄的死讯，秘不发丧。

陈元康写信与母亲诀别，又口授功曹参军祖珽很多事情，让他一一写下来，到夜里就死了。高洋把陈元康收殓在府邸里，假称派他出使外地，还假装任命他为中书令。又任命王纮为领左右都督。

东魏孝静帝元善见私下里对身边的人说："现在大将军死了，好像是天意，权威应当重新归还皇室！"

功臣权贵们考虑到大部队都在并州，劝高洋尽快赶到晋阳，高洋接受了这一意见。高洋留下太尉高岳、太保高隆之、开府仪同三司司马子如、侍中杨愔镇守邺城，其余的功臣亲王都跟随在身边。

十一日，高洋到昭阳殿觐见元善见，随从有八千名穿着铠甲的卫兵，登上台阶的有二百多人，都卷起袖子按着刀柄，好像面对强敌一般。

高洋叫主持朝会的官员传奏说："我有家事，必须赶到晋阳。"然后拜了两拜就出宫了。

元善见大惊失色，看着高洋离开，说："这个人看起来又是不能相容，我不知道哪天会死。"

晋阳原来的官员将领平时都很轻视高洋，等到高洋抵达晋阳，大会文武百官，神采飞扬，英姿勃发，言辞敏锐恰当，大家都很惊讶。高澄政令中有不合适的，高洋一一作了更改。

相关链接

〔1〕高洋：公元526年－559年，字子进，高欢次子，公元550年篡位为帝，建立北齐（公元550年－577年），建都邺城，谥文宣帝。

〔2〕相书：供相面使用的书籍。相面：一种通过观察面部五官等人体部位来推测人的吉凶祸福、前途命运等的行为。

侯景之乱时，王僧辩据守巴陵，侯景久攻不下，等到任约被打败后，侯景烧营而逃。

梁大宝二年（公元551年）四月，湘东王萧绎任命王僧辩[1]为大都督，率领巴州刺史淳于量、定州刺史杜龛、宜州刺史王琳、郴州刺史裴之横东进，攻打侯景，自徐文盛以下将领都由王僧辩指挥安排。

初五，王僧辩等人率领军队抵达巴陵，听说郢州已经被攻陷，就留在巴陵驻守。萧绎给王僧辩写信，说："敌军乘胜，一定会西下。我们不用远道攻击，只需驻守巴陵，以逸待劳，不必担心打不败敌人。"

萧绎又对身边的将佐们说："敌军如果水陆并进，直接进攻江陵，这是上策；占据夏首，修养士兵，储蓄粮草，这是中策；倾尽全力进攻巴陵，这是下策。巴陵城池虽小，但很坚固，王僧辩完全可以守住。侯景进攻无法攻克，野外也没有什么东西可以抢掠，酷暑瘟疫[2]不时发生，粮草用尽，士兵疲惫，打败他们是一定的！"于是萧绎命令罗州刺史徐嗣徽从岳阳出发，武州刺史杜崱从武陵出发，率领军队与王僧辩会合。侯景派丁和率领士兵五千人据守夏首，宋子仙率领士兵一万人为先锋部队，进军巴陵。另外派任约直指江陵，自己率领大军水陆并进。自此，萧绎手下沿着长江戍守的士兵，望风归降。侯景把巡逻的范围扩大到隐矶。王僧辩据城固守，下令把军旗藏起来，也不许敲响战鼓，安静得好像没有人一般。

十九日，侯景的军队渡过长江，侯景派骑兵到巴陵城下问："城里是谁？"

回答："王领军。"

问："为什么不早投降？"

王僧辩说："大军尽管进军荆州，这座城自然不是障碍。"骑兵离去。没过多久，侯景派人押着王珣等人到城下，让他劝说弟弟王琳投降。王琳说：“哥哥接受命令讨伐叛贼，不能以死解救危难，难道不内疚吗？反而想诱我投降？”说着拿过弓箭射王珣，王珣惭愧地退了回去。

侯景让士兵分成上百列，肉搏攻城，城里的战鼓和呐喊声震天动地，箭矢飞石像雨点一样落下。侯景手下的士兵死了很多，于是撤退。

王僧辩又派骑兵出去交战，如此十几次，全都得胜。

侯景穿着铠甲在城下督战，王僧辩佩带印绶、坐着轿子，奏着鼓乐，巡视城池。侯景望见，十分佩服他的胆识勇气。

五月，萧绎派武猛将军胡僧祐率军援救巴陵，到达湘浦时，侯景派任约率领精兵五千阻击他。胡僧祐避开任约，由别的道路前进，任约以为他怕自己，赶紧率军追赶。胡僧祐把军队带到赤沙亭，正好信州刺史陆法和也率军赶来，两下合兵一处。六月初，胡僧祐、陆法和将随后追到的任约军队打得大败，还捉住了任约，送到萧绎所在的江陵。

○ 品画鉴宝　剃度出家（西魏）

侯景包围巴陵城以来，日夜不停地攻打，一直攻不下来。此时军队粮食吃完，士兵又染上了传染病，死伤了一大半，听说任约被打败，侯景就烧掉营帐，连夜逃跑了。

相关链接

〔1〕王僧辩：？－公元555年，字君才，太原祁（今山西祁县）人，南朝梁著名将领。

〔2〕瘟疫：由强性致病微生物所引起的传染病。古代医学水平相对落后，每当瘟疫发生时都会死很多人。

○ 品画鉴宝

青釉瓷罐（北朝） 此罐直口，圆腹，平底微凹，刻画纹饰如儿童画一般，表现出一种天真烂漫的情趣。

□西魏破梁杀萧绎

平定侯景之乱后，萧绎于江陵称帝。公元554年，西魏攻梁，很快进入了江陵城，萧绎被杀。

承圣元年（公元552年），湘东王萧绎[1]平定了侯景之乱，公卿大臣和各地方首领多次劝他登基称帝。十一月十二日，萧绎在江陵即皇帝位，是为梁元帝。萧绎见建康残破，就以江陵为都城。

梁承圣三年（公元554年），西魏命柱国常山公于谨、中山公宇文护、大将军杨忠，率军五万士兵入侵梁朝。十月初九，大军从长安出发。

西魏荆州刺史长孙俭询问于谨："假如我们为萧绎策划，会怎么做呢？"于谨说："在汉江、沔水屯兵，携带全部人力、物力渡过长江，直接据守丹杨，这是上策。把江陵外城的百姓迁徙到内城，加高城墙，等候援军，这是中策。如果迁徙困难，据守外城，这是下策。"长孙俭问："您估计萧绎会使用哪种计策？"于谨说："下策。"

长孙俭问其原因，于谨说："萧氏据守江南自保，已经绵延了几十年。恰好中原多有变乱，没有向外扩张，又因为我们东边有齐的忧患，萧绎一定以为我们分不出兵力。而且萧绎为人懦弱，没有谋略，多疑又不能决断，百姓很难与他一样考虑，百姓都眷恋故乡家庭。所以我知道他一定会用下策。"

萧绎情报失误，行动迟疑，等西魏大军到达，萧绎真的像于谨说的那样防守外城。萧绎向四方征兵求援，援兵还没赶到，西魏军队就从四面八方一起攻城，很快就攻下了江陵城。

萧绎躲进东阁竹殿，命令舍人高善宝焚烧古今图书十四万卷。自己正准备跳进火里自杀，左右侍从一起阻拦他。萧绎用宝剑砍在柱子上，宝剑折断。

谢答仁、朱买臣进谏说："城里部队还很强大，如果趁夜突围，贼兵一定惊慌，借此可以接近敌人，渡过长江去投靠任约。"

萧绎平时不善骑马，因此主张投降。谢答仁要为萧绎护驾，并请求防守子城，萧绎听信王褒之言，都拒绝了。谢答仁的请求没有得到批准，气得吐血走了。

于谨要求让太子作人质，萧绎让王褒送太子去。于谨的儿子因为王褒的书法很好，就给他纸和笔写字，王褒写下"柱国常山公家奴王褒"。

过了一会儿，黄门郎裴政冲出门去投降，萧绎扔掉羽毛饰物，骑着白马，穿着素衣逃出东门，抽出佩剑敲击着门扇[2]说："萧世诚竟到了这个地步！"

西魏士兵跳过沟堑，拉住萧绎的马辔头，拉到白马寺北边，夺下他骑的骏马，给了他一匹又老又瘦弱的马，派一个身高体壮的胡人扼着他的背押走。遇到于谨，胡人拉着萧绎，让他跪拜。投降西魏的梁王萧詧让铁甲骑兵拥着萧绎进了军营，将其囚禁在黑幔里。萧绎被萧詧狠狠地责骂羞辱。

于谨命令长孙俭进入金城据守。萧绎骗长孙俭说："城里埋了一千斤黄金，我想送给你。"长孙俭就把萧绎带进城里。

萧绎趁机向长孙俭报告萧詧对他的侮辱，对长孙俭说："刚才骗了你，只是想告诉你这些而已，哪有天子自己埋金子的？"于是长孙俭把萧绎留在了主衣库。

萧绎生性残忍，而且有鉴于武帝萧衍宽容放纵之弊病，所以为政讲求严苛。西魏军队围城时，监狱里的死囚还有几千人，有关部门请求将他们放出来充当士兵，萧绎不准，并下令把他们全部用棍棒打死。结果命令还没来得及执行，京城就已经被攻破了。

萧绎天生喜爱看书，常常让身边的人为他朗读，不分昼夜，就算睡着了也不让停。读的人若有差错，或有意欺骗，萧绎总是会立刻醒过来。

萧绎写文章，提起笔来，即刻完成。他常常说："比起文士来，我犹有过之；但在武将面前，却有些惭愧。"评论他的人认为他说得很对。

有人问萧绎："为什么把书都烧了？"

萧绎说："我读书万卷，仍旧落得今日的下场，所以都烧了。"

十二月初八，西魏人将萧绎处死。萧詧派尚书傅准监刑，让人用装满土的袋子把萧绎活活压死。

相关链接

〔1〕萧绎：公元508 – 554年，字世诚，小名七符，南兰陵（今江苏常州）人，梁武帝萧衍第七子，谥元帝，善书画，好文学，有《圣僧像》《宣尼像》等画作，另有《周易讲疏》《老子讲疏》等多卷。

〔2〕门扇：即门板，因门板有轴，可来回转动，故名。亦称门扉、扉等。

陈霸先袭杀王僧辩

王僧辩迎立萧渊明为帝，陈霸先认为他对内扰乱拥立君主次序，对外投靠依附胡人，就趁王僧辩说北齐有兵来犯的机会袭杀了他。

王僧辩和陈霸先[1]一起消灭了侯景，两人的感情很好。王僧辩为儿子王頠迎娶陈霸先的女儿，正逢上王僧辩的母亲去世，没能成婚。王僧辩居住在石头城，陈霸先在京口[2]，王僧辩对他十分信任，王頠的哥哥王顗屡次劝说提醒他，王僧辩都不听。

梁绍泰元年（公元555年），王僧辩受北齐胁迫，迎立投降北齐的贞阳侯萧渊明为帝。陈霸先派使者苦苦劝阻，往返了好几趟，王僧辩不听。陈霸先私下感叹，对他的亲信说："武帝的子孙很多，只有孝元帝萧绎能为祖宗报仇雪耻。他的儿子有什么罪过，突然就废了他？我和王公僧辩一起接受先帝托孤，然而王僧辩突然改变了主意，对外依附戎狄，不按次序立天子，他到底想干什么呢？"

陈霸先秘密地准备了几千件战袍和丝帛金银等，用来作为赏赐。八月，有报告说，北齐大军已经抵达寿春，准备进犯。王僧辩派记室江旰通知陈霸先，让他布置防备。陈霸先趁机把江旰扣留在京口，举兵进攻王僧辩。

九月二十五日，陈霸先召集部将侯安都等人密谋，定下计策。当天夜里，率领各军出发。知道此行目的的人，只有侯安都等四位将领，其他人都以为江旰来征调兵马抵御北齐，所以对军队出发丝毫不感到奇怪。

二十七日，侯安都指挥战船准备进军石头城，陈霸先拉住马不向前走。侯安都大为惊恐，追上陈霸先骂他："现在造反，已成定局，生死必须作个决断，你留在后面还想什么？如果失败，我们都得死，留在后面就能免遭砍头吗？"陈霸先说："侯安都责怪我！"于是陈霸先进发。

侯安都到了石头城北，放弃舟船上岸。石头城北连接着山丘高陵，不算太险峻。侯安都穿着铠甲，拿着长刀，让士兵把他抬起来扔到城墙里，部众跟随着涌进去，一直闯进王僧辩的卧室。这时，陈霸先的部队也从南门攻了进来。王僧辩正在处理公事，外面报告说有士兵。过了一会儿，里面也有士兵出来，王僧辩急忙逃走，遇到他的儿子王頠，一起跑出去，带领左右侍卫几十人在议事厅前苦战，抵挡不住，逃到南门楼上，跪拜请求哀怜。陈霸先想放火烧掉南门楼，王僧辩和王頠只好下楼做俘虏。陈霸先说："我有什么过失，你想和北齐军队讨伐我？"又问：

“你为什么一点也不布置防备？”王僧辩争辩说：“派你驻守北门，怎么说没防备？”当天夜里，陈霸先吊死了王僧辩父子。但后来始终没有发现齐军，可见起兵之事也并不全是陈霸先的诡计。

二十八日，陈霸先写了檄文，布告中外，列数王僧辩的罪状，还说：“我要讨伐的只是王僧辩父子兄弟，其余的亲戚党羽，都不加追问。”

二十九日，萧渊明退位，出宫返回自己的府邸。百官上表晋安王萧方智，劝他即位。十月初二，萧方智即皇帝位，是为梁敬帝。

相关链接

〔1〕陈霸先：公元503年－559年，字兴国，吴兴（今浙江长兴）人，于公元557年禅梁称帝，建立陈朝（公元557年－589年），谥武帝，庙号高祖。

〔2〕京口：原属江苏丹阳郡丹徒县，为古代长江下游军事重镇。

陈武帝（公元503年—559年）

帝王世系表

陈武帝·陈霸先

陈文帝·陈　蒨

陈废帝·陈伯宗

陈宣帝·陈　顼

陈后主·陈叔宝

陈纪

公元557年—589年

陈是南朝的第四个王朝，在公元557年，陈霸先废黜梁敬帝后称帝，建立陈，被称为陈武帝。南方经过了多年的战乱摧残，经济已经遭到了严重的破坏。在此基础上建立起来的国家，其根基是极不稳固的。

陈武帝与后来的陈文帝、陈宣帝消灭了王僧辩、王僧智等反动势力，又在建康附近打败了北齐军。太建五年，陈征讨四方，不仅恢复了淮南故土，也恢复了淮北的部分州县，在一定程度上巩固了陈的统治。

陈朝的疆域在太建时达到最广阔的程度。但毕竟国力衰微，虽如此也不能使陈的统治更为长久。

陈在中国历史上有一个特殊之处，即朝代名与皇帝之姓重合。陈宣帝死后，其子陈叔宝即位，此时北方已被隋朝统一，全国的统一也指日可待。公元589年，隋文帝杨坚灭陈，结束了中国长达近三百年的分裂局面。

大事年表

- 公元 557 年／陈霸先称帝，建立陈朝，梁亡。
- 公元 558 年／陈武帝至大庄严寺舍身。
- 公元 559 年／陈武帝卒，文帝即位。
- 公元 560 年／陈出兵与北周、后梁争巴、湘。高演废主自立，是为孝昭帝。
- 公元 565 年／齐武成帝禅位于太子纬（后主），自称太上皇帝。
- 公元 572 年／北周武帝杀宇文护亲政。
- 公元 573 年／陈吴明彻攻齐，收复淮南。
- 公元 574 年／北周武帝禁佛、道二教。
- 公元 577 年／北周灭北齐，统一北方。
- 公元 579 年／周宣帝传位于太子阐，是为静帝。
- 公元 581 年／杨坚代周称帝，国号隋，是为隋文帝。改革中央官制，建立三省六部制。
- 公元 582 年／陈宣帝卒，太子叔宝即位（陈后主）。
- 公元 584 年／隋开广通渠。

高洋当了皇帝后，整日酗酒成性，荒废朝政。他的弟弟高演非常忧虑，屡次直言进谏，高洋很不高兴，常常因此责罚他。

北齐常山王高演[1]因为文宣帝高洋整天酗酒，十分忧虑怨愤，在神色上有所表现。高洋发觉了，说："只要有你在，我为什么不纵情取乐？"高演只能流泪哭泣，伏在地上跪拜，竟然说不出话来。

高洋也很悲伤，把酒杯扣在地上说："你似乎是嫌我酗酒，从今以后，有敢向我进献酒的，就把他斩首！"高洋把自己用的酒杯全部砸碎。但没过多久，高洋酗酒更厉害了。

高洋有时候在皇亲贵戚家里摔跤格斗，玩起来不分贵贱，但是高演一到，就立刻安静下来。

高演秘密地撰写条陈，准备进谏，他的朋友常山王王晞认为不行。高演不听，趁机进谏，说得非常彻底，惹得高洋大发雷霆。

高演性情严肃，他手下的尚书郎中处理事情有过失，高演动不动就鞭笞棒打，令史们如果作奸犯科，高演就拷打质问。

高洋站在高演面前，用刀上的环抵着他的肋骨，召来高演惩罚过的人，用刀刃指着他们，问他们高演的过失，都没有说出什么，高洋便释放了高演。

高洋怀疑高演是按着王晞的意思进谏的，想杀了王晞。高演私下里对王晞说："王博士，我要做一件事，为了让你活命，保全自己，希望您体谅，不要责怪我。"于是他当着众人打了王晞二十杖。

高洋刚好发怒，听说王晞被杖打，便没有杀他，只是剃了他的头发，鞭笞一顿，发配到兵器坊[2]。

过了三年，高演又因为诤谏被鞭笞。高演绝食，太后日夜哭泣，高洋不知道该怎么办，说："如果这小子死了，那拿我老母亲怎么办呢？"

于是几次去问候高演，对他说："如果努力吃饭，我就把王晞放出来还给你。"

高洋释放了王晞，让他去看望高演。高演抱着王晞说："我觉得气息虚弱，恐怕不能再相见了。"

王晞痛哭流涕，说："天道神明，怎么会让殿下就这样死在这里呢？论亲，皇上是您兄长；论尊，他是君主。怎么能和他计较？殿下不吃饭，

○ 品画鉴宝　校书图（北齐）杨子华创稿，唐阎立本再稿，宋摹本。

太后也不吃饭，殿下就算不爱惜自己，难道也不顾念太后吗？”

话还没说完，高演就勉强坐起来吃饭。王晞因此免去服役，重新担任原职。

等到高演任录尚书事，新任的官员上任时都来拜见高演道谢，调任的官员离开时也去拜见高演辞行。王晞对高演说：“朝廷大臣从天子那里接受官爵，却向私人拜谢，自古以来都是不可以的，您应该全部拒绝。”高演听从了。

很久以后，高演从容地对王晞说：“皇上起居没有规律，你应该多加留意，我怎么能因为以前冒犯过皇上一次，就不再进谏呢？你应当为我起草谏书，我会找机会劝谏。”

于是王晞就列举了十几条呈给高演，说：“现在朝廷能依靠的只有殿下。您却想学匹夫的耿介，轻率地冒生命之险！酒能乱性，让人失去理智，刀箭哪能辨认亲疏？一旦出乎意料降下灾祸，殿下的家业要怎么办？皇太后要怎么办？”

高演流泪唏嘘，不能自已，说：“就到了这种地步吗？”

第二天，高演见到王晞说：“我想了一整夜，今天终于打消了念头。”于是让人燃起火，当着王晞的面把谏书的草稿烧了。

后来，高演又乘机进谏，高洋让武士把高演反捆起来，拔出刀子架在他脖子上，骂他：“小子知道什么，是谁教你的？”

高演说：“天下都不敢说话，除了我还有谁敢说？”高洋拿起木杖，乱打了几十下，正好酒意涌上来醉倒了，高演才得以脱身。

相关链接

〔1〕高演：公元535年－561年，字延安，高欢第六子，公元560年发动政变，杀高殷后称帝，谥孝昭帝。

〔2〕兵器坊：古代制造兵器的作坊。

祖珽狡诈弄权

祖珽多才多艺，但没有德行，高湛在位时，他极尽谄媚之能事，后来为了增强自己的权力和宠信，他又劝高湛禅位给了年少的皇太子。

北齐著作郎祖珽[1]，精通文学，多才多艺，但疏忽轻率，没有德行。他曾经任高欢的中外府功曹，宴会的时候丢失了金酒杯，结果在他的发髻里找到。又因为诈骗三千石[2]官粟，被鞭笞两百下，发配到甲坊作苦役。

文宣帝高洋的时候，祖珽任秘书丞，偷了《华林遍略》，以及其他的贪赃枉法行为，罪当绞死，后被免去官职，贬为庶民。高洋虽然讨厌他经常触犯法纪，但是喜爱他的才气，让他在中书省任职。

武成帝高湛被封为长广王的时候，祖珽做了胡桃油献给他，说："殿下的骨相非同寻常。我梦见殿下乘龙飞上天空。"

高湛说："如果这样，一定让你荣华富贵。"等到高湛即位，就提升他为中书侍郎，又提升为散骑常侍。他与和士开狼狈为奸，谄媚高湛。

祖珽私下里游说和士开，说："皇上的宠幸，自古以来无人可比。皇上一旦驾崩，最终要怎么保全自己呢？"和士开向他询问计策。

祖珽说："应当劝说皇上，文襄、文宣、孝昭皇太子，都没有被立，现在应当让皇太子早日登上皇位，确定君臣的名分。如果成功，皇后、皇太子一定会感激你，这是万全之计。请你稍稍劝说皇上，让他领会，我自当从朝廷外上表议论这件事。"和士开答应了。

正好有彗星出现，太史上奏说："彗星，除旧布新的征兆，应当会发生君王更替的事。"

于是祖珽上书说："陛下虽为天子，还没有尊

○ 品画鉴宝
陶马（北朝） 此马雄健肥大，昂首挺胸，双目正视前方，造型生动大方。

贵到极点。应该传位给皇太子，并且顺应天道。”他还讲述了北魏献文帝传位给儿子的事情，高湛听从了。

二十四日，高湛派太宰段韶手持符节，捧着皇帝的玺绶，传位给太子高纬。太子在晋阳宫即皇帝位，大赦天下，改年号为天统。又下诏封太子的妃子斛律氏为皇后。

群臣尊奉高湛为太上皇帝，军国大事仍然都向他奏报。派黄门侍郎冯子琮、尚书左丞胡长粲辅佐年少的皇帝，出入禁宫，专门管理上报奏书。任祖珽为秘书监，加仪同三司，非常受宠信，同时受太上皇和皇帝器重。

相关链接

〔1〕祖珽：字孝征，范阳狄道（今河北涞水）人，一说献县（今河北定县）人，生卒不详。

〔2〕石：我国古代容量单位，十斗为一石。

陈顼独揽大权

陈顼受先王之托辅佐陈伯宗，具有很大的权力。他又通过排除异己而独揽朝政，不久就废了陈伯宗而自己称帝了。

陈天康元年（公元566年），文帝陈蒨因病去世，太子陈伯宗继位为帝。陈蒨去世前留下遗诏，命中书舍人刘师知、安成王陈顼[1]、尚书仆射到仲举一起辅政。

陈光大元年（公元567年）二月，刘师知看到陈顼的地位、名望、权势被朝廷内外所瞩目，心里非常嫉妒，便和尚书左丞王暹等人谋划，想把陈顼排挤出尚书省。大家都犹豫不决，没人敢先有举动。

东宫通事舍人殷不佞，一向以名望气节自诩，又受先皇委托，于是跑到尚书省，假传太后的敕令，对陈顼说："现在天下平定，安成王可以返回自己的东府管理州郡事务。"

陈顼正准备出发，中记室毛喜骑马赶来进见，对陈顼说："陈朝获取天下还不久，国家连续遇到丧事，朝廷内外都很恐惧。太后深思熟虑，才决定让您进尚书省，共同参与朝政。

"今天殷不佞说的，一定不是太后的旨意。社稷重任在，希望您多加考虑。您应当向朝廷奏明，不能让奸佞小人的阴谋得逞。现在离开尚书省，就会受制于人，到时像曹爽那样，哪怕只想做个富翁，也不能实现了。"

陈顼派遣毛喜[2]和领军将军吴明彻筹划，吴明彻说："继位的国君还在服丧，平时的政务繁多，殿下与皇室亲如周公、召公，应当辅佐少主安定社稷，希望殿下留下，不要犹疑。"

于是陈顼声称患病，召刘师知进见，把他留下谈话。又派毛喜进宫禀报太后。太后说："现在伯宗皇帝年纪尚幼，国家大事都委托给二郎陈顼。殷不佞说的不是我的旨意。"

毛喜又去禀报陈废帝陈伯宗，陈伯宗说："这是刘师知他们自己干的，朕也不知道这件事。"

毛喜出宫，把情况报告了陈顼。陈顼囚禁了刘师知，亲自入宫觐见太后与皇帝，详细报告刘师知的罪过，草拟了敕令，请皇帝御批，把刘师知交付廷尉。当天夜里，在监狱里赐刘师知自杀。

陈顼又任命到仲举为金紫光禄大夫。王暹、殷不佞被一起交付有关部门治罪。从此以后国家政权全部归于陈顼。

右卫将军韩子高镇守领军府，在建康的众多将校中，他的兵力最为强盛，曾经与到仲举密谋，但没有被发现。毛喜请求陈顼选派兵马给韩子高，并赐给他铁和木炭，让他整修兵器盔甲。陈顼惊讶地说："韩子高想要谋反，应当把他抓起来，为什么反而这样做？"

毛喜说："先帝的陵墓刚刚完成，边境的盗寇还很多，韩子高受前朝的委任，如果逮捕他，恐怕不能斩杀，或许还会引起祸端。应该对他亲近安抚，让他不起疑心，找机会再解决他。到那时，只需一个壮士就足够了。"陈顼认为很有道理。

到仲举被免去官职，返回府邸，心里很不安。他的儿子到郁，娶了文帝的妹妹信义长公主，被授予南康内史的官职，还没有去上任。

韩子高也觉得自己有危险，请求调离京城，前去镇守衡、广等地。到郁总是乘着小轿，穿戴妇女的衣服，去与韩子高谋划。

正好前上虞令陆昉和韩子高的主将报告到郁谋反，当时陈顼正在尚书省，召集文武百官商议册立皇太子。清晨，到仲举、韩子高到尚书省，都被抓了起来，与到郁一起被交付廷尉，并在监狱里被赐死，其余的党羽一概不追问。

次年十一月，陈顼以太皇太后的命令诬告废帝陈伯宗，说他与刘师知、华皎等人串通合谋，还说："当年文皇帝对儿子所知很深，不想传位给他，就像唐尧那样；而传位给弟弟的心意，则能与泰伯相比。现在应当重申文皇帝过去的意愿，另立一个贤明的君主。"

于是陈伯宗被废黜为临海王，陈顼即帝位。当初始兴王陈伯茂因为陈顼独揽朝政，非常不满，经常说放肆的话。陈顼即位后，就下令罢黜陈伯茂为温麻侯，安置在别馆，又让强盗在路上拦截，在车里杀了他。

相关链接

〔1〕陈顼：公元530年—582年，字绍世，小字师利，陈霸先之侄，于公元569年称帝，谥孝宣帝。

〔2〕毛喜：字伯武，荥阳阳武（今河南原阳）人，擅长书法，生卒年代不详。

高俨诛杀和士开

琅琊王高俨嫉恨专权的和士开，就假传诏令诛杀了他。奸佞之臣恐惧，劝说皇帝高纬把高俨给谋害了。

北齐琅琊王高俨因为和士开[1]、穆提婆等人专横独断、奢侈放纵，非常不满。

和士开、穆提婆对彼此说："琅琊王神采奕奕，几步以外就气势逼人，平时跟他稍稍面对，就不知不觉地冒冷汗。我们觐见天子，当面奏事也不会这样。"因此非常忌惮他，把高俨调到了北宫，命他五天上朝一次，不准他随时去见太后。

陈太建三年（公元571年）四月，高俨被任命为太保，其他的官职都被撤掉，不过仍然担任御史中丞和京畿大都督。和士开等人因为北城有武器库，所以想把高俨调到城外，然后夺取他的兵权。

治书侍御史王子宜，和高俨的亲信开府仪同三司高舍洛、中常侍刘辟强劝说高俨，说："殿下被疏远，是和士开挑拨离间，您怎能离开北宫住到民间去？"

高俨对侍中冯子琮说："和士开罪孽深重，我想杀了他，怎么样？"而冯子琮心里想废黜后主高纬，立高俨为帝，就借此机会劝说高俨。

高俨让王子宜上表弹劾和士开，请求将他逮捕拷问。冯子琮把这份奏表夹杂在其他文书里，一起上奏，高纬没有仔细看就批准了。

高俨骗领军库狄伏连，说："奉皇上旨令，命令领军逮捕和士开。"

库狄伏连告诉了冯子琮，请他再次上奏，冯子琮说："琅琊王已经接到敕令，何必再次启奏？"库狄伏连相信了他，便派遣京畿的士兵，埋伏在神虎门外，并告诫守门的卫士不要让和士开进入。

七月二十五日清晨，和士开与往常一样，入宫早朝，库狄伏连上前拉住他的手说："今天有一件大好的事情。"

王子宜递给和士开一封信，说："皇上有令，让你去台省[2]觐见。"又派卫士护送他。高俨让都督冯永洛在台省杀了和士开。

高俨本来只想杀和士开，他的党羽却逼迫他，说："事已至此，不能中途停止。"于是高俨率领京畿士兵三千多人，屯兵千秋门。

高纬派刘桃枝率领八十名禁兵召高俨觐见，刘桃枝远远地就向高俨跪拜，高俨下令把他反绑起来，要杀了他，禁兵都逃走了。

○ 品画鉴宝　饮马灌驼（北周）

高纬又派冯子琮召见高俨，高俨推辞说：“和士开以往的罪过，罪该万死，阴谋废黜天子，让亲生母亲剃发为尼，臣因此才假称陛下的诏令诛杀了他。兄长如果要杀我，我不敢逃避惩罚。如果能赦免，希望派姐姐来找我，臣立刻去见陛下。”

所谓姐姐，说的是乳母陆令萱，高俨想把她骗出来杀了。陆令萱拿着刀，躲在高纬背后，听到高俨的话，吓得发抖。

高纬又派韩长鸾召见高俨，高俨准备入宫，刘辟强拉着他的衣服劝谏说：“如果不杀掉穆提婆母子，殿下就不能去。”

广宁王高孝珩、安德王高延宗从西边过来，说：“为什么不能去？”

刘辟强说：“兵少。”

高延宗看看大家，说：“孝昭帝杀杨遵彦，只有八十个人。现在有几千人，怎么说少？”

高纬哭着启奏太后：“有缘还能与母亲再见，无缘就永别了！”高纬急忙召见右丞相斛律光，高俨也召见斛律光。

斛律光听说高俨杀了和士开，抚掌大笑，说：“龙子的作为，自然不同一般人!”于是入宫，在长巷觐见高纬。

高纬带领在宫中宿卫的步兵、骑兵共四百人，配给铠甲，准备出战，斛律光说：“小孩子动干戈，一交手就会手忙脚乱。俗话说，‘奴才见了皇帝，心就死了’。陛下应当亲自前往千秋门，琅琊王一定不敢有什么举动。”高纬听从了。斛律光走在前面带路，让人走出队伍大喊：“天子来了。”高俨的党徒都吓得逃走了。

高纬在桥上勒住马，远远地叫高俨，高俨还站着不敢上前。斛律光对高俨说：“天子的兄弟杀一个人，有什么大不了的？”于是硬拉他往前走。

斛律光向高纬请求：“琅琊王年少，肠肥脑满，举动轻率，等到年长一些，自然不会再这样。希望能宽恕他的罪过。”高纬拔出高俨的佩刀，用刀环胡乱打他的头，打了很久，才放了他。

太后责问高俨，高俨说：“冯子琮教我的。”太后大怒，派遣使者到台省用弓弦绞死了冯子琮，让太监用库车拉着尸体送回他家。从此以后，太后经常把高俨留在宫里，每次吃饭都要自己先尝一尝。

九月，陆令萱等人劝高纬杀了高俨，高纬启奏太后：“明天早晨想和高俨一起出去打猎。”

夜里四更，高纬召见高俨，高俨起疑。陆令萱说：“兄长叫你，为什么不去？”

高俨出门，走到长巷，刘桃枝把他反绑起来，高俨大喊：“让我去见母亲、兄长。”刘桃枝用衣袖堵住他的嘴，把他的衣服翻过来蒙住头，背到大明宫。高俨的鼻血流了满脸，被人摧折而死，当时才十四岁。尸体用席子裹起来，埋在了屋子里。

高纬派人启奏太后，太后前往哭吊，才哭了十几声，就被人拥着回宫了。

相关链接

〔1〕和士开：公元523年－570年，字彦通，清都临漳人，其先为西域商胡（古指到中国经商的胡人），本姓素和氏。

〔2〕台省：汉代尚书属于少府，在宫禁台阁之中，因当时称宫禁中为省中，所以尚书省又有“台省”之称。

斛律光清正廉洁，很讨厌祖珽的小人得势，祖珽就暗中制造谣言，说斛律光有谋反的迹象，于是便把他害死了。

北齐武成帝高湛当太上皇时，祖珽曾得罪高湛，被囚禁在地牢里，戴着手铐脚镣。到了晚上，高湛命人就用芜菁子榨出来的油点灯，祖珽的眼睛被烟所熏，因此双目失明。

高湛死后，后主高纬亲政，想念祖珽，就把他放出来，担任官职。祖珽重新受宠，职位也一再升迁，做到尚书右仆射，权倾朝野。

左丞相、咸阳王斛律光[1]因为祖珽权倾朝野，很讨厌他，远远看到总是骂他："惹事贪婪的小人，想干什么？"

斛律光还曾对手下的将领说："军事的布置安排，尚书令赵彦深经常和我们一起商议。这个瞎子掌管机密以来，什么都不告诉我们，恐怕他会耽误国家大事。"

斛律光曾经在朝堂上坐在帘子后面，祖珽不知道，骑着马从前面经过，斛律光很生气，说："小人竟敢这样！"

后来，祖珽在门下省，说话很大声且语调傲慢，恰好斛律光经过，听到了，又很生气。

祖珽察觉后，私下贿赂斛律光的随从奴仆，询问斛律光的情况，奴仆说："自从您执政以来，相王每天夜里抱膝感叹，说'瞎子入朝，国家必破'。"

斛律光虽然地位极高，但生性节俭，不好声色，很少接待宾客，不接受馈赠，不贪图权势。每逢朝廷集会议论，他总是最后发言，说话也很合情理。有时候要上表奏疏，就让人执笔，自己口述，务必简洁确实。

斛律光用兵仿效他的父亲斛律金的方法，军队营房没有落实，他就不进帐幕。有时候整天都不坐下休息，也不脱铠甲，经常身先士卒。士兵有罪过，只用棍棒捶打，从来不随便杀人，所以部下争着为他效命。自从年少的时候参军，从来没打过败仗，敌人都很忌惮他。

北周的勋州刺史韦孝宽偷偷制谣说："百升飞上天，明月照长安。"又说："高山不推自崩，槲木不扶自举。"还派间谍把谣言传到邺城，邺城的小孩都在路上传唱。

祖珽又加上两句："盲老公背受大斧，饶舌老母不得语。"让他的妻兄[2]郑道盖上奏高纬。

高纬询问祖珽，祖珽和陆令萱都说："的确听说过。"

祖珽还解释说："百升，就是斛。盲老公，是说我，与国家同忧愁。饶舌老母，好像是说女侍中陆令萱。何况斛律氏几代都是大将，斛律光字明月，声望远播关西，斛律羡字丰乐，威名震慑突厥，女儿做了皇后，儿子娶了公主，谣言的确让人害怕。"

高纬又询问韩长鸾，韩长鸾认为不可能，事情才中止。

祖珽又觐见高纬，请求高纬屏退左右，只有何洪珍在场。高纬说："上次接到你的奏章，就打算执行，但韩长鸾认为斛律光没有造反的道理。"

祖珽没有回答，何洪珍进言说："如果您本来就没有诛杀斛律光的意思，倒也罢了。如今已有此意，却不能果决地执行，万一被泄露出去，该怎么办？"

高纬说："洪珍说得有道理。"但还是犹豫不决。

正好丞相府佐封士上密奏，说斛律光当初不服从诏令，出征回来却不解散军队，进逼都城，欲谋不轨，只是没有实行罢了。又说斛律光在家里私藏武器铠甲，蓄养奴仆，有造反的企图。高纬相信了，打算诛杀斛律光。

高纬把祖珽召来，告诉他："我想召见斛律光，唯恐他不服从命令。"

祖珽出主意说："派使者赐给他骏马，告诉他，明天要去东山游玩，他可以骑这匹马同往。斛律光一定会入宫道谢，趁机就可以把他抓起来。"高纬按照祖珽说的做了。

六月，斛律光进宫，到凉风堂，刘桃枝从背后扑过去，没有把他摔倒。斛律光回头说："刘桃枝经常做这样的事情。我没有辜负国家！"

刘桃枝和另外三个壮士用弓弦缠住他的脖子，用力勒死了他，血流在地上，虽然用铲子铲了，但血迹没除掉。高纬下诏，说斛律光谋反，把他的儿子也杀了。

祖珽派二千石郎邢祖信清理斛律光的家产，并登记下来。祖珽在尚书都省询问查到的物品，邢祖信说："十五张弓，宴会时用的箭一百支，七把刀，朝廷赏赐的长矛两杆。”

祖珽提高声音说：“还有什么？”

邢祖信说：“二十捆枣木棍，准备当奴仆和别人殴打时，不问曲直，先打奴仆一百棍。”

祖珽非常惭愧，低声说：“朝廷已经对他处以重刑，郎中不宜为他洗雪！”

等到邢祖信离开尚书都省的时候，有人认为他为人太耿直，邢祖信感叹着说：“贤德的宰相都被杀了，我又何必顾惜余生呢？”

相关链接

〔1〕斛律光：公元515年－572年，字明月，朔州（今山西朔县）高车族人，南北朝时北齐名将。

〔2〕妻兄：指妻子的哥哥，又称内兄。

○ 品画鉴宝

彩绘骑马俑（北朝） 三骑马乐俑头戴圆顶帽，上着褐色紧袖交领衣，下穿裤，分别在击鼓、吹角、吹排箫。从装束上看，应为当时军中仪仗乐队。

北周灭北齐

公元576年，北周武帝宇文邕亲自带兵攻打北齐，于次年消灭北齐，统一了北方。

陈太建八年（公元576年），北周武帝宇文邕亲自率军讨伐北齐。十月，攻下了平阳。十一月，北齐后主高纬率军到达平阳，宇文邕为避锋芒，退回长安，北齐军队围困平阳。

宇文邕再次率军出征，十二月初四，到达平阳。过了两天，各路军队也都到齐，共有八万人，推进到城下布阵，东西绵延二十多里。

此前，北齐担心北周军队突然到来，就在城南开凿河沟，从乔山连到汾水。如今高纬见北周大军到达，就把军队都开出去，在河沟的北面布阵。宇文邕想逼近齐军，在河沟处受阻，停了下来。两军隔河对峙，从早上到下午，相持不战。

高纬对右丞相高阿那肱说："是出战呢，还是不战呢？"

高阿那肱说："我们的士兵虽然众多，但能作战的不过十万人，生病负伤的和在城边打柴做饭的占了三分之一。以前进攻玉壁，对方援军一到，就立刻撤退。现在的将士，怎么能比得过神武皇帝时？还不如不要交战，退守高梁桥。"

安吐根说："一小撮盗贼，在马背上就能擒获他们，扔到汾水里！"高纬犹豫不决。

很多太监说："他是天子，陛下也是天子。他还是远道而来，我们为什么守着护城河示弱？"

高纬说："这话说得对。"于是填塞护城河，把水引向南面。

宇文邕大喜，率领各路军队进攻。双方军队刚交锋，高纬和冯淑妃一起骑马观战。东面的军队稍稍后退，冯淑妃害怕地说："我军败了！"录尚书事城阳王穆提婆说："皇上快离开！皇上快离开！"

于是高纬与冯淑妃骑马到高梁桥。开府仪同三司奚长劝谏说："时进时退，是作战时常见的。现在军阵严整，没有伤亡，陛下舍下军队，要到哪儿去呢？马脚一动，人心惊恐混乱，不能再振作。希望陛下立刻回去安慰他们！"武卫张常山从后面赶来，说："军队已经收拢，十分严整，围城的士兵也没有动摇，天子最好返回。不相信我的话，请与宦官前往巡视。"

高纬准备听从他，但穆提婆拉着高纬的胳膊说："他的话不能相信。"于是高纬带着冯淑妃向北逃走。北齐军队溃散，死了有一万多人，丢弃的军用物资、器械堆积如山，绵延了几百里。高纬抵达洪洞，冯淑妃正对着镜子涂脂抹粉，后面声音嘈杂，大喊敌人到了，于是再次逃走。高纬到达晋阳，忧虑恐惧，不知道该怎么办。高纬向朝臣询问计策，群臣都说："应当减免赋税劳役，安慰民心。聚集剩余的士兵，背城死战，安定社稷。"高纬想留下安德王高延宗、广宁王高孝珩，镇守晋阳，自己前往北朔州。如果晋阳失守，就投奔突厥[1]。群臣都认为不可以，高纬不听。高纬准备逃走，将领们都不愿跟随。

十三日，北周军队抵达晋阳。高纬任命安德王高延宗为相国、并州刺史，统领山西的军队，并对他说："严并州请你自己去夺取，我现在要离开了。"

高延宗说："陛下为了社稷就不应该走。臣愿意为陛下效力死战，一定能打败他们。"

穆提婆说："天子已经决定大计，安德王不要再阻拦！"

高纬在夜里冲出五龙门离开，想投奔突厥，随从的官员四下逃散。领军梅胜郎勒住高纬的马劝谏，于是高纬返回邺城。

穆提婆向西投奔北周军队，陆令萱[2]自杀，家里的亲属全被诛杀。宇文邕任穆提婆为柱国、宜州刺史，下诏晓谕北齐群臣，于是北齐官吏都相继向北周投降。

宇文邕随即攻下晋阳，继续向邺城前进。高纬手足无措，听会望气的人说，朝廷将会发生变革更替，就叫来尚书令高元海等

人商议，决定按照当年武成帝高湛禅位的旧例，将帝位让给太子高恒。

次年正月初一，北齐太子高恒即位，当时才八岁。尊奉高纬为太上皇帝。十八日，北周军队到达邺城城下；次日，将邺城包围，焚烧西城门。北齐士兵出城迎击，北周军奋勇作战，大败北齐军队。高纬等人带着一百名骑兵从东门逃走，北周军队攻入邺城，将军尉迟勤追赶高纬。高纬抵达青州，快要进入陈朝的国境。高阿那肱却秘密地联络北周军队，约定活捉高纬，于是屡次启奏说："周朝的军队还远，我已经下令焚烧桥梁截断道路。"高纬听信了，就在青州停留。

北周军队到达关隘，高阿那肱立刻投降。北周军队很快到了青州，高纬用袋子装满金子系在马鞍上，和皇后、妃子、幼主等十几个人骑马向南逃走，二十五日，逃到南邓村，尉迟勤追上他们，全部擒获，与胡太后一起押送邺城。

四月初三，宇文邕抵达长安，把高纬安排在前面，让北齐的王公在后面跟随，车辆、旗帜、器物依次陈列。准备好车驾仪仗，布置六军，奏着凯旋的音乐，到太庙进献俘虏。观看的人都称万岁。

初六，封高纬为温公，北齐的三十多个王都受封爵。宇文邕和北齐的君臣饮酒，让高纬跳舞。

十月，北周人诬陷高纬与宜州刺史穆提婆谋反，于是宇文邕命令把高纬及其宗族一并赐死，只有高纬的弟弟高仁英因为狂放不羁、高仁雅因为是哑巴而得到赦免。

相关链接

〔1〕突厥：公元6世纪中叶至8世纪中叶活跃于中国北方和西北方的古代民族，亦为其民族所建立的汗国名，是现在中亚民族的主要来源之一。

〔2〕陆令萱：？－公元576年，鲜卑族人，北齐后主高纬的乳母，因高纬而得以把持政权，聚集奸佞之人长期祸乱朝政。

杨坚执政掌大权

北周天元皇帝死后，因为继位的皇帝年幼，就有人推举外戚杨坚辅佐，于是他开始执掌朝廷大权。杨坚为政宽厚、提倡节俭，颇受人们欢迎。

北周杨皇后的父亲杨坚[1]任大前疑，地位、声望都很高。天元皇帝宇文赟很忌惮他，曾在生气的时候对杨皇后[2]说："一定要把你家灭族。"

宇文赟召见杨坚，对左右侍从说："如果他变了神色，就立刻杀了他。"杨坚到后，神色自若，宇文赟只好作罢。

内史上大夫郑译，小时候与杨坚一同学习，惊奇于杨坚的相貌，诚心与他交往。杨坚被宇文赟忌惮，心里总是很不安。有一次在宫中的长巷里，他偷偷地对郑译说："很久以来我就想镇守藩镇，你是知道的，希望你能帮我留心！"

郑译说："以您的德行声望，天下归心。我也想祈求多福，怎么敢忘呢？我自当向皇帝启奏。"

宇文赟准备派遣郑译率领军队进攻南陈，郑译请求任命一位元帅。宇文赟问："你认为派谁合适？"

郑译回答说："如果要平定江东，当然非懿戚重臣不可，不然难以镇守安抚。可以让随公杨坚同行，担任寿阳总管，督管军事。"宇文赟答应了。

陈太建十二年（公元580年），五月初五，宇文赟任命杨坚为扬州总管，让郑译发兵前往寿阳，与杨坚会合。正要出发，杨坚突然得了脚病，没能成行。

○品画鉴宝
黄褐釉陶铠甲马（北朝） 此种釉陶铠甲马极为罕见。此马形体高大，装备完整，威武矫健，具有极高的艺术性。

○ 品画鉴宝　骑马人物（北周）　图中骑马者手搭凉棚，回首后望，极具动感。

初十夜，宇文赟乘坐车驾，临幸天兴宫，次日生病返回。小御正刘昉，一向以狡黠谄媚受宇文赟宠爱，与御正大夫颜之仪都很得宇文赟的信任。宇文赟召见刘昉、颜之仪到卧室，想托付后事，但是喉咙嘶哑，说不出话来。

刘昉因为静帝宇文阐年幼，杨坚是杨皇后的父亲，声名隆盛，于是与领内史郑译、御饰大夫柳裘、内史大夫韦謩、御正下士皇甫绩商议，让杨坚辅政。

杨坚坚决推辞，不敢接受。刘昉说："您如果想做，就赶快上任；不然，我自己干。"于是杨坚听从了，声称接受诏命，入宫居住侍奉疾病。

当天，宇文赟去世，秘不发丧。刘昉、郑译又假传诏命，让杨坚总管内外的军队。颜之仪知道不是皇帝的旨意，拒绝接受。

刘昉等人草拟诏书并署上名字，逼颜之仪也署名。颜之仪严厉地说："天元皇帝已经升天，继承的皇帝年幼，辅佐朝政的任命应该选宗室中有才能的人。你们备受朝廷恩惠，应当考虑如何尽忠报国，怎么能把天下神器借给他人呢？我颜之仪宁愿死，也不能欺骗先帝。”

刘昉等人知道不能让他服从，就替颜之仪署名，然后颁布下去。各将领既然接受了诏命，就接受了杨坚的调度指挥。

杨坚索要兵符玺印，颜之仪严厉地说：“这是天子的东西，自然有人掌管，宰相为什么要呢？”杨坚大怒，欲令人把他拉出杀了，随即又因为颜之仪很有声望，放过了他，把他调离京城，去西部边境任郡守。

杨坚最初接受诏命辅佐朝政的时候，派邗国公杨惠对御正下大夫李德林说：“朝廷赐令，让我总管文武大事。治理国家，责任重大，现在想与你共事，一定不要推辞。”

李德林说：“我愿意以死侍奉您。”杨坚大喜。

当初，刘昉、郑译商议让杨坚任大冢宰，郑译自己想担任大司马，刘昉又要求担任小冢宰。杨坚私下询问李德林，说：“要怎么安排我呢？”

李德林说：“您应当任大丞相、假黄钺、都督中外诸军事。不然，就不能镇住大家的心意。”等到为宇文赟发丧后，就按照李德林说的实行。当时群臣还没有全部服从杨坚，杨坚把司武上士卢贲安置在自己的身边。杨坚准备去正阳宫，百官都不知道是否应该跟随。

杨坚秘密命令卢贲布置侍卫禁军，同时召见公卿，对他们说：“想求取富贵的人就跟随我。”大家都窃窃私语，有的想去有的不想。卢贲带着禁兵到了，众人都不敢再离开。

众人出崇阳门，到正阳宫，守门的卫士不让他们进去，卢贲上前说明，卫士仍然不退下。卢贲瞪大眼睛，呵斥他们，守门的卫士退下，杨坚进入正阳宫。杨坚让卢贲负责丞相府的守卫，任郑译为丞相府长史，刘昉为司马，李德林为府属。

杨坚执政以后，革除了宇文赟时期过于苛酷的政令，改行宽厚简便的措施。他删削旧律，制定《刑书要制》，上奏朝廷颁行天下。他提倡节俭，身体力行，朝廷内外的人都很高兴。

相关链接

〔1〕杨坚：公元541年－604年，弘农华阴（今陕西华阴）人，北周皇室外戚，袭父爵为隋国公，于公元581代周建隋，为隋朝（公元581年－618年）开国皇帝，谥文帝。

〔2〕杨皇后：即北周天元皇帝的皇后杨氏，名丽华，杨坚的长女。

宇文招谋除杨坚

宇文招想谋害杨坚，在家里埋伏士兵请他喝酒，多亏元胄的机智和勇猛，才使杨坚化险为夷。

北周赵僭王宇文招[1]图谋杀掉丞相杨坚，邀请杨坚到他的府邸。宇文招把杨坚带进寝室，他的儿子宇文员、宇文贯和妻弟鲁封等人都佩着刀站在旁边。宇文招还藏了兵器在帷幕与坐席之中，在寝室后面埋伏了武士。

杨坚的左右侍卫都不许跟随，只有杨坚的从祖堂弟、开府大将军杨弘与大将军元胄[2]坐在门旁。杨弘与元胄都很勇武有力，是杨坚的心腹。酒喝到酣畅，宇文招不断用佩刀刺着瓜果给杨坚吃，想趁机刺杀他。元胄上前对杨坚说："相府有事，不可久留。"宇文招呵斥他说："我与丞相说话，你是什么人？"并呵斥他退下。元胄怒目相视，手按着佩刀，在杨坚身旁守卫。宇文招赐元胄酒喝，说："我难道会有恶意？你为什么这样警戒？"宇文招假装呕吐，想去后阁。元胄担心有变，就扶他坐好，如此反复多次。宇文招又假称口渴，命令元胄到厨房拿水，元胄不动。恰好滕王宇文逌迟到，杨坚走下台阶去迎接他。元胄乘机附耳对杨坚说："情况有异，应当赶快离开！"杨坚说："他没有兵马，能干什么？"元胄说："兵马都是他的，他如果先发制人，大事就完了。元胄并不怕死，只是担心死了却没有用处。"杨坚不听，重新入坐。元胄听到寝室后面有士兵穿戴铠甲的声音，于是上前说："相府事务繁忙，您怎么能这样？"于是把杨坚拉下座床，快步离开。宇文招想要追赶，元胄用身体挡住门，宇文招出不去。等杨坚出了大门，元胄才从后面赶上去。宇文招后悔没有及时下手，把手指弹出血来。

过了几天，杨坚诬陷宇文招与越野王宇文盛谋反，把二人处死，他们的儿子也一并被诛杀。杨坚给元胄的赏赐，多得数都数不过来。

相关链接

〔1〕宇文招：？—公元580年，字豆卢，宇文泰之子，封赵王，喜好文学，著作已佚。

〔2〕元胄：河南洛阳人，魏昭成帝六世孙，其祖父元顺为魏濮阳王。他英勇果毅，隋朝时官至上柱国，封武陵郡公。

金陵

帝王世系表

隋文帝·杨坚

隋炀帝·杨广

隋恭帝·杨侑

隋纪

公元581年－618年

隋朝存在时间只有三十八年，但在中国历史上却起着承前启后的重要作用。在这三十八年中，中国的政治、经济、军事、文化等各方面均有所发展。隋朝是中国历史上最伟大的朝代之一，也是公认的最强盛的时代之一。

首先，在政治方面，隋朝调整了中央与地方的统治机构，增强了中央集权统治。制定了律法，开设了科举制度。在经济方面，规范户籍，普查人口，实施了均田制，降低了农民的负担。与此同时，开凿“广通渠”引渭水直达潼关。公元608年又开通了京杭大运河，这对中国南北地区之间的经济、文化发展与交流，特别是对运河沿线地区工农业经济的发展和城镇的兴起均起了巨大作用。

另外，隋朝之前连年的战乱导致社会上币制混乱，这极大影响了市场商品的交易与流通。而隋朝建立以后统一了货币，对私铸货币与使用旧币进行严惩。同时，还在全国范围内规范了度量衡。这些举措为经济的持续稳定增长创造了良好条件。

在隋王朝统治的短短三十几年中，几乎中断了几个世纪的对外关系也得到了恢复。通过“丝绸之路”，联结了中国与其他国家之间的贸易往来，在一定程度上为后世的盛唐奠定了基础，带来了隋之后中华民族引以为傲的盛唐文化。

大事年表

- 公元 589 年／隋灭陈，统一中国。
- 公元 590 年／改革府兵制，诏军人悉属州县，垦田籍帐，一与民同。
- 公元 591 年／制州县佐史，三年一代，不得重任。
- 公元 598 年／隋发兵三十万攻高丽，无功而返。
- 公元 600 年／文帝废太子杨勇为庶人，立晋王杨广为太子。
- 公元 604 年／隋文帝死，隋炀帝即位。
- 公元 605 年／隋建东京，开凿大运河。
- 公元 607 年／突厥启民可汗来朝。炀帝北巡至榆林。遣朱宽入海至流求（今台湾）。
- 公元 609 年／改东京为东都。诏天下均田。
- 公元 610 年／凿江南河，南至余杭。
- 公元 611 年／隋末农民大起义开始。
- 公元 612 年－614 年／隋炀帝三征高丽。
- 公元 616 年／隋炀帝带领禁军至江都，各路起义军联合起来，形成强大的起义军集团。
- 公元 617 年／李渊于太原起兵，进军关中，攻占长安，立代王杨侑为帝。

公元588年，隋文帝杨坚派遣重兵攻打陈朝，于次年俘获后主陈叔宝，南陈灭亡。至此，我国长期南北分裂的格局得到了统一。

陈祯明二年（公元588年）三月，隋文帝杨坚下诏，陈述陈朝的罪恶，宣布将要进行讨伐。又让使者送玺书到陈朝，列举了后主陈叔宝[1]的二十条罪状。还下令将诏书抄写三十万份，散发到整个江南地区。

十月二十八日，杨坚要出师讨伐陈朝，于是祭告太庙，然后任命各路统帅，部署行军路线。各路军总管共有九十人，士兵五十一万八千人。

十一月初二，杨坚亲自为将士饯行。隋师出发后，各路军队迅速推进，很快抵达长江北岸。然而陈叔宝却依然漫不经心，迟迟不派出军队。陈叔宝让朝廷群臣商议，由于奸臣阻挠，也一直定不下方案。

陈后主曾经从容地对身旁侍奉的近臣说："帝王之气在这里。齐军三次进犯，周军两次入侵，都惨败。现在隋军又算什么呢？"

都官尚书孔范说："长江是天堑，自古以来都隔绝南北，现在敌军难道能飞过来吗？是边境的将领想立功，才谎报情况紧急。我总是嫌自己官职太低，敌军如果渡过长江，我一定可以立功做太尉了。"

有人谎报说隋军的马匹死了很多，孔范说："这些都将是我们的马，为什么会死呢？"陈后主笑着认为他说得很对，所以没有布置防备，仍然奏乐、歌舞、纵酒、赋诗不断。

隋开皇九年（公元589年）正月，隋军渡过长江，进逼建康。当时建康正式武装的军队还有十多万人。陈后主一向怯懦，不懂军事，只是白天黑夜地哭泣，台城里的安排布置，都委托大监军施文庆。

施文庆知道众将领都痛恨自己，唯恐他们立功，于是上奏说："这些将领总是不满足，平时就不服从陛下，现在情况紧急，怎么能完全信任他们呢？"因此这些将领凡是有事启奏的，大部分都不被批准。

隋吴州总管贺若弼进攻京口的时候，陈朝都督萧摩诃请求率领军队迎战，陈后主不答应。等贺若弼进军到钟山，萧摩诃又说："贺若弼孤军深入，还没有构筑坚固的营垒，出兵袭击，一定可以攻克。"陈后主还是不答应。

陈后主召集萧摩诃、镇东大将军任忠，在内殿商议军事。任忠说："兵法有言，到敌人地盘进攻，速战速决更为有利；在自家地盘抵抗，稳重放手更为有利。现在国家兵力粮草都很充足，应该固守台城，沿秦淮河修建栅栏，隋军即使前来进攻，也不要出兵交战。

“然后分出兵力截断长江水路，让隋军的消息无法传递。陛下再给我一万精兵，金翅战船三百艘，顺长江而下，直接进攻六合镇。隋朝军队一定以为他们渡过长江的士兵已经被俘虏，气势自然挫败。

“淮南的百姓与我以前就很熟悉，现在听说是我前往，一定会响应服从。再扬言说要进军徐州，截断敌军的退路，那么不用进攻敌人，他们也会自己撤退了。等到雨季春水上涨，上游的周罗睺等各部队一定能顺流而下，赶来增援。这是良策。”陈后主没有听从。

第二天，陈后主忽然说：“长期相持不战，让人心烦，让萧摩诃出兵攻打他们。”任忠叩头苦苦请求不要出战。

忠武将军孔范又上奏说：“请求决战，一定为陛下在燕然山刻石记功。”

陈后主答应了，对萧摩诃说：“你可为我决一死战！”

萧摩诃说：“从来作战都是为了国家与自己，今天的情况，也是为了妻子儿女。”陈后主拿出很多金帛财物，给各军队作赏赐。

二十日，陈后主让鲁广达在白土冈布阵，在各路大军的最南边，接下来依次是任忠、樊毅、孔范，萧摩诃的军队在最北边。各路军队南北绵延了二十里，首尾之间，进退相互都不能知晓。

隋将贺若弼率领轻骑登上钟山，望见陈朝各路军队，于是奔驰下山，与手下的杨牙、员明等七位总管，以及士兵八千人，也布好军阵等待陈军。

陈后主与萧摩诃的妻子私通。所以萧摩诃自始就没有拼死作战的想法。只有鲁广达率兵抵挡贺若弼。隋军撤退了好几次，贺若弼的士兵死了二百七十三人。后来他们放烟火掩护自己，士气才得以重新振作。

陈朝士兵得到隋军的人头，都跑去献给陈后主求赏。贺若弼知道他们骄纵松懈，于是又率军进逼孔范。孔范的军队刚一交锋就立刻逃走，陈朝各路大军看见，骑兵、步兵都陷入混乱，死了五千人。

总管员明擒获萧摩诃，押送到贺若弼那里，贺若弼命令拉出去斩首，萧摩诃神色自若，于是贺若弼把他放了，并且以礼相待。

任忠骑马进入建康台城，觐见陈后主，告诉他失败的情况，说：“陛下自己保重，我是无能为力了！”

陈后主给了他两串金子，让他再招募人马出战，任忠说：“陛下只有准备船只，前往上游会合各路大军，我当以死侍奉护卫。”

陈后主听信了他，让他出外布置，并命令宫女整理行装等待。等了很久任忠都没有回来，大家都觉得奇怪。当时韩擒虎[2]率军从新林进军，任忠已经率领几名骑兵去石子冈投降。

陈朝领军将军蔡徵率领部队镇守朱雀航，听说韩擒虎的军队即将抵达，军队惊慌溃散。任忠领着韩擒虎直接进入朱雀门，一些陈军的士兵想抵抗，任忠挥挥手说："我都投降了，你们还想干什么？"于是陈军士兵都四下逃走。

台城里的文武百官都逃走躲了起来，只有尚书仆射袁宪还在殿里，尚书令江总等几个人留在尚书省府。陈后主对袁宪说："我一向对你并不比对别人好，今天只感到非常惭愧。这不仅因为朕没有德行，也是因为江东士大夫的道义都丧失了。"

陈后主惊慌失措，想要逃走躲起来，袁宪严肃地说："隋军入侵，一定不会冒犯陛下。情况已经这样了，陛下还想到哪里去？请陛下整理衣冠，在正殿端坐，像梁武帝萧衍见侯景一样。"

后主不听，下坐床骑马离开，说："兵刃底下，我自有办法！"与十几个宫人走出后堂景阳殿，准备跳到井里，袁宪苦谏不听。后阁舍人夏侯公韵用身体挡住井口，陈后主与他争了很久，最终跳进井里。

过了不久，隋军士兵来了，向井里张望，大声叫喊，没有人答应，准备扔下石头，才听到叫声，于是用绳子将陈后主拉上来。隋军还惊讶为什么如此沉重，后来才发现，原来陈后主与张贵妃、孔贵嫔三个人是一起被拉上来的。

沈皇后仍然在平时住的地方，像平时一样，一点也不惊慌。皇太子陈深当时十五岁，关闭阁门坐在屋里，舍人孔伯鱼在旁边侍奉。隋军推门进屋，陈深安然而坐，慰劳他们说："一路行军，非常劳累吧。"隋军士兵都向他致敬。

当时，陈朝宗室王侯在建康城里的有一百多人，陈后主担心他们变乱，把他们全召进宫，命令他们聚集在朝堂，让豫章王陈叔英监视他们，又偷偷地加以戒备。等到台城失守，他们都出去投降了。

相关链接

〔1〕陈叔宝：公元553年－604年，字元秀，小字黄奴，南朝陈后主，亡国之君，好酒色音律，有文集传于世。

〔2〕韩擒虎：公元538年－592年，字子通，原名擒豹，河南东垣（今河南新安县东）人，隋朝著名大将。

陈叔宝全无心肝

后主陈叔宝在位时，每天和群臣、嫔妃饮酒赋诗，荒淫无度，被隋俘虏押解到长安后，依然脾性不改，杨坚说他“全无心肝”。

陈后主陈叔宝以太子的身份，继位成为陈朝的皇帝。做了皇帝以后，他不好好地治理国家，反而大兴土木，宠爱女色，荒淫无度。

陈至德二年（公元584年），陈后主在皇宫光昭殿前修建临春、结绮、望仙三座楼阁。每座都有几十丈高，一连几十间，窗户、壁带、悬楣、栏杆、门槛都是用沉香木和檀香木[1]做的，用黄金、玉石夹杂着珍珠、翡翠装饰，外面都挂着珠帘，里面有宝床、宝帐，衣物与玩物的瑰丽精美，近古以来都没有过。每当微风吹过，香味几里内都能闻到。楼阁下面用石头堆成假山，引水为池，奇花异草相间种植。

陈后主自己住在临春阁，张贵妃住在结绮阁，龚、孔两贵嫔住在望仙阁，楼阁之间都有复道往来。还有王美人、李美人、张淑媛、薛淑媛、袁昭仪、何婕妤、江修容，都受到宠爱，经常到三座楼阁上游玩。又任宫女中通文学的袁大舍等人为女学士。

尚书仆射江总[2]虽然是宰相，自己却不处理政务，每天都和都官尚书孔范、散骑常侍王瑳等十几个文官，侍奉后主在皇宫后庭游玩宴饮，没有尊卑次序，被称为“狎客”。

陈后主每次设宴饮酒，都让各位嫔妃与学士及狎客一起赋诗，互相赠答，选取特别艳丽的谱上新曲，挑出几千个宫女练习歌唱，分成几个部分依次进行。歌曲有《玉树后庭花》《临春乐》等，大多是赞美各位嫔妃容貌姿色的。君臣饮酒唱歌，从晚上到清晨，常常这样。

后来陈朝被隋朝所灭。隋朝军队攻进建康时，陈叔宝被俘，被带到长安，住在修葺过的民宅里。隋文帝杨坚赦免了他。

杨坚给陈叔宝的赏赐非常丰厚，几次接见他，与三品官员同列。每次陈叔宝参加宴会，隋文帝担心他会伤心，就不许演奏吴地的音乐。

后来，看守陈后主的官吏上奏称：“陈叔宝说，既没有官职，却总是参加朝见集会，因此希望能得到一个官号。”

杨坚感慨说：“陈叔宝真是没有心肝！”

看守的官吏又说：“陈叔宝经常喝醉，很少有清醒的时候。”

文帝又问：“喝多少酒？”

○ 品画鉴宝
白釉武士俑（隋） 此俑直立于覆莲座上，双眉倒竖，双目圆瞪，气势雄猛。

看守官吏回答：“每天和他的子弟喝一石酒。”

文帝十分惊讶，命令节制他喝酒，过了不久，又说：“随便他吧。不然，他怎么打发日子呢！”

相关链接

〔1〕檀香木：木质坚硬，纹理细致而带有香味儿的名贵木材。沉香木是含有树脂的木材，燃烧时能发出浓郁的香味。

〔2〕江总：公元519年－594年，字总持，祖籍济阳考城（今河南兰考），南朝陈时大臣、诗人，今存明代张溥在《汉魏六朝百三家集》中所辑《江令君集》一卷。

杨广即位为帝

隋文帝仁寿四年，即公元604年，杨坚病重去世，太子杨广即位，是为隋炀帝。

隋仁寿四年（公元604年），隋文帝杨坚在仁寿宫避暑，结果患病。七月，文帝病重，尚书左仆射杨素[1]、兵部尚书柳述、黄门侍郎元岩都进入仁寿宫侍奉。

文帝召皇太子杨广[2]入宫住在大宝殿。杨广考虑如果文帝去世，必须预先防备，于是亲手写信封好，送出去询问杨素，杨素罗列事项报告太子。宫人错把回信送到文帝的寝宫，文帝看了十分恼怒。

文帝宠爱的陈夫人清晨去厕所，被太子杨广逼迫，陈夫人拼死抗拒才得以脱身。回到文帝的寝宫，文帝奇怪她神色异样，问她原因，陈夫人流着泪说："太子无礼！"

文帝大怒，拍打着床说："畜生，怎能托付国家大事？独孤误我！"于是叫来柳述、元岩，说："召我的儿子来！"

柳述等人准备去叫杨广，文帝说："是杨勇！"杨勇是原来的太子，因为失宠，又被杨广设计陷害，所以被废。

柳述、元岩出了寝宫，起草诏书。杨素听说了，告诉太子杨广。杨广假传文帝的诏令，逮捕了柳述、元岩，关进大理寺监狱。然后命东宫士兵迅速赶到仁寿宫守卫，宫门禁止出入，派宇文述、郭衍调度，命令右庶子张衡入文帝的寝宫侍奉。后宫侍从都被赶到了别的房间。过了不久，文帝去世，因此朝廷内外有很多议论。

陈夫人与后宫们听说变故，互相对视，吓得发抖，脸色也变了。黄昏的时候，杨广派使者送来小金盒，外面贴着封纸，上面有杨广亲笔写的封字，赐给陈夫人。陈夫人看见了，惊慌恐惧，以为是鸩毒，不敢打开。使者催她，她才打开盒子，里面有几枚同心结。

宫人们都很高兴，对彼此说："可以免死了！"

陈夫人很生气，坐着不动，不肯致谢。众宫人一起逼陈夫人，她才拜谢使者。当天夜里，太子杨广在陈夫人那里留宿。

二十一日，为文帝发丧，杨广即位，是为炀帝。杨广派人假称文帝的诏命，赐死前太子杨勇。杨勇最终被绞死了。

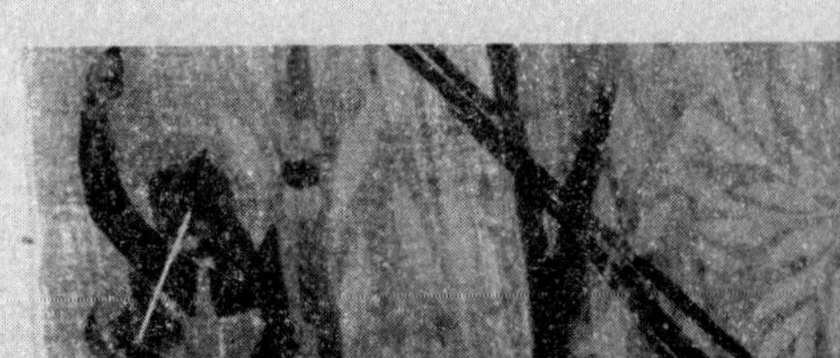

相关链接

〔1〕杨素：？－公元606年，字处道，弘农华阴（今陕西华阴）人，隋朝将领、权臣和诗人。

〔2〕杨广：公元569年－618年，又名杨英，隋文帝次子，他杀死文帝及太子杨勇后即位，谥炀帝。

隋炀帝三征高丽

隋炀帝穷兵黩武，从公元612年－614年，他三征高丽，结果都无功而返，反而使人民苦不堪言，国内硝烟四起，隋朝面临灭亡。

大业六年（公元610年），隋炀帝因为高丽王的礼数不周，打算征讨高丽。炀帝强令天下富人购买军马，以致每匹卖到十万钱。又命人挑选、查验兵器，务求精、新。

次年二月，炀帝下诏征讨高丽。命令幽州总管元弘嗣到东莱海口造船三百艘。官吏监督劳役，民夫日夜站在水中，不敢稍微休息一下，从腰以下都生了蛆，死掉的人有很多。

四月十五日，炀帝驾临涿郡的临朔宫，随从的文武官员，九品[1]以上的，都命令安置宅邸。在这之前，炀帝下诏征发天下士兵，无论远近，都在涿郡集合。又征发江淮以南的水手一万人，弓弩手三万人，岭南的排镩手三万人，于是从四面八方赶来的人像河水一样涌过来。

五月，命令河南、淮南、江南制造兵车五万辆，送到高阳，用来装载衣物、铠甲、幔幕，让士兵自己拉车。征发河南、河北的民夫供应军需。

七月，征发江、淮以南的民夫及船只，运送黎阳和洛口各粮仓的粮食到涿郡，舟船相连几千里。运送兵器铠甲和攻城器具的人，来往于路上的有几十万人，挤满道路，昼夜不停。死掉的人互相迭压，路上到处散发着臭气，天下骚动。

炀帝为了讨伐高丽，下诏在山东设府，命令养马，供应军队使用。又征发民夫运米，积蓄在泸河、怀远二镇。运送粮车的牛都没有能回来的，死亡的士兵超过一半。

由于耕作庄稼的季节被耽误，田地大多荒芜，再加上发生饥荒，谷价上涨，东北边境尤其厉害，一斗米要几百钱。运来的米有的很粗糙，炀帝就命令百姓买去这些米，用来补偿。

他又征发车夫六十几万，两个人推三石米，道路险阻遥远，三石米还不够车夫路上吃的，到达镇上的时候，已经没有粮食缴纳，都因为害怕获罪，只好逃亡。

再加上官吏贪婪残暴，趁机剥削，百姓穷困潦倒，钱财力气都用尽了。安分守己的，无法忍受饥饿寒冷，死期迫近。抢劫掠夺的，还能延长活命，于是百姓开始互相聚集作盗贼。

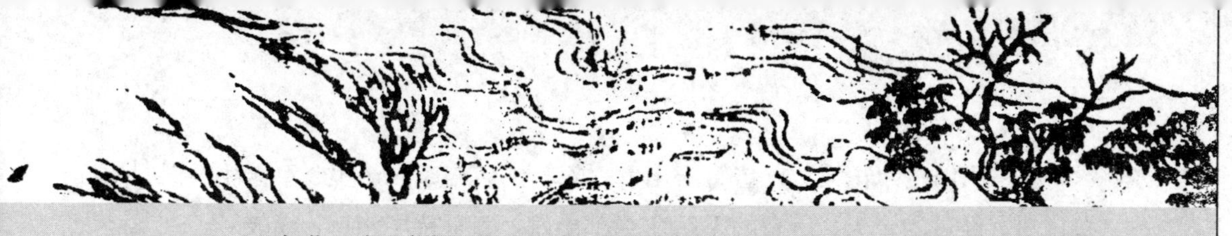

大业八年（公元612年），正月初二，炀帝下诏，命令左十二军由镂方、长岑、溟海、盖马、建安、南苏、辽东、玄菟、扶余、朝鲜、沃沮、乐浪等道出发；右十二军从粘蝉、含资、浑弥、临屯、候城、提奚、蹋顿、肃慎、碣石、东暆、带方、襄平等路出发。路上人马络绎不绝，在平壤城会合，总计一百一十三万三千八百人，号称二百万大军，运送军需的人则是这个数目的两倍。

炀帝在桑干水南面祭祀土地，在临朔宫南面祭祀上天，在蓟城北边祭祀马祖。炀帝亲自指挥调度：每支军队设立大将、亚将各一人；骑兵四十队，每队一百人，十队为一团；步兵八十队，分为四团，每团各有偏将一名；每团的铠甲、缨拂、旗幡颜色都不相同，设受降使者一名，负责承奉诏书、慰劳安抚，不受大将节制；其他的辎重、散兵等也分为四团，由步兵在两旁护送，进军、停止、扎营，都有次序规矩。

初三，第一军出发，以后每天出发一军，前后相距四十里，军营相接前进，经过四十天，所有的军队才全部出发。各军首尾相连，战鼓号角声互相可以听见，旌旗相连，绵延九百六十里。

炀帝的御营共有十二卫、三台、九省、九寺，分别隶属内、外、前、后、左、右六军，按照次序，最后出发，又绵延了八十里。这样的出师盛况，近古以来还没有过。

隋军进攻辽东城，久攻不下。六月，九路大军齐发，在鸭绿江[2]的西岸会合，然后渡过鸭绿江，追击高丽军队。左翊卫大将军宇文述渡过萨水，在平壤城外三十里处扎营，后因平壤城坚固难攻而撤退。

七月，宇文述军队渡萨水，渡到一半时，高丽军队袭击隋军，隋军大败，各路军队也相继溃乱，无法制止。将士们奔逃，一日一夜跑到野绿江边，行程四百五十里。将军王仁恭殿后，攻击追来的高丽军队，将高丽军打退。当初渡江的九路军队，共三十五万五千人，回到辽东城下，就只剩下二千七百人了，数以万计的军用物资、武器装备丧失殆尽。二十五日，炀帝撤军。第一次征高丽，隋军只在辽水以西攻下了高丽的武厉逻，设置了辽东郡以及通定镇而已。

第二年正月初二，炀帝下诏，让天下军队到涿郡集结。开始招募平民，建立新军，称作“骁果”。并修筑辽东古城，在那里储备军粮。

二月，炀帝对侍臣说：“高丽这个小强盗，竟敢侮慢我大隋上国。如今以我们的国力，就算是移山填海，也可以办到，何况这个小强盗呢！”于是又让朝廷商议出征高丽。

三月，炀帝不顾到处都有起义，仍然驾临辽东，作出征准备。

四月，炀帝的车驾渡过辽水，派宇文述和上大将军杨义臣进军平壤。

炀帝命令将领们进攻辽东城，并接受上次的教训，给他们更大的自由度。隋军用飞楼、橦、云梯、地道从四面攻城，昼夜不停。高丽守军随机应变，二十多天后隋军还没攻下。

炀帝让人做一百多万只布袋，装满土，要堆成一个鱼背一样的坡道，宽三十步，和城墙一样高，打算让战士登上去攻城。又让人制作八个轮子的楼车，安置在坡道的两旁，打算让士兵在上面居高临下，向城内射箭。

攻城的日期已经定下，辽东城危在旦夕。正在这时，国内传来杨玄感反叛的文书，炀帝只好秘密通知各将领，让他们率军返回。军用物资、武器装备、攻城器具，堆得像山一样，加上营寨、帐篷，全丢弃在原地。当时隋军人心惶惶，不听约束，撤退毫无部署，各路军队分散逃回。第二次出征高丽，因为国内叛乱，就这样不了了之。

又过了一年，大业十年（公元614年），炀帝既已镇压杨玄感的反叛，就又打算出征高丽。二月，炀帝下诏让文武百官商议此事，一连几天都没有人敢说话。

七月十七日，炀帝车驾驻留怀远。当时天下大乱，所征召的军队有很多过了期限却没有到达，高丽当时也已困顿疲惫。

右骁卫大将军来护儿率领军队抵达毕奢城，高丽出兵迎战。来护儿打败了高丽军队，准备进逼平壤。高丽王高元十分恐惧，二十八日，派遣使者乞求投降。炀帝大喜，派遣使者持符节召回来护儿。

来护儿召集部下说："大军三次出征，都没能平定高丽，这次回去就不能再来了，劳而无功，我私下很以为耻。现在高丽的确困顿疲惫，以我们这么多兵力进攻，用不了几天就能取胜。我准备进兵直接包围平壤，擒获高元，凯旋，不是很好吗？"

于是来护儿上表请求出征，不肯奉诏返回。长史崔君肃坚决争执，来护儿不答应，说："看高丽的形势，一定会被攻破，只要相信我，我完全可以办到。我在朝廷之外，可以自己决定，我宁愿擒获高元而受到谴责，也不能放弃这次成功的机会！"

崔君肃对大家说："如果听从元帅，违抗诏命，一定会被上奏皇帝，都会获罪。"各将领都很恐惧，要求返回。来护儿只好接受诏命。

炀帝返回西京，又征召高元入朝觐见，但高元竟然不来。于是炀帝下令众将领整理行装，准备再一次进攻，但终究没能成行。

隋朝建国之初，曾经富庶一时，炀帝不恤国力，三次动用大军，征讨高丽。不但最后无功而返，而且使百姓苦不堪言，怨声载道，结果起义不断，埋下了隋朝覆亡的祸根。

相关链接

〔1〕九品：古代官吏的等级。汉朝时，官吏等级用"石"表示，如"万石"等，曹魏时则分为九品，如相国为第一品等。

〔2〕鸭绿江：古称坝水，汉代称为訾水，因其水色青绿、色如鸭头而得名，发源于长白山南麓，沿中、朝边界向西南流，从我国丹东西南注入黄海，全长约八百公里，为中、朝两国的界河。

杨玄感谋反

杨玄感趁隋炀帝攻打高丽时起兵谋反，隋炀帝派宇文述等人讨伐，杨玄感兵败身亡。

礼部尚书杨玄感[1]，是已故的楚公杨素的儿子。十分骁勇，善于骑射，喜好读书，喜欢结交宾客，海内知名的士人多与他来往。

杨素依恃自己有功，就骄傲轻慢，朝见宴会的时候，经常有失臣子的礼节。炀帝心中很是不满，但没有说出来，杨素自己也觉察到了。

等到杨素去世，炀帝对身旁的近臣说："如果杨素不死，最终也得被诛灭九族。"

杨玄感知道这些，而且自认为家中几代都是显贵，在朝的文武大臣，又有很多是他父亲以前的部下，看到朝政日益混乱，炀帝对他又很猜忌，心中很是不安，于是和几个弟弟暗地谋划叛乱。

大业九年（公元613年），隋炀帝出征高丽，让杨玄感在黎阳监督水运。杨玄感故意停留，拖延水运，不按时进发，想让渡过辽河的各路军队缺乏粮草。炀帝派遣使者催他，杨玄感声称水路中有很多盗贼，不能按时运送。

当时，右骁卫大将军来护儿率领水军，准备从东莱入海，进军平壤。杨玄感派家奴伪装成从东方来的使者，假称来护儿谋反。

六月初三，杨玄感进入黎阳，关闭城门，大肆招集男丁，用帆布做头盔铠甲，部署官员，都按照隋文帝的旧制。向附近各郡发送文书，以讨伐来护儿为名，命令各郡发兵在黎阳仓汇合。

杨玄感在运送粮草的民夫中，挑选出身强力壮的五千多人，丹阳、宣城的船夫三千多人，宰杀三牲，与大家盟誓，对他们说："主上无道，不顾念百姓，使天下骚扰，死在辽东的人数以万计，现在与你们起兵拯救百姓，怎么样？"大家都高呼万岁。

杨玄感与蒲山公李密[2]交情很好。准备谋反的时候，就偷偷派家童到长安，把李密召到黎阳，让他做自己的首要谋士。李密为杨玄感策划了三条计谋，杨玄感单单看中了李密的下策，也就是袭取东都，他说："你的下策，正是我的上策啊！"

杨玄感进军攻打东都，到了七月中旬，还没有攻下来。这时，前来讨伐的右候卫将军屈突通已到达河阳，右翊卫大将军宇文述紧随其后。有人给杨玄感出主意，让他放弃洛阳，进入关中。

华阴杨家的族人请求作向导。二十日，杨玄感解除对东都的包围，率领军队向西进逼潼关，宣称：“我已经攻破东都，现在要去攻取关西！”宇文述等各路军队跟随在后面。

杨玄感路过弘农宫，百姓挡在路上劝说杨玄感：“弘农的宫城空虚，又有很多积蓄的粮食，很容易就能攻下。”杨玄感认为很对。

弘农太守蔡王杨智积对手下的官员说：“听说杨玄感的大军即将抵达，想要向西夺取关中，如果他成功了，就很难攻克他了。应当用计谋牵制住他，让他无法前进，不出十天，就可以把他抓获。”

杨玄感的大军抵达城下，杨智积登上城墙大骂。杨玄感十分恼怒，于是就停止进军，留下攻城。

李密劝谏说：“您现在假称西进，兵贵神速，何况追兵即将抵达，怎么能停留呢？要是前进不能占据潼关，退后又无地可守，大家逃散，要怎么保全自己？”

杨玄感不听，率领大军进攻，放火焚烧弘农城门。杨智积从城里放更大的火，杨玄感的士兵不能进城。过了三天仍然没有攻下城池，于是杨玄感率领军队西进。

到达阌乡，宇文述、卫文升、来护儿、屈突通等各路军队在皇天原追上他。杨玄感率领军队登上槃豆，布下阵势，绵延五十里，一边交战一边进军，杨玄感一天里败了好几次。

八月初一，杨玄感在皇天原布阵，各路大军一起进攻，杨玄感大败，带领十几名骑兵逃往上洛。追赶的骑兵追上了杨玄感，杨玄感呵斥他们，追兵都转身退去。

到达葭芦戍，杨玄感和他的弟弟杨积善步行，知道自己不能幸免，就对杨积善说：“我不能忍受别人的侮辱，你可以杀了我！”杨积善抽出佩刀杀死杨玄感，然后自杀，没有死掉，被追兵擒获，与杨玄感的首级被一起押送到炀帝所在的地方。

相关链接

〔1〕杨玄感：？－公元613年，弘农华阴（今陕西华阴东）人，司徒杨素之子，官至柱国、礼部尚书。

〔2〕李密：公元582年－619年，字法主，京兆长安（今陕西西安）人，祖籍辽东襄平（今辽宁辽阳南），隋末农民起义中瓦岗军重要领袖之一。

瓦岗寨起义

隋朝末年，各地起义不断，盗贼出身的翟让骁勇善战，于是李密游说他，准备和他共举大事。

韦城人翟让[1]是东都的法曹，因为获罪当被斩首。狱吏黄君汉惊奇于他的骁勇，夜里偷偷地对翟让说："翟法司，天时人事，也许是可以预料的，怎么能在监狱里等死？"

翟让惊喜地说："翟让是关在圈里的猪，生死只听黄曹主的命令。"

黄君汉立刻给翟让打开枷锁，放他出来，翟让拜了两拜，说："我蒙受您的再生之恩，得以幸免，黄曹主您怎么办呢？"说完哭泣流泪。

黄君汉生气地说："本来以为你是个大丈夫，可以挽救百姓性命，才冒死放你出来，你怎么学小儿女的样子流泪感激呢？你自己努力逃脱吧，不要为我担心！"于是翟让逃到瓦岗[2]作盗贼。他的同郡人单雄信，骁勇矫健，擅长骑马用槊，招集年轻人前往投奔。

离狐人徐世勣家在卫南，十七岁，勇敢又有谋略，他劝说翟让："东郡对您与我来说都是乡里，很多人都认识，侵犯抢掠他们不太合适。荥阳、梁郡，汴水从那儿流过，我们抢掠行船，掠夺商旅，足以自给。"

翟让同意了，于是率领众人进入荥阳、梁郡的边境，抢掠公私船只，资用充足，归附的人越来越多，达到了一万多人。

当时聚众起义的人很多，蒲山公李密跟随杨玄感谋反失败，从雍州逃亡后，往来于各义军首领之间，向他们游说夺取天下的谋略。

○ 品画鉴宝

黄釉武士俑（隋） 此俑姿态充满力量，铠甲极富质感，给人以咄咄逼人之势。

程咬金

开始时大家都不相信，时间长了，逐渐有点相信，对彼此说：“这个人是公卿子弟，有这样的志气，现在人们都说杨氏将要灭亡，李氏将要兴起，我听说能做王的人不会死，这个人多次被救，难道是这个人吗？”于是渐渐敬重李密。

李密观察各首领，只有翟让势力最强，于是由人引见，见到翟让，为翟让出谋划策，去游说那些力量小的盗贼，都归附了翟让。翟让很高兴，逐渐亲近李密，与他一起商议大事。

相关链接

〔1〕翟让：？—公元617年，东郡韦城县（今河南滑县南）人，和李密同为隋末农民起义中瓦岗军重要领袖。

〔2〕瓦岗：在今河南滑县瓦岗寨乡。

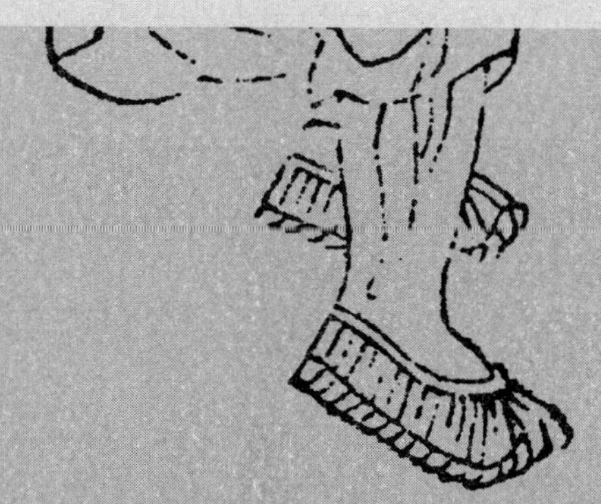

李密退敌称公

在李密的劝说下，翟让起兵反隋，他们打开兴洛仓赈济百姓，并打败了前来讨伐的官军，于是李密称魏公，各路起义首领都前来响应。

隋义宁元年（公元617年）二月，李密游说翟让，说："现在东都空虚，士兵平时又不操练，越王杨侗[1]年幼，留守的各官员政令不一致，士人百姓离心。段达、元文都两人，愚蠢没有谋略，按我的料想，他们不是将军的对手。将军如果能用我的计策，只要挥一挥军旗，天下就可以平定。"

于是翟让派遣党羽裴叔方去侦察东都的虚实，留守东都的官员察觉到了，准备防卫，并派人骑马去江都[2]奏报。

李密对翟让说："事情已经如此，不能不行动。兵法上说，'先发者制人，后发者制于人'。现在百姓饥饿，洛口粮仓里有很多积蓄的粮食，离东都只有几百里，将军如果亲自率领大军，轻装行军，前去偷袭，他们因为路程遥远，无法援救，事先又没有防备，夺取洛口粮仓，就像从地上捡东西一样容易。

"等他们得到消息，我们已经获得粮仓，然后发放粮食赈济穷困的百姓，远近之人谁不归附我们？百万大军，一个早晨就能召集起来。倚靠威名，养精蓄锐，以逸待劳，即使东都派军队前来，我们也有防备。

"然后，我们发布檄文号召四方，招集贤才豪杰询问计策，挑选骁勇强悍的，让他率领军队，消灭隋朝，发布将军的政令，岂不是一件壮举？"

翟让说："这是英雄的谋略，不是我能担当的。我只唯命是从，尽我的力量做事，请您先出发，我来殿后。"

初九，李密、翟让率领精兵七千人从阳城北边出发，越过方山，从罗口袭击兴洛仓，攻克，打开粮仓，随便百姓搬取。老人、虚弱的人还有抱着小孩的妇女，前来领粮食的人络绎不绝。

杨侗派遣虎贲郎将刘长恭、光禄少卿房崱，率领步兵、骑兵两万五千人讨伐李密。当时东都的人都以为李密是因为饥饿而抢米的盗贼，只是乌合之众，容易攻破，所以争着来应募。国子等三馆的学士以及贵族、皇亲都来从军，器械严整，衣服华美，旌旗钲鼓十分齐全。

刘长恭等人率领军队充当前锋，让河南讨捕大使裴仁基等人的军队从汜水进入兴洛仓，掩袭李密军队的后部，约定十一日在兴洛仓城南面会合。李密、翟让详细得知了他们的计谋。

东都的官军先到，士兵们还没吃早饭，刘长恭等人就催促他们渡过洛水，在石子河西边布阵，军阵从南到北有十几里长。

李密、翟让挑选骁勇强壮的士兵，分成十队，命令四队埋伏在横岭下等待裴仁基，其余六队在石子河东岸布阵。刘长恭等看到李密的兵力少，很轻视他们。

翟让首先率领士兵交战，不利；李密率领的部队从侧面进攻，隋兵因饥饿疲惫，大败。刘长恭等脱掉战袍，偷偷逃走，得以幸免，逃回东都，隋军士兵死伤的十有五六。杨侗赦免了刘长恭等人的罪过，慰问安抚他们。

李密、翟让把隋军的辎重、兵器、器械、铠甲全部缴获，威名大振。于是翟让推举李密为主，上尊号为魏公。十九日，设立坛场，李密即魏公位，称元年，大赦。李密拜翟让为上柱国、司徒、东郡公，其余的人也封官拜爵，各有等次。

于是赵、魏以南，江、淮以北，各地群盗莫不响应，都来归附李密。李密给他们全部封官授爵，让他们各自统领本部人马，设置百营簿来总管他们。前来归降的人络绎不绝，如流水一般，李密的部众达几十万人。

相关链接

〔1〕杨侗：公元604年—619年，隋炀帝的孙子，封越王，隋炀帝死后，曾被拥立为皇帝，在位不足一年。

〔2〕江都：位于今江苏省江都市一带。

李世民劝父起兵

李世民才识过人，有安定天下的大志，他看到隋朝江山日趋末落，隋炀帝残暴荒淫，就劝其父唐公李渊起兵反隋。

唐公李渊[1]的二儿子李世民[2]，聪明、勇敢、果断，见识胆量过人，看到隋室混乱，暗中有安定天下的志向。李世民礼贤下士，散布钱财，结交宾客，得到他们的欢心。

晋阳宫监裴寂、晋阳令刘文静，两个人住在一起，看见城上的烽火，裴寂叹息着说："贫贱如此，又赶上乱世，怎么才能保全自己呢？"

刘文静笑着说："时事可以了解，我们二人相互信任，何必忧虑贫贱？"

刘文静看到李世民，认为他很不一般，就与李世民结交。刘文静对裴寂说："李世民不是普通人，豁达如汉高祖刘邦，神武如魏武帝曹操，虽然年少，却是不世出的人才。"裴寂最初并没有认同。

刘文静因为与李密联姻而获罪，囚禁在太原监狱。李世民去探望他，刘文静说："天下大乱，没有汉高祖、汉光武帝那样的贤才是不能安定的。"

李世民说："怎么知道没有？只是人们分辨不出来。我来探望你，不是出于小儿女的情谊，是想与你商议大事。你有什么计策吗？"

刘文静说："现在皇帝在南方巡游江淮，李密围逼东都，各路盗贼数以万计。在这个时候，如果有真命天子驾御这些人，夺取天下易如反掌。

"太原百姓为了躲避盗贼都搬进城里，我做过几年县令，知道其中的豪杰，一旦把他们集中起来，可得到十万人。你父亲率领的军队也有几万人，说一句话，谁敢不从！以这些兵力乘虚入关，号令天下，不出半年，帝王之业就可以完成。"

李世民笑着说："你的话正合我意。"于是他暗中部署宾客，李渊都不知道。李世民担心李渊不答应，犹豫了很久，不敢告诉李渊。

李渊和裴寂以前有交情，二人经常在一起宴饮交谈，有时候从早说到晚。刘文静想让裴寂去劝说，于是引见裴寂和李世民结交。

李世民自己拿出几百万钱，让龙山令高斌廉与裴寂赌博，稍稍输给他。裴寂大喜，从此每天都跟着世民游乐，感情日益亲近。李世民把自己的谋略告诉了裴寂，裴寂答应为他劝说李渊。

恰好突厥人侵犯马邑，李渊派高君雅率领军队与马邑太守王仁

○品画鉴宝
执刀石俑（隋） 此俑圆雕而成，局部作阴文线刻。肉体与衣服有明显区别，显得更加自然真实。

恭一起抵抗。王仁恭、高君雅交战失利，李渊担心被一起治罪，十分忧虑。

李世民乘机屏退左右，劝说李渊："现在主上无道，百姓穷困，晋阳城外都是战场。大人想要守住小节，但下有寇盗，上有严刑，危亡没有几天了。不如顺应民心，兴起义兵，转祸为福，这是上天授予的机会。"

李渊大吃一惊，说："你怎么说这种话，我现在就把你抓起来向皇帝告发！"于是拿来纸笔，要写奏表。

世民慢慢地说："我观察天时人事是这样，才敢说话。如果一定要告发我，我不敢推辞，愿意受死！"

李渊说："我怎么忍心告发你。你要谨慎，不要乱说！"

第二天，李世民又劝说李渊："现在盗贼日益增多，遍布天下，大人接受诏令讨伐盗贼，能讨伐完吗？总之，最后还是免不了要获罪。

"而且世人都传言，说李氏当应验图谶，所以李金才本没有罪，却在一个早晨被灭族。大人如果能消灭盗贼，则功劳高也没有赏赐，而自己却更加危险。只有昨天的话，可以挽救灾祸，这是万全之策，希望大人不要迟疑。"

李渊叹息着说："我一夜都在考虑你的话，认为很有道理。今天家破人亡也由你，保家为国也由你！"

在这之前，裴寂私下用晋阳宫的宫女侍奉李渊。李渊去裴寂那里喝酒，喝到酣畅的时候，裴寂从容劝说："二公子暗地里养兵买马，想做大事，正是因为我私自让宫女侍奉您，担心事情败露，一起被诛杀，所以才定这条应急的计策。大家的意见已经协商好了，您意下如何？"

李渊说："我的儿子的确有此谋划，事已至

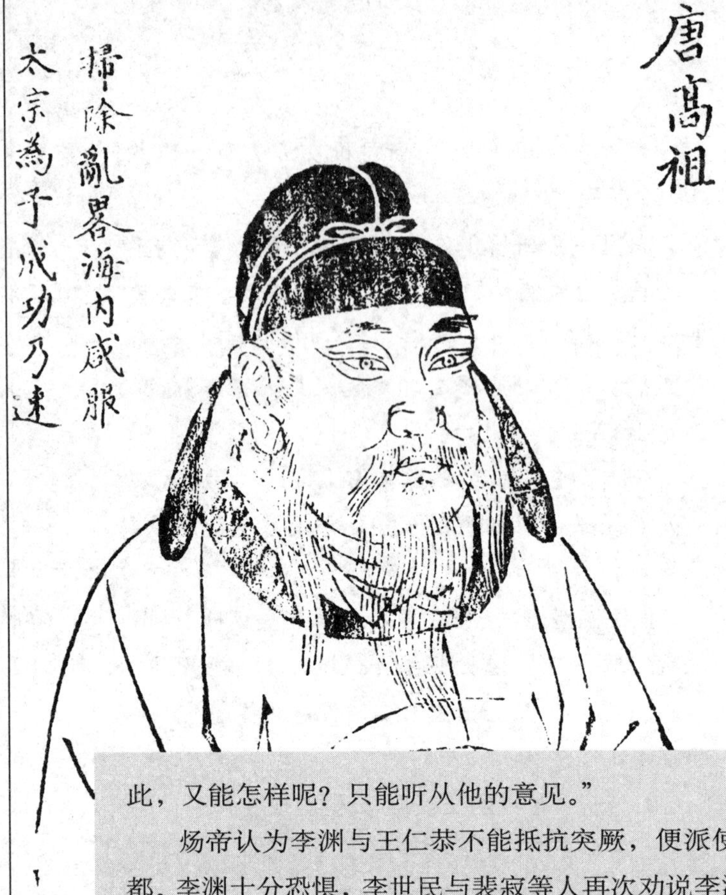

唐高祖

掃除亂畧海內咸服
太宗為子成功乃速

此，又能怎样呢？只能听从他的意见。”

炀帝认为李渊与王仁恭不能抵抗突厥，便派使者要把他们押到江都。李渊十分恐惧，李世民与裴寂等人再次劝说李渊：“现在主上昏庸，天下动乱，尽忠没有什么好处。本来是交战失利，却牵连到您，事情已经很紧迫了，应该早点定下大计。

“何况晋阳的军队兵强马壮，宫监积蓄巨万，依靠这些起兵，还怕不成功吗？代王年幼，关中豪杰纷纷起兵，不知道要归附谁，您若敲响战鼓，向西进军，安抚他们，使他们归附，就如探囊取物一样容易。为什么要受一个使者的监禁，坐等灭亡呢？”

李渊认为很有道理，便秘密布署军队，准备发动。恰好炀帝派出的使者骑驿马赶来，赦免李渊与王仁恭，让他们恢复原来的官职。李渊的计划也就先搁置了。

相关链接

〔1〕李渊：公元566年－635年，字叔德，陇西成纪（今甘肃秦安县北）人，母为隋文帝杨坚独孤皇后的姐姐，袭爵唐国公，于公元617年从太原起兵反隋，公元618年建立唐朝，定都长安，公元626年退位，庙号高祖。

〔2〕李世民：公元599年－649年，李渊次子，始封秦王，为唐朝第二位皇帝，庙号太宗，公元627年－649年在位，期间社会安定、经济繁荣、文化昌盛，被后人称为“贞观之治”，是我国历史上著名的治世。

刘文静等很多人也都劝李渊起兵，趁机夺取天下。经过一番犹豫和谋划，李渊正式起兵太原，反叛隋朝统治。

李渊任河东讨捕使的时候，请求让大理司直夏侯端作他的副手。夏侯端善于占卦，观察星象，以及给人相面。他对李渊说："现在玉床星摇动，帝座星不安，岁星在参宿的位置，一定有真命天子在这里兴起。不是您还有谁呢？主上猜忌残暴，特别猜忌各李姓家族，李金才已经死了，您不想变通，一定会成为李金才第二。"

李渊心里很是赞同。等到他留守晋阳，鹰扬府司马许世绪劝说李渊："图谶上有您的姓氏，歌谣里有您的名字，您掌握五郡的军队，身处的地方可以四面用兵。举兵起事，就可以成就帝业；安坐不动，则很快就会灭亡。希望您考虑！"

行军司铠武士彟、前太子左勋卫唐宪、唐宪的弟弟唐俭，都劝说李渊举兵。唐俭说："您在北面招抚戎狄，南面收罗豪杰，以此取得天下，这是商汤、周武的壮举。"

李渊说："商汤、周武不是我敢比的，为私要保全自己，为公要拯救动乱，你姑且自己注意，我会考虑。"当时李建成[1]、李元吉[2]还在河东，所以李渊迟迟没有发动。

刘文静对裴寂说："先发者制人，后发者制于人，为什么不早点劝唐公起兵，反而推迟拖延？何况你是宫监，却用宫人侍奉宾客，你死了也就算了，为什么要耽误唐公呢？"裴寂十分恐惧，屡次催李渊起兵。于是李渊让刘文静伪造敕书，征发太原、西河、雁门、马邑等地二十岁以上、五十岁以下的人，全部当兵，规定年底在涿郡集合，进攻高丽。因此人心惶惶，想造反的人越来越多。

等到反叛隋朝的刘武周占据汾阳宫，李世民对李渊说："大人受诏留守，盗贼却占据了离宫，如果不早点定下大计，灾祸就要降临了。"

于是李渊召集将领幕僚，对他们说："刘武周占据了汾阳宫，我们不能制伏，罪当灭族，怎么办？"副留守王威、高君雅等人都很害怕，再三叩拜，请求计策。

李渊说："朝廷用兵，发动、停止都要禀报，服从调度。现在盗贼在几百里之内，江都在三千里之外，道路险阻，还被别的盗贼占据。如

果依靠据城固守和不能变通的军队，抵挡狡猾且气势汹汹的敌人，一定无法保全。我们进退维谷，该怎么办呢？”王威等人都说：“您既是宗室亲戚，又是贤德的大臣，与国家休戚相关，如果等着奏报，哪里来得及？关键是要平定盗贼，自己专断也可以。”李渊装作不得已只好听从的样子，说：“这样就要先征集兵力。”

李渊命令李世民与刘文静、长孙顺德、刘弘基等人各自招募兵马。远近的百姓奔赴聚集，十天之内就有了近万人。李渊秘密派人去河东召李建成、李元吉，去长安召柴绍。

王威、高君雅看到兵众聚集，怀疑李渊图谋不轨，对武士彟说：“长孙顺德、刘弘基二人都是逃避征役的三侍，罪该处死，怎么能率领士兵？”于是便想收捕长孙顺德与刘弘基。

武士彟说：“这两个人都是唐公的宾客，如果这样做，一定会引起大乱。”王威等人只好作罢。留守司兵田德平想劝王威等人调查招募人的情况，武士彟说：“讨贼之兵，都属于唐公，王威、高君雅只是寄身在唐公这里，他们能怎么样呢？”田德平也作罢了。

晋阳乡长刘世龙秘密报告李渊：“王威、高君雅想趁您在晋祠祈雨，做不利于您的事情。”

五月十四日夜，李渊让李世民率领士兵，埋伏在晋阳宫城外面。十五日清晨，李渊与王威、高君雅坐在一起处理公事，刘文静带着开阳府司马刘政会进来，站在庭院里，声称有密状。李渊看看王威等人，示意他们拿过状纸，刘政会不给他们，说：“告发的是副留守的事情，只有唐公能看。”

李渊装作吃惊地说：“怎么会有这样的事？”看了状子，说：“王威、高君雅私下勾引突厥人入侵。”

高君雅捋起袖子大骂，说：“这是谋反的人想杀我。”

当时，李世民已布置军队堵住街道，刘文静和刘弘基、长孙顺德等人一起逮捕了王威、高君雅，把他们关进监狱。李渊正式起兵，反叛隋朝。

相关链接

〔1〕李建成：公元589年—626年，小字毗沙门，李渊长子，始封为太子，与李元吉皆死于玄武门之变。

〔2〕李元吉：公元603年—626年，小字三胡，李渊第四子。

唐太宗（公元599年－649年）

帝王世系表

唐高祖·李渊
唐太宗·李世民
唐高宗·李治
唐中宗·李显
唐睿宗·李旦
圣神皇帝·武曌
唐中宗·李显
唐睿宗·李旦
唐玄宗·李隆基
唐肃宗·李亨
唐代宗·李豫
唐德宗·李适
唐顺宗·李诵
唐宪宗·李纯
唐穆宗·李恒
唐敬宗·李湛
唐文宗·李昂
唐武宗·李炎
唐宣宗·李忱
唐懿宗·李漼
唐僖宗·李儇
唐昭宗·李晔
唐哀帝·李柷

唐纪

公元618年－907年

公元618年，李渊建立唐朝，以长安（今陕西西安）为都，后来又将洛阳设为东都。公元7世纪时，唐朝达到其鼎盛状态，疆域东至朝鲜半岛，西达中亚咸海，南到越南顺化一带，北包贝加尔湖。公元690年，武则天改国号“唐”为“周”，迁都洛阳，史称武周，公元705年，唐中宗恢复大唐国号。安史之乱以后，唐朝日渐衰落，至公元907年梁王朱温篡位灭亡，共延续了二百八十九年，传了二十一位皇帝，其中包括中国历史上著名的女皇帝武则天。

此外，唐朝在政治、经济、文化、外交等方面也有着十分辉煌的成就，是当时世界上最强大的国家之一，对当时东亚邻国的政治体制和文化有很大的影响。天文学家僧一行在世界上首次测量了子午线的长度，药王孙思邈著就了《千金方》。出现了世界上最早的雕版印刷《金刚经》。中国的造纸、纺织等技术通过阿拉伯地区远传到西亚、欧洲。同时，唐朝有着令人瞩目的文学成就，著名诗人层出不穷，陈子昂和“初唐四杰”，盛唐时期的李白、杜甫、岑参、王维，中唐时期的白居易、韩愈、李贺，晚唐时期的李商隐、杜牧，都是其中的代表。在军事方面，唐朝取得了中原王朝对大漠部落军事上的巨大胜利。在经济方面，到了唐玄宗时期，唐朝经济已经远远超越了同时期的拜占庭以及阿拉伯地区。

大事年表

- 公元 618 年／江都兵变，炀帝被杀。李渊称帝，建立唐朝，是为唐高祖。
- 公元 626 年／玄武门之变，唐太宗即位。
- 公元 630 年／唐灭东突厥。各族君长尊称唐太宗为“天可汗”。
- 公元 641 年／唐文成公主和吐蕃松赞干布结婚。
- 公元 645 年／玄奘去天竺学佛取经回来，带回佛经六百五十七部。
- 公元 649 年／唐太宗去世，高宗李治继位。
- 公元 690 年／武则天称帝，改国号为周。
- 公元 734 年／李林甫与裴耀卿、张九龄同任宰相。
- 公元 755 年／安禄山发动叛乱，南下攻陷洛阳。
- 公元 756 年／马嵬坡兵变。唐肃宗即位。
- 公元 757 年／唐军与回纥军收复长安、洛阳。
- 公元 762 年／唐代大诗人李白逝世。
- 公元 763 年／安史之乱结束。
- 公元 777 年／藩镇割据局面形成。
- 公元 780 年／宰相杨炎推行两税法。
- 公元 835 年／甘露之变。
- 公元 880 年／黄巢进长安，建立大齐政权。

隋炀帝不顾中原兵乱，依然巡幸江都，在那里过着更加荒淫的生活，他的部下也开始反叛，以宇文化及为首的一伙人把他绞死了。

隋炀帝不顾中原乱兵四起，巡幸江都，已经过了一年多。炀帝在江都，更加荒淫无道，宫里有一百多间房，每间的摆设都极度奢侈，里面住着美女，每天让其中之一做主人。

江都郡丞赵元楷负责供应酒食，炀帝与萧后以及宠幸的美女到处宴饮，酒杯不离口，随从的一千多美女也经常喝醉。

但是炀帝看到天下危乱，也经常忧虑不安，退朝后戴着幅巾，穿着短衣，拄杖步行，走遍宫里的台馆，不到天黑都不停止，唯恐看不够这满眼景色。

炀帝自己会占卜相面，喜欢说吴地的方言，经常夜里喝酒，抬头观望天象，对萧后说："外面有很多人图谋不轨，但我仍然不失为长城县公陈叔宝，你也不失为沈后。姑且一起饮酒作乐吧！"然后倒满酒杯，喝到烂醉。

炀帝又曾经自己照着镜子，回头对萧后说："大好头颅，该由谁来砍呢？"

萧后吃惊地追问原因，炀帝笑着说："贵贱苦乐，循环更迭，又有什么可伤心的？"

唐武德元年（公元618年），炀帝见中原已经混乱不堪，不想再回北方，想把国都迁到丹阳，据守江东。

当时江都的粮食吃完了，跟随炀帝来的骁果[1]大多是关中人，长期在外地，思念故乡，见炀帝不想回去，很多人都谋划叛逃回乡。

虎贲郎将司马德戡一向深得炀帝的信任，炀帝派他率领骁果，驻扎在东城。司马德戡与平时交好的虎贲郎将元礼、直阁裴虔通谋划，担心骁果们逃跑，他们也要获罪，打算一起逃跑，于是相互联络，公开商量叛逃的事情，没有顾忌。

有一个宫女告诉萧后："外面人人都想反叛。"

萧后说："你去奏报吧。"

宫女去报告炀帝，炀帝大怒，认为这不是宫女该说的话，就把她杀了。后来又有宫女告诉萧后，萧后说："天下的形势已经到这个地步，无可挽救了，何必再说呢？说了也只是让皇上白白地忧虑！”从此再也没有人进言了。

少监宇文智及也参与谋划，给他们出主意，认为逃跑也难逃一死，还不如趁机造反，于是推宇文智及的哥哥、右屯卫将军宇文化及[2]为首领，商量定了，才告诉宇文化及。

宇文化及生性驽钝怯懦，听说后，脸色大变，汗流满面，但最后还是听从了。

三月初十，司马德戡召集全体骁果官兵，把计划告诉他们，大家都说："唯将军之命是从！"

当天，大风刮得天昏地暗。司马德戡等人串通城门守卫，各城门都不上锁。三更时分，司马德戡在东城集合了几万人，点起火堆与城外呼应。炀帝看到火光，又听到外面的喧闹声，询问发生了什么事情。

当时正在值班的裴虔通回答说："草坊失火，外面的人正在扑救。"当时宫城内外隔绝，炀帝相信了他的话。

十一日凌晨，司马德戡等人率领士兵从玄武门入宫。炀帝听说发生了变乱，迅速换好衣服逃到西阁。

裴虔通和元礼让士兵撞开左阁门，魏氏开了门，于是进了永巷，问："陛下在哪里？"

一个美人出来，告诉了他们。校尉令狐行达拔出刀，直接冲了进去。炀帝躲在窗户后面对令狐行达说："你想杀我吗？"

令狐行达回答说："臣不敢，只想侍奉陛下西还长安而已。"于是扶炀帝下阁。

裴虔通以前是炀帝做晋王时的亲信，炀帝看见他，对他说："你不是我的老部下吗？有什么仇恨，让你要谋反？"

裴虔通说："臣不敢谋反，但将士想回乡，想尊奉陛下回京师而已。"

炀帝说："朕正准备回去，只是因为长江上游的粮船还没有到，既然这样，今天就和你们回去！"裴虔通于是布置士兵，看守炀帝。

等到天亮，鹰扬郎将孟秉派武装骑兵迎接宇文化及。宇文化及全身发抖，说不出话来，有来参见的人，他只会低着头靠在马鞍上说罪过。宇文化及到达城门，司马德戡迎接他进入朝堂，称他为丞相。

裴虔通对炀帝说："百官都在朝堂，陛下应当亲自出去慰劳。"送上自己随从的坐骑，逼炀帝上马。炀帝嫌马鞍笼头破旧，换了新的才骑上去。

裴虔通牵着缰绳，提着刀，走出宫门。叛乱的士兵欢呼，声音震天动地。宇文化及扬言说："何必让这家伙出来，赶快拉回去结果了。"

炀帝问："虞世基在哪？"虞世基是内史侍郎。

乱党马文举说："已经斩首了。"

于是他们将炀帝带回寝殿，裴虔通、司马德戡等人拔出刀站在旁边。炀帝叹着气说："我有什么罪过，沦落到这个地步？"

马文举说："陛下抛弃宗庙，不停地巡游，对外频频征伐，在内荒淫无度，使壮丁都死于刀兵，妇女抛尸野外，百姓困顿，盗贼四起，只任用奸佞阿谀的小人，掩饰过错，拒绝纳谏，怎么说没有罪过？"

炀帝说："我的确辜负了百姓，至于你们这些人，享尽荣华富贵，为什么还这样？今天的事情，谁是首领？"

司马德戡说："普天同怨，何止一人！"

宇文化及又派封德彝列数炀帝的罪过。炀帝说："你是士人，怎么也这样做？"封德彝羞愧脸红，退了下去。

炀帝喜爱的儿子赵王杨杲，当时十二岁，在炀帝身边不停地啼哭。裴虔通杀了他，血溅到炀帝的衣服上。

他们又要杀了炀帝，炀帝说："天子有天子的死法，怎能动刀？拿毒酒来！"

马文举等不答应，让令狐行达按着炀帝坐下。炀帝自己解下练巾交给令狐行达，令狐行达绞死了他。

萧后和宫女撤下漆床板，做成小棺材，把炀帝和杨杲收敛在西院流珠堂。

当初，炀帝早已料到会遇难，经常用罂装着毒酒带在身边，对宠幸的美人说："如果贼人来了，你们先喝，然后我喝。"等到发生变乱，四下索要毒酒的时候，左右侍从都逃散了，竟然不能如愿。

相关链接

〔1〕骁果：骁勇果毅之意，隋炀帝所建立的新军的名字。隋炀帝南下江都时，骁果负责随行禁卫。

〔2〕宇文化及：？—公元619年，代郡武川（今内蒙古武川西）人，鲜卑族，隋朝将领宇文述的儿子。

李密降唐反唐

李密被王世充打败后，先是投靠李渊，后又背叛了他，在与唐朝军队的战斗中兵败被杀。

武德元年（公元618年），魏公李密打败了宇文化及，于是全力进攻东都洛阳。隋炀帝死后，越王杨侗被东都留守拥立为帝。郑国公王世充[1]发动政变，清除政敌，掌握东都大权。

李密虽然打败宇文化及，但也损失了许多兵马，士兵们也很疲劳。但他因东都军队屡次打败仗，而且内部自相残杀，认为可以很快平定。王世充专权后，重赏将士，修缮器械，也暗中打算谋取李密。

李密有些轻视王世充，没有修筑壁垒。王世充夜里派遣二百多名骑兵偷偷进入北邙山[2]，埋伏在山谷里，命令士兵们喂饱马。

九月十二日清晨，将要出战，王世充与大家盟誓："今天出战，不只是争胜负，是死是生，也在此一举。如果胜了，富贵自然不用说。如果败了，没有一个人能幸免。我们为活下去而战斗，不只是为了国家，各位请努力！"

天色微亮，王世充率领士兵逼近李密。李密出兵应战，还没来得及布好军阵，王世充已进军攻击。王世充的士兵都是长江、淮河一带的人，剽悍骁勇，出入军阵像飞一样。

王世充事先找了一个面貌与李密很像的人，捆住他藏起来。战斗激烈的时候，王世充让人拉着那人从阵前走过，大声叫喊："已经擒获李密！"士兵们都高呼万岁。

王世充命令埋伏的骑兵出击，从高处冲下来，直奔李密的军营，放火烧毁了营舍。李密的军队溃败，将领张童仁、陈智略都向王世充投降，李密与一万多士兵逃奔洛口。

守卫洛口仓的长史邴元真反叛李密。李密准备进入洛口城时，邴元真已经秘密派人去招王世充的军队了。李密知道但没有声张，他与大家策划，等王世充军队渡洛水，渡到一半时再进攻。

王世充的军队抵达洛水，李密的侦察骑兵没能及时发现，等到想要出战的时候，王世充的军队已经全部渡过洛水了。李密估计自己不能抵挡，于是率领手下的骑兵逃奔虎牢。邴元真献出洛口城，向王世充投降。

李密无路可走，准备自杀向大家谢罪。手下大将王伯当抱着李密号啕大哭，昏了过去，大家都伤心哭泣。

李密又说："幸得各位不抛弃我，我们一定一起返回关中。我虽然没有功劳，但各位一定能保住富贵。"

李密最后带两万人入关，到长安后，有关部门对他们的待遇很差，部下士兵接连几天没饭吃，大家都很抱怨。

李密原以为李渊会让他担任要职，结果只让他担任光禄卿、上柱国，赐爵邢国公，没有实权。朝中大臣多数看不起他，有些掌权的人还来索取贿赂，李密心里很不平衡。

李密向李渊献计，要求派自己去崤山以东，收降王世充军中自己的旧部。李渊同意了，还派王伯当作他的副手，一起去收降。

十二月下旬，李渊让李密分出一半兵马留在华州，率领另一半军队出关。长史张宝德担心李密在行军途中逃走，自己被牵连获罪，于是秘密上奏，说李密一定会叛变。

结果李渊改变了心意，又担心李密受到惊动，就颁下敕书犒劳，让李密留下军队慢慢前进，自己单独骑马入朝，接受新的调度。

李密抵达稠桑，接到敕书，知道朝中的谮言起了作用，李渊已产生猜疑，于是打算攻下桃林，起兵反叛。同行的贾闰甫反对，认为应按朝廷命令行事，表示自己没有异心，李密不听。

王伯当也劝阻李密，认为不能起事，李密不听。王伯当就说："义士的志向，不因为存亡而改变。您一定不听，伯当可以与您一同死，只是恐怕到头来也没有什么用处。"

李密决定起兵，于是抓住使者，把他杀了。三十日清晨，李密骗桃林县官：“我奉皇上诏命，暂且返回京城，请让家人寄居在县舍。”

李密挑选几十名骁勇的士兵，穿上女人的衣服，戴上面罩，把刀藏在裙子下面，假称是自己的妻妾，亲自带着他们进入县舍。没过多久，这些士兵换了装束突然冲出来，乘机占据县城。

李密攻下桃林后，劫持百姓，驱赶着他们，径直奔向南山，凭借险要地势向东进发。他还派人骑马告诉以前的将领伊州刺史张善相，让他派兵接应。

右翊卫将军史万宝镇守熊州，对行军总管盛彦师说：“李密是骁勇的叛贼，又有王伯当辅助，现在决定反叛，几乎不可抵挡。”

盛彦师笑着说：“请用几千人拦截，一定能斩得李密的人头。”

史万宝问：“你有什么办法？”

盛彦师说：“兵法讲究‘诈’，不能告诉你。”

盛彦师立刻率领士兵，翻过熊耳山，据守主要道路，让弓弩手埋伏在路两旁的高处，拿着刀盾的士兵埋伏在溪谷里，命令他们：“等到叛贼一半过河，就同时出击。”

有人问他：“听说李密想去洛州，而您却进山，为什么？”

盛彦师说：“李密扬言要去洛州，其实是想出人意料，逃到襄城，投奔张善相。如果叛贼进了谷口，我们从后面追击，山路狭窄险峻，无法施展力量。他们只要派一个人殿后，我们就制伏不了。现在我们先入谷，一定能擒获他们。”

李密已经过了陕州，认为剩下的都不值得忧虑，于是率领军队慢慢前进，果然翻过熊耳山，从山的南面出来。盛彦师攻击他们，李密部队首尾被切断，不能相互援救。盛彦师斩杀了李密和王伯当，把首级传送到了长安。

相关链接

〔1〕王世充：？—公元621年，字行满，本姓支，原为西域人，因其母改嫁仪同霸城人王粲，故冒姓王。

〔2〕北邙山：即邙山，又写作北芒，在今河南洛阳东北。顾祖禹《读史方舆纪要·河南府》：“山连偃师、巩、孟津三县，绵亘四百余里，古陵寝多在其上……”

李世民平薛仁杲

公元618年，秦王李世民攻打自称秦帝的薛仁杲，占领了他的城池并将他在长安街市斩首。

武德元年（公元618年），唐高祖李渊任命秦王李世民为元帅，攻打薛仁杲。十一月，李世民率军抵达高墌。

当初，薛举自称秦帝，薛仁杲为太子，和大多数的将领有矛盾。薛举去世，薛仁杲即皇帝位，众人心里疑忌不安，王国的势力也从此逐渐衰落。

薛仁杲派宗罗睺率领士兵抵挡李世民，宗罗睺几次挑战，李世民都坚守营垒，不肯出兵接战。

众将领都请求出战，李世民说："我军此前刚打了败仗，士气沮丧，敌人乘着胜利骄傲自满，轻视我们，我们应当紧闭营门等待。他们骄傲，我们奋发，可以只打一仗，就攻克他们。"

于是下令军中："敢请战的人斩首!"

相持了六十多天，薛仁杲的粮草用尽，将领梁胡郎等人率领部下投降。李世民得知薛仁杲的将士人心离散，便命令行军总管梁实在浅水原〔1〕扎营，引诱敌军。

宗罗睺大喜，出动全部精锐兵力进攻梁实。梁实遏守险要，不出兵交战。营地里没有水源，士兵与军马好几天都没有水喝。

宗罗睺的攻击非常猛烈，李世民估计敌军已经疲惫，就告诉各将领："可以进攻了！"

天色微亮，李世民命令右武候大将军庞玉在浅水原布阵。宗罗睺集中兵力进攻庞玉，庞玉几乎不能抵挡，李世民率领大军出人意料地从浅水原北边冲过来，宗罗睺率领军队迎战。

李世民率领几十名骁勇的骑兵率先冲进敌阵，唐军内外奋力攻击，呼声震天动地，宗罗睺的军队溃败，唐军斩杀敌人几千名。

李世民率领两千多骑兵追击宗罗睺，窦轨拉住马劝谏："薛仁杲还占据坚固的城池，虽然打败了宗罗睺，但还是不能轻易进攻，请求暂且按兵不动，观察一会儿。"

李世民说："我已经考虑很久了，现在势如破竹，不能失去机会，舅舅不要再说了！"于是进攻。

薛仁杲在城下布阵，李世民沿着泾河〔2〕扎营，与他面对。薛仁杲

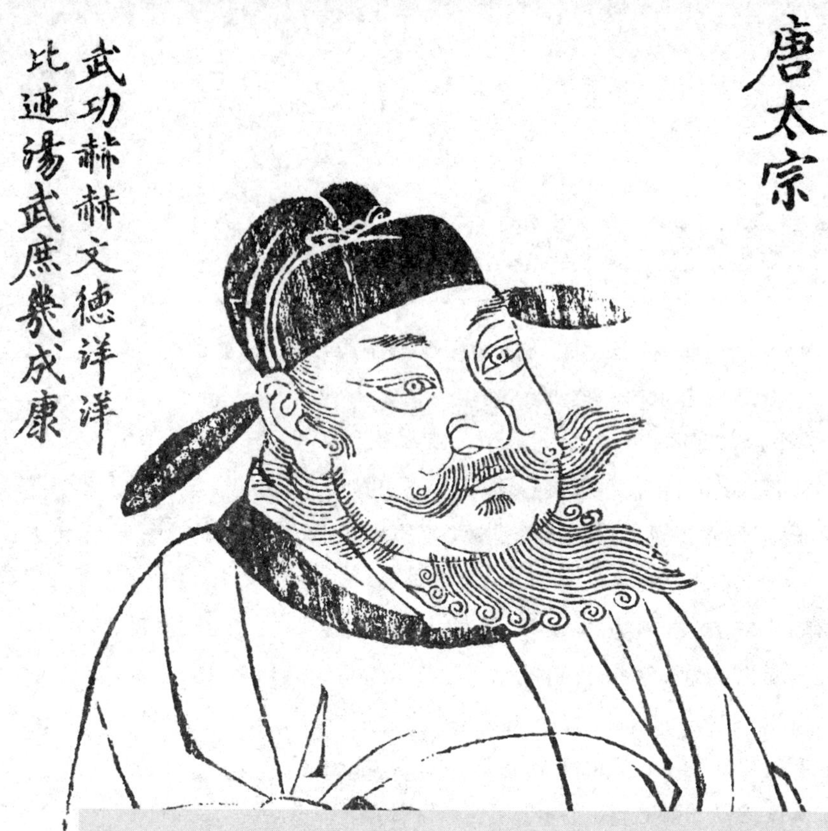

手下的骁将浑幹等人到唐军阵前投降。薛仁杲惧怕，率领士兵进城拒守。天快黑的时候，唐大军相继抵达，包围了城池。

半夜，守城的士兵争着攀下城墙投降。薛仁杲没有办法，初八，出城投降。李世民得到薛仁杲精兵一万多人，百姓五万人。

众将领都来祝贺，问："大王打了一仗取得胜利，突然舍弃步兵，又没有攻城的器具，只是率骑兵直接攻到城下。大家都认为无法攻克，没想到很快夺取了城池，为什么？"

李世民说："宗罗睺的部下都是陇西人，将领士兵都很剽悍。我只是出其不意地打败他们，斩杀俘获并不多，如果停下攻势，他们都会退入城里。薛仁杲安抚以后，再次出战，就不容易攻克了。现在迅速追击，他们都会逃回陇西，城中虚弱，薛仁杲吓破了胆，没有时间谋划，所以被我攻克。"

大家听了都心悦诚服。李世民回到长安后，在街市将薛仁杲斩首。

相关链接

〔1〕浅水原：今属陕西长武。

〔2〕泾河：发源于六盘山马尾巴梁，在陕西高陵汇入渭河，是六盘山脉中最大的一条河。

公元621年，李世民率兵攻打洛阳，俘虏了王世充以及前来助敌的夏王窦建德等人，洛阳平定。

唐武德四年（公元621年）二月，秦王李世民讨伐郑王王世充，进攻洛阳。李世民包围了洛阳宫城，城中守卫严密，李世民从四面进攻，昼夜不停，过了十多天还没有攻下。

三十日，王世充的郑州司兵沈悦派人到唐左武候大将军李世勣处请降。唐左卫将军王君廓连夜带兵偷袭虎牢，沈悦作内应，最终攻取了虎牢。

三月，夏王窦建德[1]发兵援救洛阳，王世充的弟弟、徐州行台王世辩派手下将领郭士衡，率领几千士兵与窦会合，共十几万人，号称三十万，在成皋东边的平地上扎营，与王世充互通消息。

李世民手下很多人都认为应该暂避锋芒，退到潼关，郭孝恪和记室薛收则主张据武牢之险，一举打败郑、夏二国。李世民采用后者的意见，急行军进入武牢。王世充在城墙上望见唐军行动，但摸不透对方意图，竟没敢出击。

二十六日，李世民率领五百名骁勇的骑兵，出武牢城，到城东二十多里的地方，侦察窦建德的营地。沿路分别留下随行的骑兵，让李世勣、程咬金、秦叔宝分别率领士兵，埋伏在路边，只剩下四名骑兵，与他一起前往。

李世民对尉迟敬德[2]说："我拿着弓箭，你拿着长枪跟随，就是有一百万人，又能拿我们怎么样？"又说："敌人看见我们就撤回，是上策。"

到了离窦建德营地三里的地方，遇上窦建德的巡逻兵，巡逻兵以为他们是侦察兵。李世民大喊："我是秦王。"说着拉弓射箭，射死对方一名将领。

窦建德军大吃一惊，派出五六千名骑兵追击，跟随李世民的人都变了脸色。李世民说："你们只管在前面，我与敬德殿后。"

于是勒住缰绳慢慢地走，追兵快要追上的时候，就拉弓射箭，总能射死一个人。追兵害怕，于是停止追击，过了一会儿，又继续追赶，反复了好几次，每次追上来就一定有被杀的。李世民先后射杀几个人，尉迟敬德杀死十几个人，追兵不敢再逼近。

李世民故意徘徊，又稍微后退，引诱追兵到埋伏圈里，李世勣等奋

○ 品画鉴宝　仪卫图（唐）

力出击，大败敌军，斩首三百多人，擒获了窦建德的将领殷秋、石瓒，唐军返回武牢。

窦建德在武牢受阻，无法前进，留在原地驻扎了一个多月，打了几仗都没能取胜，将士们都想回去。凌敬劝窦建德渡过黄河，避免相持，从其他方向对唐施压。但窦建德因为王世充不断告急，将领们又希望决战，所以最终没能采纳。

唐军的间谍报告说："窦建德探听到唐军草料用尽，在黄河以北牧马，准备袭击武牢。"

五月初一，李世民向北渡过黄河，从南面逼进广武，侦察敌军的形势，乘机留下一千多匹马，在黄河边放牧，以引诱窦建德。傍晚，返回武牢。

初二，窦建德果然带领全部兵力抵达，从板渚出发，兵出牛口布阵，北边倚着黄河，西边接近汜水，南面连接鹊山，横亘二十里，擂响战鼓进军。

唐军的将领都很害怕，李世民带着几名骑兵登上高丘观望，对众将领说："敌人从山东起兵，还没碰到过强敌。现在身处险境却如此喧嚣，是没有纪律。逼近城池布阵，是轻视我们。

"我们按兵不动，他们的锐气自然会衰竭。布阵时间一长，士兵饥饿，势必会自动撤退。那时我们再追击，一定可以取胜。我与你们约定，过了正午，一定可以打败他们！"

窦建德轻视唐军，派了三百名骑兵渡过汜水，在离唐军军营一里远的地方停下。他派使者告诉李世民："请挑选几百名精兵与我们耍耍。"

李世民派王君廓带领二百名长枪手应战，两方交战，有进有退，不分胜负，各自返回。

王琬骑着隋炀帝的青骢马，铠甲、兵器都很新鲜，站在阵前向大家夸耀。李世民说："他骑的真是一匹好马！"

尉迟敬德请求前去夺取，李世民阻止说："怎么能为了一匹马，而损失一名猛士？"

尉迟敬德不听，与高甑生、梁建方三人骑马径直冲进敌阵，擒获王琬，牵着他的马奔回，没有人敢阻拦。李世民让他招回黄河北岸的牧马，等他回来后一齐出战。

窦建德布好军阵，从早晨到中午，士兵饥饿疲惫，都坐了下来，又争水喝，前后徘徊，想要撤退。

李世民命令宇文士及带领三百名骑兵，从窦建德军阵的西边向南奔驰，并告诫他："敌人如果不动，你就带兵返回。如果有所举动，你就领兵向东进发。"

宇文士及到了窦建德军阵前，敌阵果然有所行动，李世民说："可以进攻了！"这时，尉迟敬德带着黄河滩上的牧马也已到了，于是下令出战。李世民率领骑兵先出发，大军紧随其后，向东涉过汜水，径直冲向敌阵。

窦建德的群臣正在朝谒，唐军骑兵突然抵达，群臣都聚拢到窦建德身边。窦建德急召骑兵抵挡，因为朝臣阻挡，骑兵过不去，窦建德挥手命令朝臣退下。进退之间，唐军已经冲到阵前，窦建德十分窘迫，撤退到东面的山坡。窦抗带兵进攻，战斗稍稍失利。

李世民率领骑兵赶去支援，所向披靡。淮阳王李道玄挺身冲入敌阵，径直冲到敌阵后方，又重新冲入军阵，进出好几次，射在身上的箭就像刺猬身上的刺一样，而勇气一点也未衰减，每次射敌人，敌人都应弦而倒。李世民把自己备用的战马给他，让他跟随在自己身边。

接着，各支军队大战，飞起的尘土遮住了天空。李世民率领史大奈、程咬金、秦叔宝、宇文歆等人卷起旗帜，冲进敌阵，从阵后冲出，再打开唐军旗帜。窦建德的士兵回头看见唐军军旗，立刻溃败，唐军追击逃兵追了三十里，斩首三千多人。

窦建德被长枪刺中，逃到牛口渚躲了起来。唐车骑将军白士让、杨武威追击他，窦建德掉下马来，白士让拿起长枪想刺，窦建德说："别杀我，我是夏王，能让你们富贵。"

杨武威下马捉住了窦建德，用备用马匹驮着他，去见李世民。

李世民斥责窦建德，说：“我们讨伐王世充，干你何事？为什么你要越过自己的领土，进犯我军？”

窦建德说：“如今我若不自己来，只怕还要麻烦你远道攻取。”

窦建德的将士都溃败逃走，唐军俘虏了五万人。李世民当天就释放了俘虏，让他们返回家乡。

王世充的将领王德仁放弃洛阳老城逃跑，副将赵季卿献出城池投降唐军。李世民押着窦建德、王琬、长孙安世、郭士衡等人到洛阳城下，让王世充看。王世充与窦建德一边说话，一边哭泣，李世民让长孙安世等人进城，说明失败的情况。

王世充召集将领们商议突围，准备向南投奔襄阳，将领们都说：“我们依赖的是夏王窦建德，现在夏王已经被俘，就算突围，最后也不能成功。”

初九，王世充穿着白衣服，带领太子、群臣等两千多人到军营门前投降。李世民按礼节接待他们，王世充伏在地上，汗流浃背。

李世民说：“你总是把我当成小孩，现在见了小孩，为什么如此恭敬？”

王世充叩头谢罪。李世民分出部分军队，先进入洛阳，分别把守市场，禁止侵犯抢掠，没有一个人敢违犯。

李世民把王世充的重要党羽，在洛水边斩首。李世勣与王世充手下将领单雄信情同手足，曾发誓生死与共。李世勣就向李世民请求，说单雄信骁勇无比，希望以自己所有的官爵来赎单雄信，李世民不准。李世勣再三请求，仍然不能说动李世民，只好痛哭着退下。

单雄信对他说：“我就知道你不会履行以前的誓言。”

李世勣说：“我不是舍不得余生，不肯和兄长一起死，只是我既然已经把自己交给国家，忠义就不能两全。况且我要是死了，还有谁来照顾兄长的妻儿子女呢？”

李世勣在大腿上割下一片肉，让单雄信吃了，说：“我让这片肉随着兄长化为尘土，算是不负当年的誓言吧。”

相关链接

〔1〕窦建德：公元573年－621年，贝州漳南（今河北故城东北）人，隋唐交替之际河北起义军领袖，称夏王。

〔2〕尉迟敬德：公元585年－658年，名恭，字敬德，朔州鄯阳（今山西朔县）人，族出羌人尉迟部，唐朝著名大将，凌烟阁二十四功臣之一，中国传统两位门神之一，另一个是秦琼。

刘黑闼造反

刘黑闼是窦建德的老部下。窦建德覆亡后，他在别人拥立下起兵作乱，战败投降突厥后又卷土重来，最终兵败身亡。

唐武德四年（公元621年）七月，原夏王窦建德的将领高雅贤、王小胡等人，因为害怕朝廷追究，所以谋划造反。

他们占卜的结果，姓刘的人为首领吉利，于是一同到漳南县，去见窦建德过去的将领刘雅，把计划告诉了他。

刘雅说："天下刚刚安定，我打算终老乡下，不想再起兵。"众人很不高兴，又怕他泄露阴谋，于是将刘雅杀了。

窦建德的汉东公刘黑闼[1]，这时在漳南隐居，这些将领就去拜见他，把起兵的计划告诉他，刘黑闼欣然从命。当时刘黑闼正在种菜，当即宰杀耕牛，和他们边吃边商定大计，聚集了一百来人。

十九日，刘黑闼等人起兵，袭击并占领了漳南县。随后攻城略寨，又得到窦建德旧部的响应，势力发展很快。

十一月十九日，刘黑闼攻下定州[2]，俘虏了定州总管李玄通，刘黑闼爱惜他的才能，想任命他为大将，李玄通不答应。

军中有李玄通的老部下，给他送来酒肉，李玄通说："各位可怜我被幽禁，拿酒肉来安慰我，我应当与你们一醉方休。"

酒喝得酣畅，李玄通对看守的卫士说："我能舞剑，希望借我一把刀。"

看守给了他一把刀，李玄通舞完后叹息着说："大丈夫蒙受国家厚恩，镇抚一方，不能保全镇守的领地，还有什么脸面活在世上？"于是举刀自杀，剖开肚子而死。唐高祖李渊听说后，为他痛哭流涕。

十二月初三，刘黑闼攻陷冀州，然后率领几万人马进逼宗城。当时唐黎州总管李世勣驻扎在宗城，闻讯放弃宗城，退保洺州。

十二日，刘黑闼追击李世勣，打败唐军，杀死步兵五千人，李世勣只身逃脱，洺州当地豪强翻过城墙响应刘黑闼，刘黑闼随即进入洺州州城。

此后十天，刘黑闼率军攻陷相州，捉住州刺史房晃。又往南攻取黎、卫二州。刘黑闼起兵半年，恢复了当年窦建德的全部领地。

武德五年（公元622年）正月，刘黑闼自称汉东王，在洺州定都。刘黑闼的政治法律，全效仿窦建德，但刘黑闼作战勇猛果断，远远超过窦建德。

当月，唐幽州总管李艺，率领部下的几万军队，与秦王李世民会合，一起讨伐刘黑闼。

三月，李世民和李艺在洺水以南扎营，另外还分出军队驻扎在洺水北岸，与刘黑闼对峙。

两军相持不下，李世民推测刘黑闼的粮草已经用尽，一定会来决战，于是命人在洺水上游修筑堤坝，对看守堤坝的官吏说："等我与敌军交战的时候，就决堤放水。"

二十六日，刘黑闼率领步兵、骑兵两万人，向南渡过洺水，逼近唐军军营布阵。李世民亲自率领精锐骑兵进攻刘黑闼的骑兵，大败敌军，乘胜驰马冲击刘黑闼的步兵。

刘黑闼带领军队殊死决战，从中午到黄昏，交战了好几个回合，刘黑闼的士兵快要支撑不住了。

王小胡对刘黑闼说："我们的谋略、力量都已耗尽，应该早点逃走。"于是王小胡与刘黑闼先行逃跑，其余的士兵不知道，仍然继续战斗。

唐军看守堤坝的官吏决开堤坝，洺水冲进战场，有一丈多深。刘黑闼的军队溃败，被斩首一万多人，淹死的有几千人。刘黑闼与范愿等二百人骑马逃奔突厥，唐军平定了整个山东。

六月，刘黑闼带着突厥军队入侵定州，他的旧部又召集兵马响应。朝廷任命淮阳王李道玄为河北道行军总管，讨伐刘黑闼。

九月，刘黑闼攻陷瀛州，杀死刺史马匡武。盐州人马君德占据州城，叛归刘黑闼。

十月，李渊下诏，任命李元吉为领军大将军、并州大总管，让他在崤山以东讨伐刘黑闼。

十七日，淮阳王李道玄与刘黑闼在下博交锋，唐军失败，李道玄被刘黑闼杀死。当时李道玄率领三万兵力，与副将史万宝没有协调好，李道玄率领骑兵率先冲进敌阵，让史万宝率领大军紧随。

史万宝却按兵不动，对他的亲信说："我奉皇帝敕令，因为淮阳王是个小孩子，所以军事都委托给老夫。现在淮阳王轻举妄动，如果与他一起进攻，一定会一起败亡，不如用淮阳王作饵，引诱敌人。淮阳王失败，敌人一定争着前进，我摆下坚阵等候，一定能攻破敌人！"

故此，李道玄孤军深入敌阵，战败覆亡。史万宝率领军队准备作战，但士兵都丧失斗志，于是唐军溃败，史万宝逃回京城。

李道玄多次跟随李世民出征，死的时候才十九岁。李世民十分痛惜，对周围的人说："道玄经常跟着我征伐，看见我深入敌阵，心里羡慕，想要效仿，以致于此。"并为他痛哭流涕。

十二月，刘黑闼攻打魏州，没能攻下，太子李建成、齐王李元吉率大军到昌乐，两军两次列阵对峙，但都没有交战。不久后刘黑闼军粮吃完，部众逃亡了很多，有的将自己的头领绑起来投降唐军。

刘黑闼担心城里的唐军出来，自己受夹击，于是连夜退逃。逃到馆陶，永济桥还没修好，不能过河。刘黑闼背水布阵，见桥搭好，立刻过桥逃走，结果他的部下迅速崩溃。唐军过桥追击，才过了一千多骑兵，桥就塌了，因此刘黑闼才得以与几百名骑兵逃走。

武德六年（公元623年），正月初五，刘黑闼任命的饶州刺史诸葛德威俘虏了刘黑闼，献出城池，投降唐军。

当时，太子李建成派遣骑兵将领刘弘基追击刘黑闼，刘黑闼被唐军追赶，不停地奔逃，不得休息。到达饶阳时，随行的只有一百多人，十分饥饿，疲惫不堪。

诸葛德威出城迎接刘黑闼，请他进城，刘黑闼不愿意。诸葛德威流着泪坚持请求，刘黑闼答应了，到城墙旁的市场休息。

诸葛德威给他送来食物，还没吃完，诸葛德威就带兵把他抓了起来，押送到李建成那里，连同他的弟弟刘十善在洺州被斩首。

刘黑闼临刑前感叹说："夏王败亡时，我有幸逃过，好好地在家里锄地种菜。谁知被高雅贤等人所误，落到了这般下场！"

相关链接

〔1〕刘黑闼：？—公元623年，贝州漳南（今河北故城）人，隋唐交替之际河北起义军领袖，曾在李密、窦建德等人麾下做事。

〔2〕定州：今河北省定州市一带。

辅公祏于江南作乱，自称皇帝，国号为宋。唐军前往讨伐，辅公祏溃败，江南得以平定。

吴王杜伏威与淮南道行台仆射辅公祏交情很好，辅公祏年纪大，杜伏威像对待兄长一样对待他，军中都称辅公祏为伯父，敬畏他如同敬畏杜伏威一样。

杜伏威逐渐猜忌辅公祏，于是任命自己的养子阚稜为左将军，王雄诞为右将军，暗中削夺了辅公祏的兵权。辅公祏知道以后，心里忿忿不平，就假装和他的老朋友左游仙学道，修炼辟谷术[1]，以掩饰自己。

武德五年（公元622年），杜伏威入朝，临走时留下辅公祏守卫丹杨，命令王雄诞掌管军队，作辅公祏的副手。杜伏威私下里对王雄诞说："我到了长安，如果没有失去职位，千万不要让公祏发动什么变乱。"

到了第二年，左游仙劝说辅公祏谋反，但是王雄诞掌握兵权，辅公祏无法发动，于是假称收到杜伏威的来信，怀疑王雄诞有二心。王雄诞听说后很不高兴，借口生病，不去处理公事，辅公祏因此夺取了王雄诞的兵权，让自己的党羽西门君仪告诉王雄诞谋反的计划。

王雄诞这才醒悟，后悔莫及，说："现在天下刚刚平定，吴王又在京师长安，大唐军队一到，所向披靡，为什么无缘无故地自取灭族呢？王雄诞只有一死而已，不能听从命令。现在跟随你做忤逆之事，不过延长一百天的性命而已，大丈夫怎能吝惜短暂的生命，而陷自己于不义呢？"辅公祏知道不能让他屈服，就勒死了他。

王雄诞善于安抚部下，能让士兵为他效命，而且纪律严明，每次攻破城邑，都秋毫无犯。他死的那天，江南军中将士与民间百姓都为他流泪哭泣。

辅公祏又假称杜伏威不能返回江南，送来书信命他起兵，于是大肆整修武器，运粮储备。过了不久，辅公祏在丹杨称帝，国号为宋，修复以前陈朝的宫殿居住，设置百官，任命左游仙为兵部尚书、东南道大使、越州总管。

高祖李渊下诏，命赵郡王李孝恭、岭南道大使李靖[2]等率军讨伐。李孝恭准备出发的时候，与将领们举行宴会，命人取水，取来时忽然变成了血，在座的人都大惊失色。

李孝恭神色不变，举止自如，说："这是辅公祏将要灭亡的征兆！"说完一饮而尽，大家由惊而喜，佩服得五体投地。

武德七年（公元624年），三月十六日，李孝恭在芜湖打败辅公祏，攻克梁山等三处据点，接着进攻丹杨。

在这之前，辅公祏派遣手下的将领冯慧亮、陈当世，率领三万水兵驻扎在博望山，陈正通、徐绍宗率领三万步兵、骑兵驻扎在青林山；又在梁山用锁链切断了江中的航道；还修筑了却月城，绵延十几里；又在长江西岸修筑营垒，以抵抗唐军。

李孝恭与李靖率领水军在舒州驻扎。李世勣率领一万步兵渡过淮河，攻取寿阳，驻扎在硖石。冯慧亮等人坚守壁垒，不出兵交战，李孝恭派出奇兵，切断敌人的运粮通道。冯慧亮等人的军队缺乏粮草，半夜，派出士兵逼近李孝恭的军营，李孝恭坚持不出战。

李孝恭召集众将领商议军事，大家都说："冯慧亮等人兵力强盛，占据了水陆险要，进攻他们不可能很快取胜。不如直接进军丹杨，趁他们没有防备，袭击他们的老巢。丹杨溃败后，冯慧亮等人自然就会投降！"

李孝恭准备采纳众将领的意见，李靖说："辅公祏的精锐部队虽然都在这水陆两支军队中，但是他自己统率的士兵也不少。现在博望的各营寨都攻不下来，辅公祏依据石头城自保，又哪里是容易攻克的？

"进军攻打丹杨，十天半个月是攻不下来的。冯慧亮等人跟在我们背后，我军腹背受敌，这是危险的计策。冯慧亮、陈正通都是身经百战的老将，不是他们不想出战，而是辅公祏定下的计策，让他们按兵不动，想以此拖垮我军而已。我们现在进攻他们的营垒，向他们挑战，可以一举攻破！"

此器有圆钮，以钮为中心置四株树木和四座山峦，山树周围饰四组狩猎纹，表现手法写实，场面生动。

李孝恭很是赞同，于是先派羸弱的士兵进攻敌人营垒，而调遣精锐部队摆开军阵，等待敌军。进攻营垒的部队失败撤退，敌军出兵追击，追了几里地，遇到唐军精锐，与之交战，大败唐军。

在这危急关头，阚稜摘下头盔，对敌军说："你们不认识我吗？胆敢前来与我交战？"敌军中有很多阚稜的旧部下，都失去了斗志，还有人向阚稜行礼，叛军因此溃败。

李孝恭、李靖乘胜追击败兵，转战一百多里，博山、青林两处的敌军溃败，冯慧亮、陈正通等人逃回丹杨，被唐军杀伤及淹死的敌军有一万多人。

李靖的部队先赶到丹杨，辅公祏十分惊慌，率领几万兵马，抛弃丹杨城向东逃跑，想到会稽投奔左游仙。李世勣在后面追击。

辅公祏到了句容，随从的军队能跟上他的只有五百人。晚上，在常州宿营时，他手下的将领吴骚等人谋划将他抓起来。辅公祏觉察到他们的阴谋，抛弃妻子儿女，单独一人带领几十名心腹，冲破关卡逃走。

辅公祏逃到武康，被乡民攻击，西门君仪战死。乡民们抓住了辅公祏，把他送到丹杨斩首示众。唐军又分头搜捕剩余的党羽，全部处斩，江南地区平定。

相关链接

〔1〕辟谷术：又称却谷、绝谷、休粮或绝粒等，即不食人间五谷杂粮，古代道家认为这是凡人修炼成神仙的途径之一。

〔2〕李靖：公元571年－649年，字药师，京兆三原（今陕西咸阳）人，唐朝著名的将领和军事家，凌烟阁二十四功臣之一。

李世民退突厥

突厥可汗颉利、突利率领大军南下侵犯，李世民答应了其和亲的请求，然后双方订立盟约而退之。

武德七年（公元624年）八月，突厥的颉利[1]、突利两位可汗率领全国兵马进犯，营帐连接，向南进军，唐高祖李渊派秦王李世民率领军队抵抗。

恰好关中地区下雨，下了很久都不停，粮食运输受阻，将士们因行军跋涉而疲惫不堪，兵器锈钝，器械残破，朝廷百官与军中将领都很担忧。

李世民在豳州[2]与突厥相遇，调度军队，准备交战。十二日，突厥可汗率领骑兵一万多人，突然奔到豳州城西面，在五陇阪布阵，唐军将士都很受震动，恐惧不已。

李世民对李元吉说："现在突厥进逼我军，我们不能向他们示弱，应当与他们决一死战，你能和我一起去吗？"

李元吉害怕地说："突厥军队的阵势这么强大，为什么要轻易出击？万一失利，后悔还来得及吗？"

李世民说："既然你不敢出战，我就独自前往，你留在这里观望吧。"李世民率领骑兵，疾驰到突厥阵前，对他们说："我国与可汗和亲，你们为什么违背盟约，深入到我国的领土来？我就是秦王，如果可汗能够战斗，就独自出来与我比试。如果可汗让大家一齐上，我就只用这一百名骑兵抵挡。"颉利猜不出李世民的用意，只是笑了一笑，没有回答。

李世民又向前推进，派遣骑兵告诉突利："以前你我订有盟约，约定有危难的时候互相援救。现在你却率领兵马进攻，哪里还有盟誓时的情谊？"突利也没有回答。

李世民又向前推进，准备渡过一条河沟。颉利看到李世民轻易出阵，又听到他说盟誓的话，怀疑突利与李世民有阴谋，于是派人阻止李世民，说："秦王不必渡过河沟，我没有别的意思，只想与秦王重申并加强盟约而

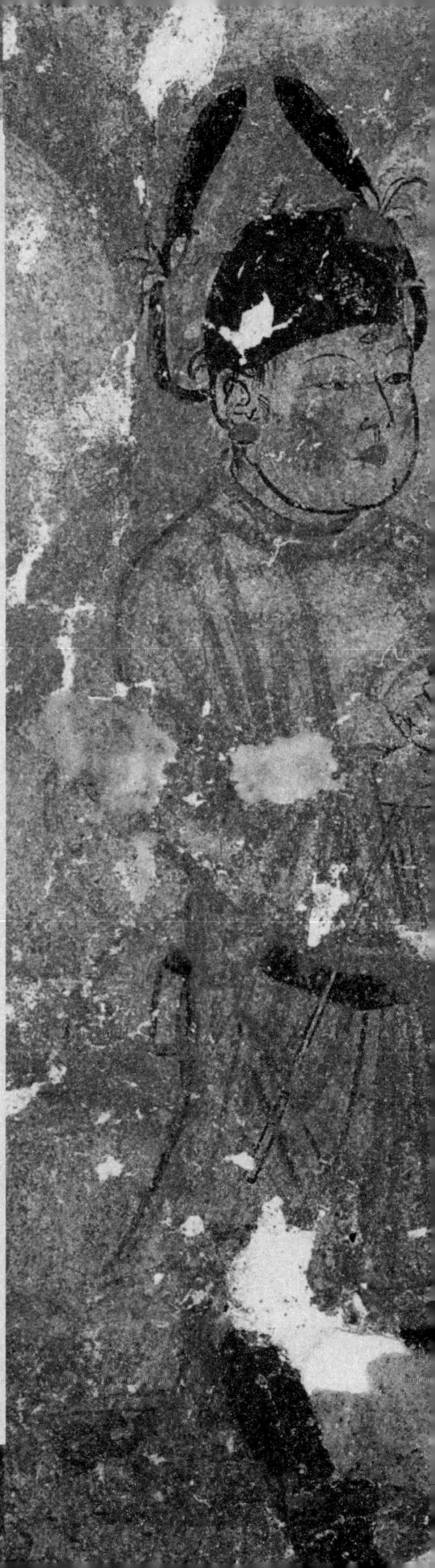

○ 品画鉴宝　男侍图（唐）

已。”于是，颉利率领兵马稍稍后退。

此后的日子里，大雨仍然下个不停，李世民对众将领说：“突厥兵倚仗的是弓箭，现在雨下个不停，弓上粘筋弦的胶溶化松弛，弓箭不能用了，他们就像飞鸟折断了翅膀一样。我们居住在房屋里，吃的熟食，兵器锐利，以逸待劳。不趁着这个机会，还要等到什么时候呢？”

于是在夜里偷偷出兵，冒雨前进，突厥军队大惊。李世民又派人向突利陈述利害关系，突利很高兴，听从了。颉利想要出战，突利不答应，颉利就派遣突利和他的堂叔、夹毕特勒阿史那思摩，前来拜见李世民，请求和亲，李世民答应了。

突利此后主动依托李世民，请求与李世民结拜为兄弟。李世民也以恩义安抚他，与他订下盟约，然后送他离去。

相关链接

〔1〕颉利：？－公元634年，突厥族，东突厥可汗，于公元620年继其兄处罗为颉利可汗，以后母（隋义成公主）为妻，一时军事力量比较强大，给唐朝统一带来了一定障碍。突利是颉利的侄子。

〔2〕豳州：古代地名，在今陕西彬县、旬邑一带。

玄武门之变

太子李建成、齐王李元吉忌妒李世民的功劳，想除掉他，李世民知道后先发制人，在玄武门布置兵力，趁上朝时杀掉了他们，历史上称这件事为“玄武门之变”。

唐武德九年（公元626年），天下已定，太子李建成、齐王李元吉妒忌秦王李世民的军功，嫌隙越来越深，与后宫的嫔妃一起，日夜在高祖李渊面前说李世民坏话，李元吉还劝李渊杀掉李世民。

秦王府中人人自危。李建成和李元吉更是想尽种种办法，或是治罪关押，或是任职外派，或是诬陷驱逐，把李世民身边的人弄走，以削弱他的力量。秦王府中，李世民的亲信所剩寥寥。

正好突厥入侵，李建成便推荐李元吉，让他代替李世民督率各军北伐。李元吉请求派李世民手下大将尉迟敬德、程咬金[1]等一起前往，还挑选秦王军中的精锐士兵，充实自己的军队。

李建成见李元吉得到李世民的将兵，便让他趁李世民为他饯行的时候，埋伏武士刺杀李世民。李世民得知后，便与长孙无忌、尉迟敬德、房玄龄、杜如晦等人商议，决定发动事变，诛杀李建成和李元吉。

六月初三，李世民呈上密奏，称李建成和李元吉与后宫嫔妃淫乱，还说：“我没有丝毫对不起哥哥与弟弟的地方，但现在他们却想杀我，像是要为王世充和窦建德报仇。我若含冤而死，永远离开君亲，魂魄回到地下，实在耻于见那些被我诛杀的贼人！”

李渊看了奏章，惊愕不已，回复说：“明天就调查这件事，你应该尽早入朝参见。”

初四，李世民率领长孙无忌等人入朝，在玄武门埋伏士兵。

张婕妤暗中得知了李世民上表的内容，急忙告诉李建成。李建成把李元吉叫来商量，李元吉说：“我们应当控制住东宫与齐王府的军队，借口生病，不去上朝，以观察形势。”

李建成说：“军队的防备已经很周密，我与你应当入朝参见，亲自询问消息。”于是二人一起入宫，走向玄武门。

当时，高祖已经召见裴寂、萧瑀、陈叔达等人，准备调查这件事。李建成与李元吉走到临湖殿的时候，察觉到情形不对，立刻调转马头，准备往东返回东宫和齐王府。

李世民从后面叫他们，李元吉拉开弓射李世民，拉了好几次都没有

○品画鉴宝　持笏给使图（唐）

把弓拉满。李世民射李建成，一箭就把他杀了。尉迟敬德带领骑兵七十人随即赶到，他身边的士兵把李元吉射下马来。

李世民的坐骑奔入树林，被树枝挂住，倒在地上起不来。李元吉随即赶到，夺过弓，准备把李世民勒死，尉迟敬德打马赶来，呵斥住他。李元吉想逃到武德殿，尉迟敬德追着射他，把他杀了。翊卫车骑将军冯立听说李建成死了，叹息说：“怎能活着的时候蒙受别人的恩惠，死了就逃避别人的灾难吗？”就与副护军薛万彻、屈咥直府左车骑谢叔方率领东宫和齐王府的精兵两千人，迅速赶往玄武门。

张公谨[2]力气很大，独自关闭城门，冯立等人无法入城。

云麾将军敬君弘掌管宿卫军，驻扎在玄武门，准备出战。亲近的人阻止道：“事态还不清楚，姑且观察形势变化，等卫兵集合，排好阵形再出战，也为时不晚。”敬君弘不听，与中郎将吕世衡大声呼喊着冲上去，全被杀死。

守卫玄武门的士兵与薛万彻等人奋力交战，双方打了很久。薛万彻擂鼓大喊，准备进攻秦王府，将士们都很恐惧。这时，尉迟敬德提着李建成和李元吉的首级给他们看，东宫和齐王府的兵力立刻溃散，薛万彻与骑兵几十人逃进终南山。

冯立杀了敬君弘，对手下的人说：“这也可以稍稍报答太子了。”于是，他脱下战袍，逃奔到野外。

高祖李渊正在海池划船，李世民让尉迟敬德入宫宿卫。尉迟敬德穿着铠甲，手握长矛，直接来到高祖所在的地方。

李渊大惊，问他："今天谁作乱？你到这里来干什么？"

尉迟敬德回答："秦王因为太子和齐王作乱，举兵诛杀了他们。唯恐惊动了陛下，所以派臣来宿卫。"

李渊对裴寂等人说："想不到今天竟然会发生这样的事，该怎么办呢？"

萧瑀和陈叔达说："建成与元吉本来就没有参与反隋的义举，对天下也没有功劳，还嫉妒秦王功高望重，一起策划阴谋。现在秦王已经声讨诛杀了他们，秦王功盖寰宇，天下归心。如果陛下能立他为太子，委托国家大事，就不会再有什么事情了。"

李渊说："好！这也正是我一直以来的心愿啊。"

当时，宿卫军、秦王府兵与东宫、齐王府的士兵还仍然在交锋，尉迟敬德请求李渊颁布亲笔敕书，命令各军都由秦王处置，李渊答应了。天策府司马宇文士及由东上阁门出来宣读敕令，大家听了，都安定下来。李渊又让黄门侍郎裴矩到东宫通报各将士，将士们都放下武器，各自逃散。

李渊传召见李世民，安抚他说："近日来，我差点听信别人的挑拨而怀疑你。"李世民跪下来，趴在高祖的胸前痛哭，哭了很久。

初七，李渊立李世民为皇太子，并下诏说："从今往后，军队和国家的事务，不论大小，全交给太子处置决断，然后再奏报给我。"

八月初八，李渊颁下诏书，将皇位传给太子李世民。李世民再三推辞，李渊不答应。第二天，李世民在东宫显德殿即位，是为唐太宗。

相关链接

〔1〕程咬金：公元589年－665年，字义贞，济州东阿（今山东东阿）人，唐朝大将，凌烟阁二十四功臣之一。

〔2〕张公谨：公元594年－632年，字弘慎，魏州繁水（今属河北）人，唐朝将领，凌烟阁二十四功臣之一。

唐太宗李世民

唐太宗李世民即位后，居安思危、励精图治，出现了社会安定、国家富强的大好局面，史称“贞观之治”。唐太宗是我国历代帝王在政治上的楷模之一。

唐太宗李世民即位为帝，改年号为贞观。太宗居安思危，励精图治，任用贤良，从谏如流，实行轻徭薄赋、疏缓刑罚的政策，终于促成了国家富强、社会安定、百姓安居乐业的升平景象，史称“贞观之治”。

太宗与群臣讨论消灭强盗，有人主张制订严刑峻法，太宗不以为然，认为百姓之所以作强盗，是因为赋役太重，官吏贪暴，以致于饥寒交迫，才铤而走险，所以应该减轻赋税和徭役，整顿吏治。如此过了几年，天下太平，路不拾遗，夜不闭户，客商行旅可以在野外露宿。

太宗曾对身边的大臣说：“君主依靠国家，国家依靠百姓。剥削百姓侍奉君主，就像割下身上的肉来充饥，吃饱了人也死了，君主富足而国家灭亡。所以君主的忧虑，不来自于外界，往往是在自身。欲望多则花费大，花费大则赋税繁重，赋税繁重则百姓忧愁，百姓忧愁则国家危殆，国家危殆则君主不保。朕经常考虑这些，所以不敢放纵欲望。”

太宗对大臣裴寂说：“最近很多提建议的奏章，朕都把它们贴在寝宫的墙上，进出的时候可以阅读，经常思考治国之道，有时到深夜才入睡。你们也应当恪尽职守，不要辜负朕的这番心意。”

太宗神采英武刚毅，群臣觐见的时候，都惊慌失措。太宗知道后，每次大臣奏事，他都神色温和，希望听到规劝诤谏。

太宗曾经对公卿说：“人想看见自己的样子，一定要借助明镜。君主想自己知道过失，一定要依靠忠臣。如果君主刚愎自用，自以为贤，大臣阿谀奉承，刻意迎合，君主就会失去国家，大臣又怎能独自保全？像虞世基等人，谄侍隋炀帝以求保住富贵，结果炀帝被杀，世基等人也都受诛。希望你们引以为戒，事情总有得失，不要吝啬，畅所欲言！”

贞观四年（公元630年），四方各民族首领都到宫殿前，请求给太宗上尊号，称“天可汗”。

太宗说：“我是大唐的天子，又要负责可汗的事务吗？”朝廷群臣及各民族首领一起高呼万岁。从此以后，太宗给西北各族首领的玺书中都自称“天可汗”。

贞观五年（公元631年），河内人李好德得了心病，胡乱说话，妖言惑众，太宗下诏审理此事。

大理丞张蕴古上奏说："好德生病有证据，依法不应治罪。"

治书侍御史权万纪弹劾说："张蕴古籍贯在相州，李好德的哥哥李厚德为相州刺史，张蕴古为了讨好李厚德，所以弄虚作假。"

太宗大怒，下令将张蕴古斩首，很快又后悔了，于是下诏说："从今以后凡是死罪，即使下令立即处决，也要三次复奏后才能执行。"

虽然在宗下令死刑犯被处决前，要经过三次复奏，但有关部门往往流于形式，在片刻之间完成三次复奏，于是当年十二月，他颁下制书，增加复奏次数。结果很多被冤枉或是判刑过重的人，因此而免于死罪。

第二年年底，太宗亲自审核监狱囚犯，见到应该处死的人，心生怜悯，就放他们回家，但是约好到秋天就回来受死。并且下令，把全国的死刑犯都放回家，让他们到期赶往京师。

又过了一年，当初放回家的死刑犯，全国共有三百九十人，在没有人监督管理的情况下，都自己按期来朝堂上报到，没有一个人逃亡。太宗把他们都赦免了。

太宗对执政的官员说："朕常常担心因为个人喜怒而妄行赏罚，所以希望你们诤谏。你们也应接受别人的劝谏，不能因为自己的要求，而讨厌别人违背自己的意思。如果自己不能接受劝谏，又怎么能劝谏别人？"

太宗问魏征[1]："群臣上书，很多都说得有道理，可以采纳；等到召见他们，当面询问的时候，都语无伦次，为什么？"

魏征回答说："我观察各部门的上奏，经常思

○品画鉴宝

唐太宗评字图（清）任颐/绘　图绘唐太宗命虞世南、褚遂良等大臣审定王羲之书法的故事。作者自出心裁，所绘人物须眉毕现，几近活人。

考好几天，等到了陛下面前，三分说不出一分。何况进谏的人担心触怒陛下，陛下如果不和颜悦色，进谏的人怎么敢畅所欲言呢？”

从此，太宗在接见大臣的时候，言辞神色更加温和。他曾经说：“隋炀帝多猜忌，临朝的时候很少和群臣说话。朕不这样，与群臣亲近得像一个人一样。”

太宗曾经问身边的大臣：“创业与守成哪个更难？”

房玄龄[2]说：“建国之初，我们与群雄一起举义，以实力相竞争，然后使之臣服，创业难啊！”

魏征说：“自古以来的帝王，都是从艰难中夺取天下，在安逸中失去天下，守成更难！”

太宗说：“玄龄与我共同夺取天下，出生入死，所以知道开创大业的艰难。魏征与我共同安定天下，经常担心因为富贵而生出骄傲奢侈，因为轻忽而生出灾祸变乱，所以知道守成的艰难。然而创业的艰难，已经过去了；守成的艰难，正应当与各位慎重面对。”

玄龄等人叩拜，说：“陛下这样说，是天下百姓的福气！”

太宗善于驾驭臣下，让他们为自己效力。李世勣曾经得急病，药方说“胡须烧的灰可以治疗”。太宗亲自剪下自己的胡须，为他配药。

李世勣磕头陈谢，直到流血，太宗说：“这是为了社稷，不是为你，有什么可谢的？”

李世勣曾经侍奉太宗饮宴，太宗从容地对他说：“朕在群臣中想找可以托孤的人，没有人能比得上你。当年你曾经不辜负李密，又怎么会辜负朕？”李世勣流泪辞谢，咬破指头流血发誓，因此喝醉，太宗脱下身上的衣服，盖在他身上。

太宗立晋王李治为太子后，曾经对身边的大臣说：“朕自从立李治为太子，遇到事情就趁机教诲，看到他吃饭，就说，‘你知道耕种的艰难，才能经常吃上饭。’看到他骑马，就说，‘你知道马的劳逸，不要耗尽它的力量，就能经常骑它。’看见他坐船，就说，‘水能载舟，亦能覆舟。百姓就像水，君主就如舟。’看到他在树下休息，就说：‘木头经过墨线矫正则直，君主接受劝谏才能圣明。”

太宗曾临幸未央宫，卫士已经走过去，忽然在路边草丛里看见一个人带着刀，就质问他，那人回答说：“我听见卫士经过，害怕不敢出来，卫士没有看见我，我就趴着没敢动。”

太宗带他回宫，对太子说：“这件事执行起来，得有几名卫士被处死，你从后面立刻送他出去。”

太宗坐轿，有卫士无意碰到太宗的衣服，十分害怕，脸色都变了，太宗说：“这里没有御史弹劾你，我不会给你加罪的。”

太宗死前，写成《帝范》十二篇，赐给太子，对他说：“修身治国的道理，都在这里面了。有一天我死了，除了这些文字，就再也不能告诉你什么了。”

太宗还告诉太子，要以古代的圣哲先王为师，取法乎上，才能得其中。太宗认为自己即位以来，不应该的事做了很多，如锦绣珠玉之类的享受不能免除，还不停地兴建宫室，平时喜好打猎，罗致鹰犬骏马，又巡游四方，使各地惮于供给，这些都不值得效仿。

相关链接

〔1〕魏征：公元580年－643年，字玄成，巨鹿下曲阳（今河北晋县）人，官至宰相，历史上有名的谏臣，名列凌烟阁。

〔2〕房玄龄：公元579年－648年，名乔，字玄龄，齐州临淄（今山东淄博东北）人，官至宰相，善于出谋划策，名列凌烟阁。

魏征为社稷百姓考虑事情，敢于直言进谏，唐太宗也从谏如流，魏征死后，他悲痛地说自己失去了一面能明白得失的镜子。

唐高祖时，魏征任太子洗马[1]，经常劝李建成趁早除去李世民。等到李建成失败被杀，李世民召见魏征，说："你为什么离间我们兄弟呢？"

大家都为他担心恐惧，魏征却从容地回答说："如果太子早听我的话，一定不会有今天的下场。"

李世民一向器重他的才能，这时就改变态度，以礼相待，让他担任詹事主簿，后来又任命为谏议大夫。

李世民即位以后，励精图治，多次让魏征进入卧室，询问政治得失。魏征知无不言，太宗均高兴地采纳。不久以后，将魏征任命为右丞。

贞观元年（公元627年），有人告发右丞魏征偏袒他的亲戚，太宗派御史大夫温彦博审察，没有证据。温彦博对太宗说："魏征办事毫无掩饰，不避嫌疑，虽然没有私心，也有应当责备的地方。"

太宗让温彦博责备魏征，并且说："以后要注意自己的行为。"

有一天，魏征入宫觐见，对太宗说："我听说君主与臣下就像一个整体，应当彼此真心诚意。如果上下都对自己的行为加以掩饰，那么国家的兴亡就不知道了，我不敢遵奉诏令。"

太宗霍然醒悟，说："我已经后悔了。"

魏征拜了两拜，说："我有幸侍奉陛下，希望陛下让我做良臣，不要让我做忠臣。"

太宗问："忠臣、良臣有什么区别？"

魏征回答说："稷、契、皋陶，君臣齐心协力，共享尊贵荣耀，这是所谓的良臣。龙逄、比干，朝廷上当面诤谏，身死国亡，这就是所谓的忠臣。"

太宗十分高兴，赏赐他丝绢五百匹。

魏征貌不惊人，但很有胆识谋略，常常冒犯龙颜坚持劝谏。有时候碰上太宗很生气，也面不改色，太宗也往往因此稍为缓和。

他曾经告假回去祭扫祖先坟墓，回来后对太宗说："人们都说陛下要临幸南山，外面都准备好了，您最后却没去，为什么？"

太宗笑着说："起初确实有这个想法，害怕你责怪，于是终止了。"

太宗曾得到一只鹞鹰，非常喜欢，把它放在手臂上玩。远远看见魏征过来，就急忙将鹰藏在怀里。魏征向他奏事，说个没完，鹞鹰最后竟闷死在了太宗怀里。

贞观六年（公元632年），文武百官请求封禅[2]，太宗也想听从，唯独魏征认为不可。

太宗说："你不想让朕去封禅，认为朕的功劳不够高吗？"

魏征回答："够高了！"

问："德行不够厚吗？"

答："很厚了！"

问："大唐还没安定吗？"

答："安定了！"

问："四方的夷族还没归服吗？"

答："归服了。"

问："年成还不丰吗？"

答："够丰了！"

问："符瑞没有出现吗？"

答："出现了！"

问："那么为什么不可以封禅？"

答："陛下虽然拥有这六个条件，但自从隋朝灭亡，天下大乱之后，户口没有恢复，粮仓还很空虚，而陛下的车驾东巡，随从如云，路上的供给耗费，不是很容易承担的。

"而且陛下封禅，各国君主都要随从。现在从伊水、洛水东到泰山、大海，人烟稀少，满眼都是草莽，这是引戎狄进入我们的腹地，向他们展示我们的虚弱。何况即便赏赐无数，也不能满足这些人的欲望。

"封禅一次，就算免除几年徭役，也不能补偿老百姓的劳苦。崇尚虚名而实际损害，陛下怎么能实行呢？"当时恰好黄河南北几个州县发大水，这事就被搁置下来。

贞观十三年（公元639年），魏征见太宗逐渐倦殆松懈，上疏说："陛下的治国大业，比起贞观初年，不能善始善终的共有十条。"

其中有一条："因为最近几年轻易地动用民力，就说：'百姓没有事情就会变得骄逸，劳役使他们容易差遣。'这恐怕不是振兴国家的

话。自古以来，国家没有因百姓安逸而败亡，因百姓劳苦而安定的。”

太宗十分赞赏，感慨地说：“已经把你的奏折挂在屏风上，早晚阅读，并抄下来交给史官了。”并赏赐魏征黄金十斤，御厩中的马两匹。

太宗对身边的大臣说：“我虽然平定天下，但要守住却很艰难。”

魏征回答说：“我听说取胜容易，守成最难。陛下能说这样的话，是宗庙社稷之福呀！”

太宗问身边侍奉的大臣：“自古以来，有时候君主昏乱而臣下清明，有时候君主清明而臣下昏乱，二者哪个更过分？”

魏征回答说：“君主清明则善恶赏罚得当，臣贼又如何作乱？如果放纵暴虐、刚愎自用，即使有良臣，又有什么用？”

太宗说：“齐文宣帝得到杨遵彦，难道不是君主混乱而臣子清明吗？”

魏征回答说：“他也只能拯救危亡罢了，哪里谈得上天下大治理呢？”

贞观十七年（公元643年），正月，郑文贞公魏征卧病不起，太宗派遣使者去问候，赐给他药饵，来看望的人络绎不绝。又派中郎将李安俨住在魏征家里，一有动静立刻报告。太宗又和太子一起去他的府第，指着衡山公主，想把她嫁给魏征的儿子魏叔玉。

十七日，魏征去世，太宗命九品以上文武百官都去奔丧，赐给仪仗和鼓吹，陪葬在昭陵。

魏征的妻子说：“魏征一向生活简朴，现在用一品官的礼仪安葬他，不是死者的愿望。”于是全部推辞不接受，只用布罩在车上，载着棺材安葬。

太宗登上禁苑西楼，瞻望哭泣，十分悲哀，亲自撰写碑文，并且亲自写到碑石上。

太宗非常思念魏征，对身边的大臣说：“人们用铜作镜子，可以整齐衣冠。用历史作镜子，可以观察历代的兴衰更替。用人作镜子，可以知道自己的得失。魏征死了，朕失去了一面镜子啊。”

相关链接

〔1〕太子洗马：即太子的侍从官员，负责辅佐太子，并教授文理、政事等。洗马：在马前驰驱之意。洗，音“先”。

〔2〕封禅：我国古代帝王为祭拜天地而举行的重大仪式。封：即天子登上泰山之巅设坛祭天，报天之功。禅：即天子在泰山下的小山除地祭地，报地之功。封禅具有表示君权神授、君主对天下的统一、祈祷风调雨顺及物阜民殷等意义。在我国古代政治生活中，帝王的封禅大典可谓是最盛大最隆重的一种典礼。

文成公主入藏

公元640年，唐太宗答应了吐蕃赞普的通婚请求，次年正月十五日，派遣李道宗护送文成公主进藏。

太宗曾经派使者冯德遐去抚慰吐蕃[1]，吐蕃听说突厥、吐谷浑都曾经娶过唐室的公主，就派使者跟随冯德遐入朝，带了很多金银珠宝，上表请求通婚，太宗没有答应。

使者返回，对吐蕃赞普（国王）弃宗弄赞说："我最初到大唐的时候，大唐对我很好，答应通婚。恰好碰到吐谷浑王入朝，挑拨离间，唐朝的礼节逐渐轻减，也没有同意婚事。"

于是弃宗弄赞出兵攻打吐谷浑，吐谷浑不能支撑，逃到青海北面，百姓的牲畜很多都被吐蕃掠夺。吐蕃接着又攻破了党项、白兰等羌族，率领军队二十多万人，屯兵在松州西部边境，派遣使者进献金银绸缎，说是来迎接公主。

过了不久，吐蕃又进攻松州，打败都督韩威。羌族首领阎州刺史别丛卧施、诺州刺史把利步利一起献出州郡投降。吐蕃不停地出战，大臣劝谏不被听从，因此而自杀的一共有八个人。

贞观十二年（公元638年）八月二十七日，唐朝廷任命吏部尚书侯君集为当弥道行军大总管，督率各路人马，步兵、骑兵共五万人攻打吐蕃。

唐军以牛进达为前锋，九月初六，趁吐蕃军没有防备，大败吐蕃军于松州城下，杀死一千多人。弃宗弄赞害怕了，率领军队撤退，并派遣使者谢罪，趁机再次请求通婚。太宗答应了。

贞观十四年（公元640年）十月，吐蕃赞普派他的宰相禄东赞献上黄金五千两，还有珍宝、器玩几百件，来请求通婚，太宗答应将文成公主嫁给吐蕃赞普。

次年正月，唐朝任命禄东赞为右卫大将军。太宗赞赏禄东赞善于应对，想把琅琊公主的外孙女段氏嫁给他，禄东赞推辞说："臣在本国中已经有了妻子，是父母为我定娶的，不能抛弃。而且赞普还没有迎娶公主，陪臣怎么敢先娶？"

太宗更加认为他贤德，想以厚恩安抚他，但禄东赞最终也没有顺从太宗的心意。

○ 品画鉴宝　簪花仕女图（唐）周昉/绘

十五日，太宗命令礼部尚书、江夏王李道宗带着符节，护送文成公主去吐蕃。吐蕃赞普大喜，拜见李道宗时，完全按照子婿的礼节。

赞普喜欢唐朝服装和仪仗的美丽，把公主安置在特地修建的城郭室里，自己穿着丝绸的衣服与公主见面。吐蕃人都用红褐色涂在脸上，公主十分讨厌，于是赞普下令禁止涂脸，并逐渐改变自己猜忌粗暴的性格，派遣子弟入国子监[2]学习《诗经》《尚书》。

相关链接

〔1〕吐蕃：公元7世纪－9世纪时期古代藏族所建立的王国，位于现在的青藏高原，是西藏历史上创立的第一个政权，国王称赞普（意为雄武豪迈的大丈夫），公元632年，松赞干布将都城迁到了拉萨。

〔2〕国子监：我国古代国家最高学府，同时也是国家教育管理机关，又叫国子学。

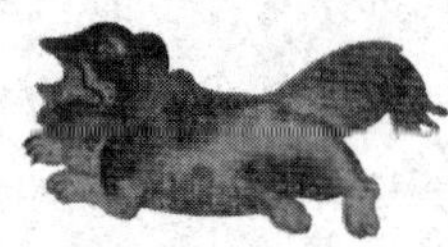

李承乾谋反

太子李承乾昏庸愚昧，在侯君集教唆下结党谋反，事发被贬为庶民，侯君集等人也受到了相应的处决。

魏王李泰颇有才能，受太宗宠爱。他看见太子李承乾患有脚病，私下里有夺位的想法，于是礼贤下士，博取名声。

太宗让黄门侍郎韦挺负责魏王府的事务，后来又命令工部尚书杜楚客代替他，二人都为李泰结交朝廷里的官员。杜楚客有时候用黄金贿赂权贵，趁机游说，说魏王十分聪明，应当立为太子。文武大臣中有依附的，暗中结为朋党。

李承乾害怕李泰逼位，派人冒充魏王府典签秘密上奏，说的都是李泰的罪恶。太宗命令逮捕上奏的人，但没有捕获。

李承乾私下宠幸太常寺的乐童称心，与他同起同睡。道士秦英、韦灵符利用妖术，也被李承乾宠幸。太宗知道了，十分生气，下令把称心等人全抓起来杀掉，连坐处死了几个人，还狠狠地责备了李承乾。

李承乾认为是李泰告发的，对他更加怨恨。李承乾不住地思念称心，在宫里修造一间房屋，竖立称心的塑像，早晚祭奠，在屋里徘徊流泪。又在宫苑里筑了一个坟冢，私下追赠称心官爵，并树立石碑。

太宗越来越不喜欢李承乾，李承乾也知道，一连几个月借口生病，不去朝见。他偷偷地收养刺客纥干承基等人及一百多名壮士，谋划杀掉魏王李泰。

吏部尚书侯君集的女婿贺兰楚石担任东宫千牛，李承乾知道侯君集[1]对朝廷不满，好几次让贺兰楚石带侯君集到东宫，向他询问保全自己的方法。

侯君集认为李承乾愚昧昏庸，想乘机利用他，于是劝他谋反，并举起手对李承乾说："这一双好手，当为殿下效力。"

又说："魏王被皇上宠爱，我担心殿下会像隋太子杨勇那样，有被贬为庶民的危险。如果有敕令宣召进宫，应当暗中防备。"

李承乾十分赞同，于是重金贿赂侯君集以及左屯卫中郎将李安俨，让他们刺探太宗的心意，一有动静就告诉他。李安俨以前侍奉隐太子李建成，李建成失败，李安俨为他拼死战斗，太宗认为他忠诚，所以非常信任他，让他掌管宿卫。到了这时，李安俨把自己交付给了李承乾。

汉王李元昌也劝李承乾谋反，还说：“最近看见皇上身边有一个美人，琵琶弹得很好，事成之后，希望把她赐给我。”李承乾答应了。

洋州刺史、开化公赵节，是赵慈景的儿子，母亲是高祖的女儿长广公主。驸马都尉杜荷，是杜如晦的儿子，娶了城阳公主。二人都受李承乾亲近，参与了谋反。

凡是参与谋反的人，都割破手臂，用绢帛沾上血，烧成灰混在酒里喝掉，发誓生死与共，于是他们暗中谋划带领兵马闯入西宫。

杜荷对李承乾说：“天象有变化，应当迅速发兵以顺应天象。殿下只要声称得了急病，危在旦夕，皇上一定会驾临探望，乘机就可以得手。”

李承乾听说齐王李祐在齐州谋反失败，对纥干承基等人说：“我住的东宫西墙，离大内只有二十步，与你们谋划大事，怎么会像齐王那样呢？”

正在这时，因为处理李祐谋反的事，牵连到纥干承基，他被关进大理寺监狱，论罪应当处死。

贞观十七年（公元643年），四月初一，纥干承基上奏告发李承乾谋反。太宗敕令长孙无忌、房玄龄、萧瑀、李世勣与大理寺、中书省、门下省一起参与审查，谋反的罪证十分明显。

太宗对左右侍臣说：“要怎么处置承乾？”

群臣没有人敢回答，通事舍人来济进言，说：“如果陛下不失为慈

父，儿子又能享尽天年，就最好不过了。”太宗听从了。

初六，太宗下诏，废李承乾为庶民，幽禁在右领军府。太宗想赦免李元昌的死罪，群臣坚持诤谏，于是赐他在家里自尽，但宽恕了他的母亲、妻子和儿女。侯君集、李安俨、赵节、杜荷等人被依法处斩。

左庶子张玄素、右庶子赵弘智、令狐德棻等人因为没能劝谏，都连坐获罪，免除官职，废为庶民。其他应当连坐获罪的都赦免。詹事于志宁因为多次劝谏，单独蒙受慰劳勉励。太宗任命纥干承基为祐川府折冲都尉，封爵平棘县公。

侯君集被囚禁在监狱里，贺兰楚石又入宫告发他谋反的事，太宗召见侯君集，对他说：“朕不想让那些刀笔吏羞辱你，所以亲自审问。”

侯君集起初不认罪，太宗召见贺兰楚石。贺兰楚石详细陈述事情的始末，又拿出侯君集与李承乾的书信给他看，侯君集理屈辞穷，只好认罪。

太宗对身边侍臣说：“侯君集有功劳，我想期求赦免他的死罪，可以吗？”群臣都认为不可以。

于是太宗对侯君集说：“与你永别了！”说完流泪，侯君集也伏在地上叩头。

太宗将侯君集在街市斩首，临刑前，侯君集对监刑将军说：“我一时失足走到了这一步！但我当年在秦王府侍奉陛下，攻取吐谷浑、高昌二国，立下功劳，乞求保全我一个儿子，让他祭祀祖先。”太宗就宽恕了他的妻子和子女，把他们迁到了岭南[2]。

相关链接

〔1〕侯君集：？—公元643年，豳州三水（今属陕西）人，唐朝将领，名列凌烟阁二十四功臣。

〔2〕岭南：泛指我国南方五岭以南的地区，大致相当于现在的广东、广西全境及湖南、江西等省的部分地区，古为百越民族杂居之地。

太宗慎立太子

唐太宗废掉李承乾后，在立嗣上非常谨慎，经过周密的考虑和与大臣的商议，最后决定立晋王李治为太子。

贞观十七年（公元643年），太子李承乾因为谋反获罪，被幽禁起来，魏王李泰每天进宫侍奉太宗，太宗当面许诺立他为太子。岑文本、刘洎也劝太宗立李泰，长孙无忌〔1〕则坚持要求立晋王李治〔2〕为太子。

太宗对身边的侍臣说："昨天李泰扑在我怀里对我说，'我今天才成为陛下的儿子，这是我的再生之日。我有一个儿子，我死的时候，一定为陛下杀了他，将来好传位给李治。'谁不疼爱自己的儿子，朕听李泰这么说，十分同情他。"

谏议大夫褚遂良说："陛下的话错了。希望谨慎考虑，不要有什么差错。陛下万岁以后，魏王拥有天下，怎会愿意杀掉自己疼爱的儿子，把皇位传给晋王？

"以前陛下既已立李承乾为太子，又宠爱魏王，对他的宠爱超过李承乾，以致酿成现在的灾祸。事情过去不远，足以成为现在的借鉴。陛下现在如果要立魏王为太子，希望先安置好晋王，这样才能安稳。"

太宗流着泪说："我不能这么做。"说完，起身回宫。

李泰唯恐太宗立李治为太子，对李治说："你与李元昌关系很好，李元昌谋反，事情败露，你不忧虑吗？"

李治听了，忧心忡忡。太宗觉得奇怪，多次问他原因，李治就如实告诉了太宗。太宗很失落，开始后悔以前对李泰说的话。

太宗曾经当面责备李承乾，李承乾说："我是太子，还有什么要求？只是因为李泰图谋不轨，有时与朝臣谋求保全自己的策略，不法之徒趁机教我做不轨的事情。现在如果立李泰为太子，那就正好落入他的圈套。"

太宗亲自驾临两仪殿，让群臣都退下，只留长孙无忌、房玄龄、李世勣、褚遂良四人。太宗对他们说："我的三个儿子，一个弟弟，所作所为就像这样，我心里实在是百无聊赖。"

说完，太宗撞向床头，长孙无忌等人争相上前抱住。太宗又抽出佩刀，想要刺自己，褚遂良夺下了刀。

长孙无忌等人请求太宗告知心意，太宗说："朕想立晋王为太子。"

长孙无忌说："谨奉诏令。有异议的人，臣请求将他斩首。"

尒時太子出城東門覩見老人問因緣時

尒時太子出城南門見一病人問因緣時

○品画鉴宝　佛传故事・太子学习（唐）

○品画鉴宝
鎏金折枝凸花银盘（唐） 此器银质，盛食用。内底心一朵凸起的五瓣折枝花，周围以茎、叶、蕾相衬托。花纹鎏金，使折枝凸花更加鲜明艳丽。

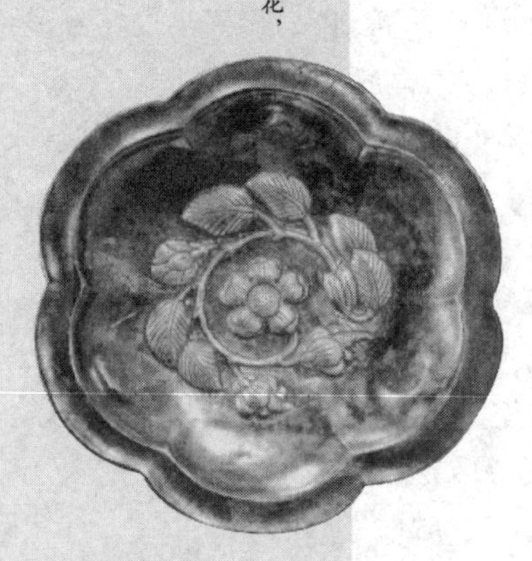

太宗对李治说："你舅父已经应许你了，你应当向他拜谢。"于是李治拜谢长孙无忌。

太宗对长孙无忌等人说："你们已经同意我的意见，但不知道朝廷外面会怎么议论。"

众人回答："晋王仁义孝敬，天下归心已久，希望陛下召见文武百官询问，如果有反对的，就是臣等辜负陛下，罪该万死。"

于是太宗驾临太极殿，召见六品以上文武百官，对他们说："李承乾大逆不道，李泰居心险恶，都不能立为太子。朕想从众位皇子中选一位继承人，谁可以担当？你们可以明说。"

众人都欢呼说："晋王仁义孝敬，应当立为太子。"太宗十分高兴。

当天，李泰率领一百多名骑兵到永安门。太宗敕令守门的官员拦住他的骑兵，带李泰进入肃章门，把他幽禁在北苑。

四月初七，太宗下诏，立李治为皇太子。太宗对身边的侍臣说："我如果立李泰为太子，那么太子之位就可以通过耍手段而得到。从今往后，凡是太子无道，而有藩王窥伺，两个人都弃置不用。这个规定要传给子孙，永远让后人效法。而且我若立李泰为太子，李承乾和李治都不能保全；立李治为太子，李承乾与李泰都能安然无恙。"

相关链接

〔1〕长孙无忌：约公元597年－公元659年，字辅机，河南洛阳鲜卑人，原属北魏皇室宗族，唐朝开国功臣之一，封齐国公，后徙赵国公，名列凌烟阁二十四功臣。

〔2〕李治：公元628年－683年，字为善，唐太宗第九子，始封晋王，公元650年即帝位，庙号高宗。

唐太宗征高丽

公元645年，唐太宗李世民率兵从洛阳出发亲征高丽，攻克多座城池，迁徙了大批百姓，但是没有取得最终的胜利。

高丽人盖苏文杀死高丽王高武，立高武的侄子高藏为王，自封为莫离支[1]，其官职相当于大唐的吏部兼兵部尚书。

太宗得知后，与大臣商议，认为攻取高丽不难，只是不想烦扰百姓，打算先容忍一下，等他们更加骄横，作恶更多后，再去讨伐。

贞观十七年（公元643年）九月，新罗[2]派使者来，说百济攻取了他们国家的四十多座城，又与高丽军队联合，图谋截断新罗到唐的道路，请求派兵救援。太宗命令司农寺丞相里玄奖带着皇帝的玺书前往高丽，对他们说："新罗归顺大唐，朝贡不少，你们与百济最好都停战，如果继续进攻，明年就发兵进攻你们。"

次年七月，太宗打算征讨高丽，下令造船，用来运送军粮。又下诏派遣营州都督张俭等人，督帅幽、营二都督府的士兵，以及契丹、奚、靺鞨的军队，先行进攻辽东，试探那儿的情况。

十一月，任命刑部尚书张亮为平壤道行军大总管，率领士兵四万三千人，战舰五百艘，从莱州入海，直趋平壤；任命太子詹事、左卫率李世勣为辽东道行军大总管，统率步兵、骑兵六万人，以及兰、河二州投降的胡人军队，前往辽东。两军相互呼应，同时前进。

李世勣率军从柳城出发，多方营造声势，做出将要取道怀远镇的样子，实则秘密挥师向北，前往甬道，给高丽来了个出其不意。

贞观十九年（公元645年）四月初一，李世勣从通定渡过辽水，到达玄菟。高丽人大惊，各城都闭门守备。

十五日，李世勣、江夏王李道宗进攻高丽盖牟城；二十六日，攻克盖牟，俘虏两万多人，粮食十多万石。五月初二，进军到辽东城下。初八，打败了来救援的高丽骑兵。

太宗自二月亲率军队从洛阳出发，此时也已到达。初十，太宗车驾渡过辽水，随即撤除浮桥，以此坚定将士们的决心。

太宗亲自带领几百骑兵来到辽东城下，见士兵们正在背土填壕沟，就分了很重的一块土，在马上抬着，随从官员争着把土背到城下。

李世勣昼夜不停地进攻辽东城。到了第十二天，太宗带领精兵与他

唐太宗（公元599年－649年）
唐朝第二位皇帝，伟大的军事家，卓越的政治家，著名的理论家、书法家和诗人。堪称“千古一帝”。

会合，把城团团围住。

十七日，南风刮得很大，太宗派勇士爬到冲竿顶上，点着了西南面的城楼，火借风势延烧到城里。将士们攀登城墙，高丽守军抵挡不住，辽东城被攻克。唐军杀死一万多人，俘虏士兵一万多人、男女百姓四万人。

二十八日，唐军进发到白岩城下。在第二天的战斗中，右卫大将军李思摩中了弩箭，太宗亲自为他吮血。将士们听了，没有不受感动的。

六月初一，李世勣攻打白岩城西南边，太宗亲自驾临城西北。城主孙代音偷偷派心腹请求投降，约定唐兵临近城池，扔出刀斧为信号，说：“我愿意投降，城里没有不听从的。”

太宗把唐朝的旗帜交给使者，说：“确定投降的话，可以把旗子插在城墙上。”孙代音插上旗子，城里的人以为唐朝军队已经登上城楼，于是都跟着孙代音投降。

十一日，太宗车驾从辽东城出发。二十日，到达安市城下，发兵攻打。二十一日，高丽北部首领高延寿、高惠真率领高丽、靺鞨士兵十五万人援救安市，被唐军打败，高延寿、高惠真带领部下三万六千八百人请求投降，太宗将俘虏的三千三百名靺鞨士兵全部活埋。

八月初十，唐军将营帐迁移到安市城南。太宗在辽东，凡是设立营帐，只在明处安排哨兵，而不设堑壕堡垒。即使逼近高丽城池，高丽人也不敢出城袭掠，士兵或单独出行，或在野外宿营，就像在中原一般。

九月，各路大军紧急进攻安市城。太宗听见城里鸡和猪的叫声，对李世勣说："围攻了很久，城里炊烟越来越稀少，现在鸡和猪叫得厉害，他们一定是在犒劳士兵，想在夜里出来偷袭我们，应当严加防备。"当天夜里，高丽几百士兵顺着绳子从城墙上爬下来。太宗听说后，亲自到城下，召集士兵紧急进攻，斩首几十人，剩余的高丽兵退逃。

李道宗率领部下在城东南角堆筑土山，渐渐逼近城墙，城里也不断增高城墙抵挡。士兵们轮番交战，每天交战六七个回合。唐军用冲车发射石块，撞坏城墙，城里随即用木栅堵住缺口。李道宗的脚受伤，太宗亲自为他针灸。

唐军昼夜不停地堆筑土山，总共用了六十天，劳力五十万人，山顶离城有几丈，可以向下俯瞰城里的情形。李道宗让果毅都尉傅伏爱率领士兵在山顶驻守，防备高丽兵，结果土山坍毁，压向城墙，城墙塌陷。恰好傅伏爱私自离开营垒，高丽几百名士兵从城墙缺口处出来进攻，夺取了土山，在那儿挖掘沟堑守卫。

太宗大怒，斩杀傅伏爱示众，命令众将领攻城，三天都没攻下。李道宗光着脚到太宗的旗下请罪。太宗说："你罪当处死，但是朕认为汉武帝杀了大将王恢，不如秦穆公重新任用孟明，且你有攻破盖牟、辽东的功劳，所以特别赦免你。"

太宗攻不下安市，认为辽东天气寒冷得早，草木枯萎，水面结冰，士兵和马匹难以久留，而且粮食快要吃完，就于十八日下令班师。先让辽东、盖牟二州的百姓渡过辽水，于安市城下炫耀兵力后，率领大军撤退，城中守军都不敢有什么举动。

这次征讨高丽，攻克了玄菟、横山、盖牟、磨米、白岩、辽东、卑沙、麦谷、银山、后黄十座城池，迁徙辽、盖、岩三州户口，加入唐朝户籍的共七万人。新城、建安、驻跸三次大战，杀死高丽兵四万多人，唐朝将士死了近两千人，战马损失十之七八。太宗认为最后没能取胜，十分后悔，感叹地说："如果魏征还在，不会让我出兵的！"

相关链接

〔1〕莫离支：据考证源于蒙语"蔑儿干"及满语"墨尔根"，大意是神射手。

〔2〕新罗：朝鲜三国分裂时期的国家之一，由三韩的辰韩斯卢部于公元4世纪建立，都城为金城（今庆州），先期统治朝鲜半岛东南部，后来扩大到整个大同江以南地区，公元935年被高丽所灭。

武则天是前朝太宗的才人，后来得到高宗李治的宠幸。她在宫中玩弄权术，使李治废掉了王氏而改立她为皇后。

贞观二十三年（公元649年）五月，唐太宗李世民去世，太子李治继位为帝，是为高宗。高宗立太子妃王氏为皇后。

起初，王皇后没有儿子，萧淑妃被高宗宠幸，王皇后十分忌妒她。高宗做太子的时候，入宫侍奉太宗，看见才人[1]武氏[2]，对她十分喜欢。

太宗驾崩，武氏跟随众嫔妃到感业寺出家为尼。太宗的忌日，高宗到感业寺上香，看见了她，武氏哭泣，高宗也哭泣。王皇后听说了，暗中让武氏蓄发，劝说高宗纳武氏入后宫，想用她来隔断高宗对萧妃的宠爱。

武氏机敏聪慧，很会玩弄权术。刚入宫的时候，谦卑恭敬，委屈自己，以侍奉皇后。皇后非常喜欢她，经常在高宗面前称赞。过了不久，武氏就得到皇上不一般的宠幸，被封为昭仪，皇后与萧妃的宠爱都有减弱。二人又一起诬告武氏，高宗都不理睬。

武昭仪想追赠他的父亲武士彟官爵，但没有什么名义，于是假托要褒奖功臣，武士彟也在其中。

王皇后、萧淑妃与武昭仪相互诽谤，高宗不相信王后、萧妃的话，只相信武昭仪。王皇后不会曲意侍奉高宗左右的人，她的母亲魏国夫人柳氏与舅舅中书令柳奭进见六宫的时候，又不讲礼节。

皇后不尊敬的人，武昭仪就与他们结交，得到的赏赐也分给他们。于是王皇后与萧妃的举动，武氏都知道，并且都告诉了高宗。

皇后虽然失宠，但高宗并未有废黜她的意思。恰好武昭仪生了一个女孩，皇后很喜欢，在屋里逗弄她。皇后出去以后，武氏偷偷地把小孩掐死，用被子盖上。正好高宗驾临，武氏假装欢笑，打开被子看孩子，发现已经死了，立即惊讶痛哭。

他们向左右侍从询问，侍从都说："皇后刚刚来过。"

高宗大怒，说："皇后杀了我的女儿！"

武昭仪哭着列数王皇后的罪过。皇后无法为自己辩白，高宗就想废黜皇后，改立武昭仪。又担心群臣不服从，就与武氏一起临幸太尉长孙无忌的府邸，喝酒喝到兴头上，在酒席上把长孙无忌宠姬的三个儿子都拜为朝散大夫，又命人装了十车金银财宝、锦缎丝绸赏赐给长孙无忌。

高宗乘机说王皇后没有子嗣，暗示长孙无忌，长孙无忌故意说其他的话，没有顺从皇上的心意，高宗与武氏都很不高兴，罢席回宫。武昭仪又让自己的母亲杨氏到长孙无忌家里多次请求，长孙无忌始终没有答应。礼部尚书许敬宗也屡次劝说长孙无忌，长孙无忌严肃地斥责了他。

永徽六年（公元655年）九月的一天，高宗退朝后，在内殿召见长孙无忌、李世勣、于志宁和褚遂良。

褚遂良说："今天皇上召见，多半是为了立皇后的事情。皇上的心意已定，触犯他的人一定会被处死。太尉（长孙无忌）是元舅，司空（李世勣）是功臣，不能让皇上有诛杀元舅与功臣的罪名。而我褚遂良出身草民，也没有汗马功劳，获得今天的地位，又受先帝的嘱托，不以死谏争，怎么去九泉之下见先帝？"

李世勣借口生病，没有入殿。长孙无忌等人到了内殿，高宗对他们说："皇后没有子嗣而武昭仪有，现在朕想立武昭仪为皇后，怎么样？"

褚遂良回答说："皇后出身名家望族，是先帝为陛下娶的。先帝临死的时候，拉着陛下的手对我说，'朕的好儿子、好儿媳，现在就托付你了。'这都是陛下亲耳听到的，言犹在耳，又没听说皇后有什么过错，怎么能轻易废黜？我不敢顺从陛下，违背先帝的遗愿！"高宗很不高兴，于是作罢。

第二天，又说起这件事，褚遂良说："陛下一定要改立皇后，我请求挑选全国的世家望族，何必一定要武氏？武氏曾经侍奉过先帝，众所周知，天下人的耳目，哪能遮掩得住？万世之后，天下人会怎么说陛下呢？愿陛下三思！我今天触怒陛下，罪当处死。"

说完把朝笏放在殿内台阶上，解下头巾叩头叩到流血，说："还陛下的朝笏，请求放我回老家去。"高宗大怒，命人把他拉了出去。

武昭仪在帘幕里大声说："何不杀了这老东西？"

长孙无忌说："褚遂良是先朝顾命大臣，有罪也不可以加刑。"褚遂良免于一死。

有一天，李世勣入宫觐见高宗，高宗问他："朕想立武昭仪为皇后，褚遂良固执己见，认为不行。褚遂良是顾命大臣，就当作罢吗？"

李世勣回答说："这是陛下的家事，何必问外人呢？"高宗的心意于是定了下来。

许敬宗在私下说："庄稼汉多收了十斛麦子，还想换个老婆！何况

天子要立皇后，和别人又有什么关系，为何随便议论呢？”武昭仪让左右侍从告诉了高宗。

十月十三日，高宗下诏说：“王皇后、萧淑妃阴谋用毒酒杀人，废为庶民。母亲兄弟全部削除官爵，流放岭南。”

十九日，群臣上奏，请求册立皇后。于是高宗下诏表扬武氏，立她为皇后。

十一月初一，高宗让司空李世勣拿着印玺，在殿前册封武则天为皇后。当天，群臣在肃义门朝拜皇后。

原皇后王氏和原淑妃萧氏，一起被囚禁在别院。高宗挂念她们，私下去看她们，看到屋子封闭得很严密，只留墙上的小洞送食物。

高宗十分感伤，大喊说：“皇后、淑妃在哪里？”

王氏哭泣着回答：“我们犯下罪过，已经是奴婢，哪里还有尊称！”又说：“皇上如果挂念从前的情分，让我们重见天日，请将这个院子赐名为回心院。”

高宗说：“朕会安排的。”

王氏听到宣布命令的时候，拜了两拜说：“祝皇帝万岁！武昭仪承受皇恩，死是我的本分。”武后听说了这件事，大怒，派人把王氏和萧氏各杖打一百下，砍去手足，扔到酒坛子里，说：“让这两个女人连骨头都醉掉！”几天后王氏和萧氏就死了，又被斩下了首级。

萧淑妃临死时大骂：“阿武邪恶狡猾，竟至如此！愿来生为猫，阿武为鼠，活生生地扼住她的喉咙。”从此宫中不再养猫。过了不久，又改王氏姓蟒，萧氏姓枭。

武后多次看见王氏和萧氏的鬼魂作祟，披散头发，浑身滴血，和死的时候一样。后来移居蓬莱宫，还是能看见。所以她经常住在洛阳，终生不回长安。

相关链接

〔1〕才人：唐代后宫宫官之名，初为正五品，后升为正四品。

〔2〕武氏：即武则天（公元624年－705年），并州文水（今山西文水）人，初为太宗才人，太宗死后出家，后唐高宗李治纳之入宫，联久封为皇后。公元690年，武氏改唐国号为周，都洛阳。

长孙无忌获罪

武则天因为长孙无忌不攀附自己，非常怨恨他，她的党羽许敬宗就在高宗面前诬陷长孙无忌谋反。

皇后武则天因为太尉、赵公长孙无忌受了厚重的赏赐，仍然不肯帮助自己，十分怨恨他。中书令许敬宗[1]一再陈述利害，想说服长孙无忌，被长孙无忌当面斥责，因此也很怨恨他。武则天被立为皇后，长孙无忌非常不安，武后命令许敬宗找机会陷害他。

恰好洛阳人李奉节告发太子洗马韦季方、监察御史李巢结集党羽，高宗令许敬宗与辛茂将审问。许敬宗审讯逼迫，韦季方自杀，但没有死成。

许敬宗借此诬陷，说韦季方想与长孙无忌诬陷忠臣和皇室亲戚，使权力归于长孙无忌，找机会谋反，现在事情败露，所以自杀。

高宗非常吃惊，流着泪说："家门不幸，亲戚里总是有想谋反的人。以前高阳公主与房遗爱[2]谋反，现在元舅又这样，让朕愧对天下。这件事情如果是真的，该怎么办？"

许敬宗回答说："房遗爱是幼稚小儿，与一个女子谋反，能有什么成果？长孙无忌与先帝谋划夺取天下，天下人佩服他的智谋。担任宰相三十年，天下人都畏惧他的权威。如果有一天他暗地发动谋反，陛下派谁抵挡他？

"现在倚仗宗庙神灵，皇天憎恨罪恶，因为审问小案件，而发现大恶人，实在值得天下庆贺。我担心长孙无忌知道韦季方自杀，困窘急而发动叛乱，振臂一呼，同党云集，一定是国家的忧患。

"我以前见宇文化及的父亲宇文述受隋炀帝信任重用，结为婚姻，隋炀帝把朝政托付给他。宇文述死后，宇文化及掌管禁兵，在江都作乱，先杀死不归附自己的人，我家也遭到灾祸。而大臣苏威、裴矩这样的人，都在马前舞蹈庆贺，唯恐来不及，天刚亮就颠覆了隋室。以前的事情并不遥远，希望陛下赶快决定！"

高宗让许敬宗进一步审查。第二天，许敬宗又上奏说："昨天晚上韦季方已承认与长孙无忌谋反，我问韦季方，'长孙无忌是皇上的至亲，历朝都受到宠信重用，有什么仇恨要谋反？'

"韦季方回答说，'韩瑗曾告诉长孙无忌，说柳奭、褚遂良劝他立梁王为太子，现在梁王被废，皇帝开始怀疑，所以把他的亲戚高履行调

长孙无忌（约公元597年－659年）
字辅机，河南洛阳人。先世乃鲜卑族拓跋氏，北魏皇族支系，后改为长孙氏。是唐太宗李世民的内兄，文德顺圣皇后的哥哥。长孙无忌非常好学，永徽二年（公元651年）奉命与律学士对唐律逐条解释，撰成《律疏》（宋以后称《唐律疏议》）三十卷。为两朝良佐。因反对高宗立武则天为皇后，为许敬宗诬陷，削爵流黔州（今贵州），自缢死。

到外地。长孙无忌从此忧虑恐惧，逐渐想保全自己。后来看到长孙祥又被调到外地，韩瑗获罪，就日夜与我等商量谋反。'

“我检验供词，与事实都符合，请陛下依法逮捕他。”长孙祥是长孙无忌堂兄的儿子，在这之前由工部尚书调任荆州长史，所以许敬宗利用这件事诬陷长孙无忌。

高宗又流着泪说：“舅舅真的这样？朕决不忍心杀他，否则后世会怎么说朕！”

许敬宗回答说：“薄昭是汉文帝的舅父，汉文帝从代返回即位，薄昭也有功劳，犯的罪只是杀人，汉文帝就让百官穿上丧服哭他，让他自杀，至今天下人都把汉文帝视为明主。

“现在长孙无忌辜负两朝恩德，图谋社稷，他的罪过与薄昭不可同年而语。幸亏事情败露，叛徒认罪，陛下迟疑什么，还不早点决定？古人说，‘当断不断，反受其乱。’安危之间，连一根发丝的空隙都没有。

“长孙无忌是当世的奸雄，属王莽、司马懿一类的人物。陛下稍微拖延，我担心随时会发生变故，后悔都来不及。”高宗认为他说得有理，竟然都没有召见长孙无忌询问。

唐显庆四年（公元659年），四月二十二日，高宗下令削除长孙无忌太尉的官职，收回他的封地，任他为扬州都督，安置在黔州，按一品官的标准供给俸禄。

七月，朝廷命令李世勣、许敬宗等人一起重审长孙无忌的案子。许敬宗派中书舍人袁公瑜等到黔州去，重新讯问长孙无忌谋反的供状。袁公瑜等到了那儿，就逼着长孙无忌上吊自杀了。

相关链接

〔1〕许敬宗：公元592年－672年，字延族，杭州新城人，隋末曾为李密效劳，唐时官至右相，受武则天宠幸，善属文，有文集传于世。

〔2〕房遗爱：房玄龄的次子，曾和其妻高阳公主密谋发动宫廷政变，事泄被杀。

武则天弄权

○品画鉴宝
金莲花（唐）金质，由梗、茎、叶、花、蕾组成，錾刻敷色，别具特色。

唐高宗李治因病而让武则天代理政务，自此她开始把持朝政，事情无论大小都由她裁决，恣肆妄为，独断专横。

显庆五年（公元660年）十月，高宗得了风邪，头晕目眩，眼睛不能看东西，各部门的上奏有时候就让皇后武则天决定。

武则天聪明敏锐，阅读过很多文史书籍，处理事情都很符合高宗的心意。从此高宗开始把国家政事委托给她，权力与皇帝相同。

开始时武则天虚与委蛇，顺从奉承唐高宗的心意，但唐高宗不听众人的意见，立她为皇后。等到她得志以后，独断专横，作威作福，唐高宗做什么，动不动就会被她牵制，唐高宗非常愤怒。

有一个叫郭行真的道士，经常出入禁宫，曾经施过厌胜[1]的法术，被太监王伏胜告发。唐高宗大怒，秘密召见西台侍郎、同东西台三品上官仪一起商量。

上官仪说："皇后专权恣肆，天下人都不赞成，请废黜她。"唐高宗也这么认为，于是立刻命令上官仪起草诏书。

左右侍从跑去告诉武则天，武则天急忙到高宗那里申诉。当时诏书的草稿还在高宗手里，高宗羞愧畏缩，不忍心废黜她，又像原来一样对待她。又担心她生气，于是骗她说："我本来没有这个意思，都是上官仪的主意。"

上官仪原先担任陈王谘议，与王伏胜都侍奉过已经被废黜的太子李忠。武则天便指使许敬宗诬陷上官仪、王伏胜与李忠谋反。

十二月十三日，上官仪被逮捕，关进监狱，之后与他的儿子上官庭芝及王伏胜都被处死，并被抄家、没收全部财产。十五日，赐李忠在流放的地方自杀。

右相刘祥道因为与上官仪关系很好，被免去官职，降为司礼太常伯。左肃机郑钦泰等朝廷官员很多人都被流放贬官，都是因为与上官仪有交往。

从此以后，每逢唐高宗临朝，武则天都在后边垂帘听政，政事无论大小，她都要参与。天下大权，都归于武则天。升官罢黜，处死放生，全由她决定。皇帝只是无所事事的清闲人而已，朝廷内外称他们为二圣。

上元元年（公元674年）八月，高宗为了避开已故皇帝、皇后的称讳，将自己改称天皇，皇后改称天后。

太子李弘仁爱孝敬、谦虚谨慎，高宗很喜欢他。他对待士大夫礼仪周到，朝廷内外都归附他。武则天正要施展抱负，李弘的奏请经常违背她的心意，因此失去武则天的宠爱。

义阳、宣城二位公主，是萧淑妃的女儿。受母亲牵连获罪，被幽禁在后宫，已经过了三十岁，仍然不能出嫁。李弘见了，非常吃惊，又很同情她们，于是立刻上奏，请求允许她们出嫁，唐高宗答应了。武则天大怒，当天就把她们分别嫁给正在值班的翊卫权毅、王遂古。

上元二年（公元675年）四月二十五日，李弘死于合璧宫，当时很多人认为是被武则天用毒酒害死的。六月，立雍王李贤为皇太子。

调露元年（公元679年）四月，靠符咒幻术而受高宗和武则天器重的偃师人明崇俨，被强盗杀死。朝廷下令搜捕强盗，但始终没有抓到。武则天怀疑这事是太子李贤干的。

李贤喜欢音乐，好女色，与家奴赵道生等人狎昵[2]，并赏赐给他们很多金帛，司议郎韦承庆上书劝谏，李贤不听。

永隆元年（公元680年）八月，武则天指使人告发这些事。高宗命令薛元超、裴炎与御史大夫高智周等人一起审问李贤，在东宫马坊搜出黑色铠甲几百件，认为是谋反的器具，赵道生又供认李贤指使他杀了明崇俨。

高宗一向喜爱李贤，迟疑不决，想赦免他。武则天说："为人子却有阴谋反叛，天地不容。应该大义灭亲，怎能赦免？"

二十二日，废黜太子李贤，贬为庶民。派遣右监门中郎将令狐智通等人，押送李贤到京城，幽禁在别的住所，李贤的党羽都被处死，在洛阳天津桥南边焚烧搜出的黑色铠甲示众。

相关链接

〔1〕厌胜：古代的一种巫术，认为通过施展此法就可以伤害到想要伤害的人或物。

〔2〕狎昵：过于亲近且有不庄重的行为。

裴行俭平突厥

裴行俭善于用兵，唐高宗时，他带兵平定了突厥的多次作乱，在西方树立了威信和英名。

唐调露元年（公元679年），西突厥十姓可汗阿史那都支与他的别帅李遮匐，联合吐蕃，进逼侵扰安西。朝廷议论，准备发兵讨伐西突厥。

吏部侍郎裴行俭[1]说："吐蕃侵犯，刘审礼全军覆没，战事还没有平息，怎么能再出兵西方！现在波斯王已经死了，他的儿子泥洹师还在京师长安作人质，应该派遣使者送他回去，中途遇到阿史那都支和李遮匐的时候，寻找机会袭击他们，可以兵不血刃就将他们擒获。"

高宗听从了他的意见，让他去册立波斯王，担任安抚大食[2]的使者。裴行俭上奏，请求命肃州刺史王方翼为副手，仍然担任检校安西都护。

裴行俭曾经担任西州长史，他奉命出使的时候，路过西州，当地的官吏百姓都去郊外迎接他。裴行俭招集当地的豪杰子弟几千人跟随自己，并且声称天气太热，不适合远行，等稍微凉爽，再向西进发。阿史那都支听说了，就没有设防备。

裴行俭慢慢地召见龟兹、毗沙、焉耆、疏勒四镇的胡人酋长，对他们说："以前在西州的时候，一起出去打猎，玩得非常高兴，现在想重新寻回以前的欢乐，谁愿意与我一起去打猎？"胡人子弟争着请求随行，裴行俭共得到将近一万人。

裴行俭假装去打猎，整编队伍，几天后，迅速向西进发。到距离阿史那都支部落十几里的地方，先派阿史那都支亲近的人向他问安，表面上显得悠闲，好像不是要讨袭他们，又接着派使者催促阿史那都支前来见面。

阿史那都支之前与李遮匐约定，等到八月一起抵抗唐朝的使者，突然听说唐军抵达，想不出什么办法，只好率领子弟出来迎接拜见，因此全部被抓了起来。

裴行俭又借阿史那都支的令箭传令，召来他所属的各部落的酋长，将他们一起押送到碎叶城。然后挑选精锐骑兵，轻装前进，日夜兼程，突袭李遮匐。中途俘获了从李遮匐那里返回的使者，以及与他同行的李遮匐的使者。

裴行俭放回李遮匐的使者，让他先回去报告李遮匐，说阿史那都支已经投降，李遮匐听说后也投降了。阿史那都支和李遮匐被押送回长

安，裴行俭送波斯王回到他的国家，留下王方翼驻扎安西，修筑碎叶城。

十月，单于大都护府的突厥阿史德温傅、奉职两部落一起反叛，拥立阿史那泥熟匐为可汗。二十四州酋长也都反叛，响应他们，人数达到数十万。

十一月初六，唐高宗宴请裴行俭，对他说："你文武双全，如今要授予你两个职位。"于是任命他为礼部尚书、检校右卫大将军。

二十七日，又任命裴行俭为定襄道行军大总管，率领十八万大军，会同西军检校丰州都督程务挺、东军幽州都督李文暕的军队，总共三十多万，讨伐突厥，由裴行俭统一指挥。

裴行俭进军到朔川，对他的属下说："用兵之道，安抚士兵要真诚，制伏敌人要使诈。前一段时间，萧嗣业运送的军粮被突厥人掠夺，士兵受冻挨饿，所以失败。现在突厥人一定还会用这个计策，应当用计欺骗他们。"

于是伪装运送粮草的车子三百辆，每辆车里埋伏了五名壮士，都拿着大刀弓弩，派老弱的士兵几百人押车，又埋伏精兵在险要的地方等待敌人。

敌人果然来抢掠，押车的老弱士兵扔下粮车逃跑。敌人把粮车赶到有水草的地方，解鞍牧马，准备搬粮食。壮士们突然从车里跳出来，袭击敌人。敌人受惊逃走，又受到埋伏的士兵的拦截，几乎全被俘虏或者杀死。从此再也不敢靠近唐军运送粮草的队伍。

裴行俭行军到单于府北面，已经接近黄昏，下令扎下营寨。四周的壕沟已经挖好了，裴行俭突然命令转移到高岗上。众将领都说士兵已经安顿好了，不要再移动，裴行俭不答应，催促他们赶快转移。

当天夜里，突然刮起狂风，下起暴雨，原来的营地，积水有一丈多深。众将领又是惊讶又是佩服，问裴行俭原因，他笑着说："今后只管服从我的命令，不必问我是怎么知道的。"

永隆元年（公元680年）三月，裴行俭在黑山大败突厥兵，捉住突厥酋长奉职。突厥可汗泥熟匐被部下杀死，他们拿着可汗的脑袋前来投降。

奉职被擒后，他的余党退守狼山。唐高宗让户部尚书崔知悌乘坐驿站马车，赶赴定襄，传达皇帝对将士们的慰问，并且负责对付残余敌人，

让裴行俭率军返回。

开耀元年（公元681年）正月，裴行俭的军队返回后，突厥阿史那伏念又自立为可汗，与阿史德温傅联合作乱。唐朝又任命裴行俭为定襄道大总管，让右武卫将军曹怀舜和李文暕作他的副手，率军讨伐突厥。

裴行俭驻扎在代州的陉口，屡次使用反间计，阿史那伏念与阿史德温傅逐渐互相猜疑。阿史那伏念把妻子儿女、辎重都留在金牙山，率领骑兵袭击曹怀舜。裴行俭派遣副将何迦密从通漠道、程务挺从石地道突袭金牙山。

阿史那伏念与曹怀舜订下和约，然后返回。等回到金牙山，已经失去妻子儿女和辎重，士兵中又有很多人患病，于是率领军队，向北逃往细沙。裴行俭派副总管刘敬同、程务挺等人率领单于府兵追踪他。

阿史那伏念请求捉拿阿史德温傅报效朝廷，然而还有些犹豫，又认为道路遥远，唐兵一定追不上，于是没再设防。刘敬同等人率领军队抵达，阿史那伏念狼狈不堪，无法整理队伍，就抓住阿史德温傅，从小路去向裴行俭投降。

侦察骑兵报告说尘埃弥漫而来，将士们都很震惊害怕，裴行俭说："这是阿史那伏念捉了阿史德温傅前来投降，不是别的贼寇。然而接受投降如同对付敌人一样，不能没有防备。"于是命令严加防守，只派了一名使者前去迎接慰劳他们。

过了不久，阿史那伏念果然率领酋长，绑着阿史德温傅，到军营前请罪。于是裴行俭平定了剩余的突厥余党，把阿史那伏念、阿史德温傅带回长安。朝廷把阿史那伏念、阿史德温傅等五十四人在街市斩首示众。

当初，裴行俭曾经许诺不杀阿史那伏念，所以他才投降。后来裴炎妒忌裴行俭的功劳，就上奏说："阿史那伏念被副将张虔勖、程务挺逼迫，又有回纥等从漠北向南进逼，困窘计穷才投降的。"于是太宗下令诛杀了阿史那伏念。

裴行俭感叹地说："王浑、王浚争夺功劳，古今都认为是耻辱。只担心杀了投降的人，以后没有再来投降的了。"从此借口患病，不出家门。

相关链接

〔1〕裴行俭：公元619年－682年，字守约，绛州闻喜（今山西闻喜一带）人，唐高宗时官至礼部尚书兼右卫大将军，封闻喜县公。

〔2〕大食：唐宋时期对波斯语的音译，意指阿拉伯人和阿拉伯帝国，并泛指伊朗语地区的穆斯林。

李治死后，武则天大权在握。公元690年，她改国号为周，改年号为天授，赐皇帝姓武氏，自称圣神皇帝。

弘道元年（公元683年）十二月，唐高宗李治在贞观殿驾崩，遗诏中让太子在灵柩前即位，军国大事有难以决断的，参照天后武则天的意见。

太子李显[1]即位，是为中宗。尊武则天为皇太后，政事都由她来决定。

次年正月，中宗想任命皇后韦氏的父亲韦玄贞为侍中，又想授给乳母的儿子五品官，中书令裴炎坚持劝谏。中宗大怒，说："我就是把天下送给韦玄贞，又有什么不可以？竟然要吝惜侍中的职位！"裴炎害怕，报告武则天，秘密策划废黜皇帝。

二月初六，武则天在乾元殿召见群臣，裴炎与中书侍郎刘祎之、羽林将军程务挺、张虔勖率领卫兵入宫，宣布武则天的诏令，废黜中宗为庐陵王，并扶他下殿。

中宗说："我有什么罪过？"

武则天说："你想把天下送给韦玄贞，怎么没有罪？"

初七，武则天立豫王李旦[2]为皇帝，是为睿宗。朝政大事由武则天决断。皇帝居住在另外的大殿，对政事不得有所干预。

初九，武则天命令左金吾将军丘神勣前往巴州，检查原太子李贤的府邸，防止发生意外，实际上是暗示丘神勣杀了李贤。丘神勣到达巴州以后，把李贤幽禁在别的房间，逼他自杀。

十二日，武则天驾临武成殿，皇帝率领王公以下的官员奉上尊号。十五日，武则天到大殿前，派礼部尚书武承嗣册封继位的皇帝。从此以后，武则天经常驾临紫宸殿，垂挂浅紫色的帷帐，视朝听政。

九月，武则天的侄子武承嗣，请求武则天追封她的先祖为王，立武氏七代祖先的祖庙，武则天答应了。

裴炎进谏说："太后母仪天下，应当向百姓作出表率，显示公平，不应该偏私自己的亲戚。您这样做，难道没看见汉朝吕氏的败亡吗？"

武则天说："吕后将权力委任给活人，所以败亡。现在我追尊死者，又有什么损害呢？"

裴炎回答说："应当防微杜渐，不能让它发展。"武则天没有听从。

二十一日，武则天追尊其五世祖父武克己为鲁靖公，五世祖母为夫人；高祖父武居常为太尉、北平恭肃王，曾祖父武俭为太尉、金城义康王，祖父武华为太尉、太原安成王，父亲武士彟为太师、魏定王；高祖母、曾祖母、祖母、母亲都为王妃。

垂拱二年（公元686年）正月，武则天下诏，把政权交还皇帝。睿宗知道武则天不是出于真心，上表坚决辞让。于是武则天重新临朝，行使皇帝的职权。

永昌元年（公元689年），十一月初一，冬至，武则天在万象神宫举行祭祀，大赦天下，开始使用周朝的历法，改永昌元年十一月为载初元年正月，以十二月为腊月，夏历正月为一月。

凤阁侍郎宗秦客，改造"天""地"等十二个字进献。正月初八，朝廷下令推行。武则天自己取名为"曌"，改"诏"为"制"。

天授元年（公元690年），九月初三，侍御吏傅游艺率领关中百姓九百多人到皇宫前上奏，请求改国号为周，赐皇帝姓武氏。

武则天没有同意，但提升傅游艺为给事中。结果百官以及宗室亲族、远近百姓、四夷酋长、和尚道士共六万多人，都上表提出与傅游艺一样的请求，皇帝也上表请求赐姓武氏。

初五，群臣上奏，说：有凤凰从明堂飞进上阳宫，又飞回去停在左台的梧桐树上。过了很久，向东南方飞去，还有赤雀几万只聚集在朝堂。

初七，武则天同意了皇帝与群臣的请求。初九，武则天登上则天楼，大赦天下，改唐为周，更换年号。十二日，上尊号为圣神皇帝，皇帝为皇位继承人，赐姓武氏。

相关链接

〔1〕李显：公元656年－710年，原名李哲，唐高宗第七子，武则天第三子。高宗死后继位，不久被武则天废黜，武则天死后得以重新执政，前后共在位七年，庙号中宗。

〔2〕李旦：公元662年－716年，又名旭轮，唐高宗第八子，武则天第四子，李显被废后，其被立为帝，初幽禁深宫，后亦被废。武则天死后继李显重新为帝，后禅位于玄宗，前后共在位八年，庙号睿宗。

武则天废黜中宗帝位，大封武氏亲族，引起天下人的不满。徐敬业便以恢复中宗帝位为借口，和骆宾王等人起兵造反。

光宅元年（公元684年），太后武则天废中宗李显为庐陵王，另立豫王李旦为帝，大封武氏亲族。当时武氏掌权，李唐宗室人人自危，大家心里都很愤慨。

正好李世勣的孙子、担任眉州刺史的英公李敬业[1]，和他弟弟盩厔令李敬猷、给事中唐之奇、长安主簿骆宾王、詹事司直杜求仁都因事获罪，或被降职，或被免官，加上曾任御史、现在是第二次被罢黜的盩厔尉魏思温，他们都聚在扬州，又都因失去官职而不满，便以恢复庐陵王的帝位为借口阴谋叛乱。

魏思温是其中最主要的谋划者，他指使监察御史薛仲璋请求出使江都，让雍州人韦超到薛仲璋处报告有变乱，说“扬州长史陈敬之谋反”。于是薛仲璋把陈敬之抓了起来，关进监狱。

过了几天，李敬业乘坐驿车到达，假称自己是扬州司马那里来的官员，说“奉太后密旨，因为高州酋长冯子猷谋反，所以要发兵讨伐”。于是打开府库，命扬州士曹参军李宗臣到铸钱作坊，驱逐囚徒、工匠，发给他们盔甲。

李敬业将陈敬之在监狱斩首。录事参军孙处行抗拒，也被斩首示众，官吏中没有人再敢反抗。李敬业等人发动整个州的兵力，改用中宗的年号，称嗣圣元年。

李敬业在扬州设置三府：匡复府、英公府扬州大都督府。李敬业自称匡复府上将，领扬州大都督，十天不到就聚集起士兵十几万人。

李敬业发布檄文到各州县，大意是说：“僭位临朝的武氏，人非温顺，出身寒微。当年充实太宗后宫，钻到空子侍奉太宗。太宗晚年，又与太子淫乱。隐瞒先帝的恩幸，谋取后宫的宠爱，踏皇后之宝座，陷君主于乱伦。”

又说：“杀害姐妹，屠戮兄弟，杀害皇帝，毒死皇后，人神共愤，天地不容。

“包藏祸心，觊觎社稷。君王的爱子，被幽禁在别殿，武氏的亲族都任命为高官。

"先帝坟上的黄土还没干，先帝托付的幼主又在哪儿?

"试看今天的中国，究竟是谁家的天下？"

这篇檄文文采斐然，武则天看了以后，问："谁写的？"

有人回答说："骆宾王[2]。"

武则天说："这是宰相的过失啊。此人有这样的才华，却让他飘零流落，不被重用！"

李敬业找了一个长得很像前太子李贤的人，骗大家说："李贤没有死，他逃亡到城里，命令我们起兵。"于是侍奉他以号令天下。

魏思温劝说李敬业："您用匡复社稷为口号，应当率领大军，大张旗鼓地进军，直接向东都洛阳进发，那么天下人都知道您是为了援救天下，四方都会响应。"

薛仲璋说："金陵有帝王气象，又有长江天险，足以固守。不如先夺取常、润二州，作为霸业的基础，然后再向北夺取中原。这样向前可以取胜，后退也有立足之地，是最好的计策。"

魏思温说："崤山以东地区，豪杰们因为武氏专制，愤懑不满，听说您起事，都自己蒸了麦饭作干粮，拿着锄头作武器，等待南方军队到达。我们不趁此形势建功立业，反而退缩不前，自己修建巢穴，让远近的人知道了，还有谁不离散呢？"

李敬业没有听从，派唐之奇驻守江都，自己率领军队渡过长江，进攻润州。魏思温对杜求仁说："兵力聚集就强大，分散就衰弱。李敬业不聚集力量渡过淮河，招集山东的兵众攻取洛阳，失败眼看就要来了！"

朝廷任命左玉钤卫大将军李孝逸为扬州道大总管，率领士兵三十万前去讨伐。又追削李敬业的祖父和父亲的官爵，掘开坟墓，劈开棺材，恢复他们家的本姓徐。

徐敬业听说李孝逸就要来讨伐，从润州回师抵抗，在高邮的下阿溪驻扎。徐敬业派徐敬猷进逼淮阴，别将韦超、尉迟昭驻扎都梁山。

李孝逸进军，他的副手马敬臣进攻都梁山，斩杀了尉迟昭。到了十一月，韦超、徐敬猷相继兵败逃跑。徐敬业部署军队，隔着下阿溪拒守。

李孝逸等各路军队相继到达，与徐敬业交战，几次都失败了。李孝逸害怕，准备撤退，魏元忠与行军管记刘知柔对他说：“现在是顺风，而且芦苇干燥，是火攻的好机会。”坚持请求决战。

徐敬业布下军阵，过了很久，士兵们都感到疲倦，回头张望，军阵不再严整。李孝逸出兵进攻，乘着风势纵火，徐敬业大败，被斩首七千人，淹死的士兵更是数不过来。

徐敬业等人骑马逃入江都，带着妻子儿女逃奔润州，准备走海路投奔高丽。李孝逸进军驻守江都，分别派遣各将领追击徐敬业。

十八日，徐敬业到达海陵边界，被大风阻挡，他的部将王那相砍下徐敬业、徐敬猷和骆宾王的脑袋投降。剩下的党羽唐之奇、魏思温都被擒获斩首，首级被送往神都（即东都）。

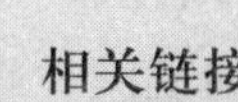

相关链接

〔1〕李敬业：？—公元684年，祖籍曹州离狐（今山东鄄城），本姓徐，赐姓为李，造反后被恢复原姓。

〔2〕骆宾王：约公元640年—684年，字观光，义乌（今浙江义乌）人，唐朝初期著名诗人，极富文采，与当时的王勃、杨炯、卢照邻合称“初唐四杰”。

○ 品画鉴宝

三彩骑马狩猎俑（唐） 此俑一手勒缰，一手高举握拳，侧身后顾，坐骑正紧密配合，蓄势欲动，极具动感。

李姓诸王起兵

武则天专权，致力于铲除皇室宗族。各地李姓藩王人人自危，李冲、李贞等人起兵讨伐武氏，皆以失败告终。

太后武则天阴谋取代李唐，逐渐清除皇室宗族。绛州刺史韩王李元嘉、青州刺史霍王李元轨、邢州刺史鲁王李灵夔、豫州刺史越王李贞，以及李元嘉的儿子通州刺史黄公李譔、李元轨的儿子金州刺史江都王李绪、虢王李凤的儿子申州刺史东莞公李融、李灵夔的儿子范阳王李蔼、李贞的儿子博州刺史琅琊王李冲，在皇室宗族里都因为才能和德行享有美名，武则天特别记恨他们。李元嘉等人十分不安，暗中有匡复朝廷的想法。

李譔用暗语写信给李贞，说："我的妻子病情愈发严重，应当赶紧治疗，如果拖到今年冬天，恐怕就变成不治之症了。"实际上是指武则天。

后来武则天召集皇室宗族，在明堂[1]朝见，李姓诸王都互相惊吓，说："神皇准备在大摆宴席的时候，指使人告密，把皇室宗族全部诛杀，一个也不留。"

李譔伪造皇帝的玺书给李冲，说："朕被幽禁，李姓诸王应该各自发兵救我。"

李冲又伪造皇帝的玺书，说："神皇准备把李氏的国家交给武氏。"

垂拱四年（公元688年），八月十七日，李冲召集长史萧德琮等人，命令他们招募士兵，同时分别通知韩、霍、鲁、越各王，与贝州刺史纪王李慎，让他们各自起兵，一起向神都进军。武则天得知后，任命左金吾将军丘神勣为清平道行军大总管，讨伐他们。

李冲招募了士兵五千多人，准备横渡黄河，夺取济州，于是先进攻武水，武水县令郭务悌去魏州求救。莘县县令马玄素率领士兵一千七百人，在中途截击李冲，担心兵力不能抵挡，就进入武水县城，关闭城门固守。

李冲推草车堵住县城南门，趁着风势放火，焚烧城门，想趁着火势冲进城里。不料大火燃起后，风向逆转，李冲的军队无法进入，因而士气沮丧。

堂邑人董玄寂替李冲带领士兵进攻武水，对别人说："琅琊王与国

家交战，这是造反。”李冲听说后，把董玄寂斩首示众，众人十分恐惧，散逃到荒野草莽。李冲无法阻止，最后只剩下家仆和左右侍从几十人还在身边。

李冲撤退逃奔博州，二十三日，到达博州城门，被城门守卫杀死，起兵一共七天，就遭到失败。丘神勣到达博州，官吏穿着便服出城迎接，丘神勣把他们全杀了，一千多户人家为之残破。

听说李冲起兵，李贞也在豫州起兵，派遣军队攻陷上蔡。

九月初一，朝廷任命左豹韬大将军麴崇裕为中军大总管，岑长倩为后军大总管，率领军队十万人讨伐李贞。又命张光辅为诸军节度。朝廷削除李贞、李冲皇室宗族的属籍，改姓虺氏。

李贞听说李冲兵败，想捆绑自己到朝廷请罪，恰好他任命的新蔡县令傅延庆招募到勇士两千多人，李贞就向大家宣布：“琅琊王已经攻破魏、相等几个州，有兵力二十万，很快就要到这里了。”

然后征发豫州所属各郡县的士兵共五千人，分成五个营，让汝南县丞裴守德等人率领，并任命九品以上官员五百多人。由于所任命的官吏都是受胁迫的，没一个人有斗志，只有裴守德与他一起谋划。李贞把女儿嫁给了裴守德，并任命他为大将军，把他当作心腹。

李贞让道士、和尚念经，祈求大事成功，左右卫士与士兵都佩戴避免兵器伤害的神符。

麴崇裕等各路大军到达豫州城东四十里的地方，李贞派遣小儿子李规与裴守德作战抵抗，结果大败撤回。李贞十分恐惧，关闭城门自守。

麴崇裕等到达城下，左右侍从对李贞说：“您怎么能坐以待毙呢？”于是李贞、李规、裴

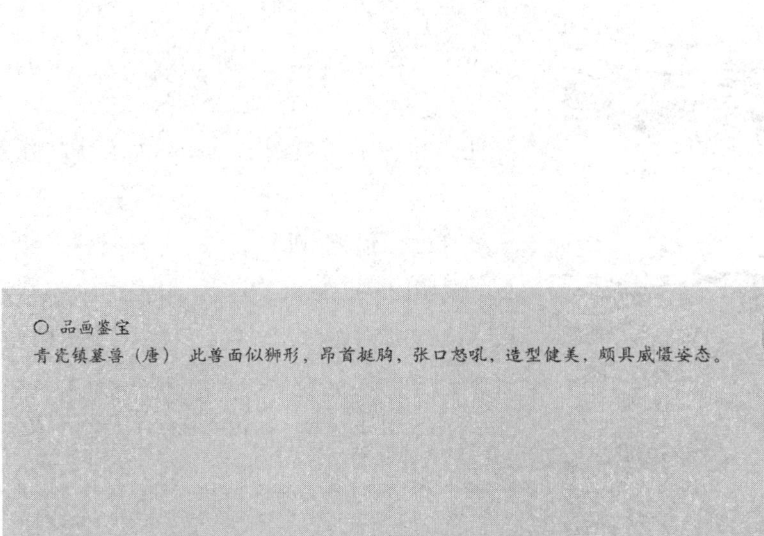

○ 品画鉴宝

青瓷镇墓兽（唐） 此兽面似狮形，昂首挺胸，张口怒吼，造型健美，颇具威慑姿态。

守德与他们的妻子都自杀身亡，之后被割下头颅，与李冲的头颅悬挂在东都皇宫门前示众。

起初，范阳王李蔼派使者对李贞和李冲说："如果四方诸王同时起事，一定能成功。"于是诸王都互相往来，约定时间。结果时间还没有约定，李冲就首先起兵，只有李贞仓促之间响应，其他诸王都不敢起兵，所以失败。

李贞失败后，武则天想把韩、鲁等诸王全部处死，命令监察御史苏珦审察他们密谋的情况。苏珦询问后，没有得到确切的证据。

有人告发苏珦与韩、鲁等诸王串通，武则天就召来苏珦询问，苏珦争执辩论，不改变自己的观点。

武则天说："你是高雅的读书人，朕应当派给你另外的任务，这个案子不用你办了。"于是命令苏珦到河西监军[2]，改由周兴等人审察。

周兴逮捕了李元嘉、李灵夔、李谍、常乐公主等人，带到东都洛阳，逼迫他们全部自杀。武则天改他们的姓氏为"虺"，他们的亲戚朋党都被处死。

相关链接

〔1〕明堂：帝王宣明政教的地方，先秦时期为帝王接受诸侯觐见、进行祭祀的场所，后来也指皇帝接受大臣朝拜的宫殿。

〔2〕监军：古代官职名，负责督察将帅并代表朝廷处理军中部分事务。

武则天为了巩固自己的权力，想以大肆诛杀来威慑天下，便大开告密之道，又任用酷吏周兴等人，使朝野上下诚惶诚恐。

垂拱二年（公元686年）三月，太后武则天命令铸造铜匭：铜匭分四格，东边的叫“延恩”，进献赋颂、请求做官的，可以把表疏投进去；南边的叫“招谏”，议论朝政得失的投；西边的叫“伸冤”，有冤情委屈的投；北边的叫“通玄”，议论天象灾变和军机秘计的投。每格上面各有一孔，表疏从孔里投进去，只能进，不能出。

徐敬业造反的时候，侍御史鱼承晔的儿子鱼保家教徐敬业制造刀、车和弓弩，徐敬业败亡后，只有他被赦免了死罪。武则天想知道天下所有的事情，鱼保家便上书，请求铸造铜匭，武则天十分高兴。过了不久，鱼保家的仇人投进表疏，告发他曾经为徐敬业制造兵器，杀伤很多官军，于是武则天将他处死。

自从徐敬业造反，武则天便怀疑天下人多半想谋害自己，自己又长期专权，在宫内的行为也不端正，她知道宗室大臣怨恨，心里不服，想以大肆诛杀来威慑他们，于是大开告密的渠道。

有告密的人，官吏不得询问，都给他们提供驿马，供应五品官标准的食物，使他们能去武则天所在的地方。即使是农夫或者打柴的人，都能得到召见，由客馆供给食宿。所说的如果符合旨意，就破格授予官职；与事实不符的，也不问罪。

于是四方告密的人蜂拥而起，人们小心翼翼，唯恐哪儿做得不对，被人抓住把柄。

有一个叫索元礼〔1〕的胡人，明白武则天的用意，通过告密获武则天召见，被提升为游击将军，武则天命令他审查监狱里的案件。索元礼性情残忍，审讯两个人，一定会牵连出几十人甚至上百人。武则天多次召见，给他赏赐，以扩大他的权威。于是尚书都事周兴、侍御史来俊臣〔2〕之流纷纷效仿。

周兴接连升官，做到秋官侍郎，来俊臣升官到御史中丞。他们勾结在一起，私下蓄养无赖几百人，专门从事告密。想诬陷一个人，动辄让他们几处同时告发，内容都一样。

来俊臣与司刑评事万国俊，共同撰写《罗织经》几千字，教他们的门徒如何陷害无辜的人，编造罪状、安排情节得连细节都具备齐全。

武则天接到告密，就派索元礼等人审讯。他们争相发明刑讯用的残酷办法，有“定百脉”“突地吼”“死猪愁”“求破家”“反是实”等名号。

用椽子串连人的手脚，再朝一个方向旋转，叫作“凤凰晒翅”；用东西固定人的腰部，将脖子上的枷向前拉，叫作“驴驹拔撅”；让人跪在地上捧枷，在枷上垒瓦，叫作“仙人献果”；让人立在高木台上，从后面拉住脖子上的枷，叫作“玉女登梯”；将人倒吊，在脑袋上挂石头，或用醋灌鼻孔，或用铁圈套住脑袋，在脑袋与铁圈之间钉楔子，甚至到脑袋裂开，脑浆迸流。

○ 品画鉴宝　锁谏图（唐）阎立本／绘　此图画刘聪冒死进谏，取景于紧张时刻，气氛激烈。

每次有囚犯来，就先陈列刑具，让他们观看。囚犯们看了，都两腿发抖，冷汗直冒。这时官吏才做出要用刑的样子，即使是清白的人，也马上就认罪了。

每次有赦令来，来俊臣总是命令狱卒，先杀死重犯，然后宣布赦令。武则天认为他们忠心耿耿，更加宠信。朝廷内外畏惧这几个人，远远超过虎狼。

天授二年（公元 691 年），当时武则天已经称帝，有人告发周兴谋反，武则天派来俊臣审讯他。来俊臣与周兴在一起，边吃饭边讨论事情，来俊臣对周兴说：“囚犯多数不肯认罪，应当用什么办法呢？”

周兴说：“这太容易了！拿一口大瓮，用炭火在四周烤，让囚犯进

里面，还有什么事情不肯承认？”

于是来俊臣要了一口大瓮，按周兴说的办法，在四周堆上火烤，然后站起来对周兴说：“有宫里的文书，要审问老兄，请君入瓮！”

周兴惶恐万分，叩头认罪，依法应当处死。武则天宽恕了他，将他流放岭南，结果途中被仇人杀死。

神功元年（公元697年）六月，来俊臣诬告监察御史李昭德。而此时，来俊臣自己也因为得罪武氏诸王及太平公主，被关进监狱，判处死刑。奏章送上去，武则天迟迟不批，本想赦免来俊臣，但身边的人都劝她，所以最后还是批准了。

初三那天，李昭德、来俊臣一起在街市被斩首。当时的人都痛惜李昭德，同时为处死来俊臣拍手称快。仇人争着吃来俊臣的肉，有的人挖下眼睛，有的剥面皮，有的剖腹挖心，尸体被践踏成泥。

武则天知道天下人都痛恶来俊臣，就颁下制书，列举他的罪恶，并且说：“应该诛灭他全族，使百姓的冤愤得以洗雪。可依法查抄他的家产。”

不论士人百姓，在路上相见时，都互相庆贺，说：“从今往后，睡觉可以安心，背脊可以贴在席子上了。”

相关链接

〔1〕索元礼：？—公元691年，原为胡人，武则天时的有名酷吏，生年不详，籍贯亦不详。

〔2〕来俊臣：公元651年　607年，雍州万年（今陕西西安）人，武则天时的有名酷吏，曾任侍御史、左御史中丞等。

宰相狄仁杰

李唐遗臣狄仁杰刚正仁厚，善于处理国务。武则天不但很器重他，让他做了宰相，而且很礼遇他，称他为“国老”。

天授二年（公元691年），洛州司马狄仁杰被朝廷任命为地官侍郎、同平章事，做上了宰相。武则天对狄仁杰说：“你在汝南的时候，为政的成绩很不错。你想不想知道有谁诬陷过你？”

狄仁杰道谢说：“如果陛下认为我有过失，请允许我改正；知道我没有过失，是我的幸运。我不愿意知道是谁诬陷我。”武则天赞叹不已。

长寿元年（公元692年），左台中丞来俊臣诬陷狄仁杰等七位大臣谋反。以前，来俊臣曾奏请武则天下命令：一经审问就承认谋反的，可以减免死罪。等到狄仁杰等人入狱，来俊臣便用这道命令引诱他们认罪。狄仁杰回答说：“大周改朝换代，万象更新。我是唐朝的旧臣，甘愿受到诛戮。谋反确是事实！”于是来俊臣对他逼迫得没那么紧了。来俊臣的属官王德寿对狄仁杰说：“您一定可以减免死罪。我已受人指使，想找一个升官的机会，劳烦您牵连出杨执柔，可以吗？”狄仁杰说：“皇天后土，竟然要狄仁杰做这种事！”说完一头撞在柱子上，血流满面。王德寿害怕，向他道歉。这个案子后来被查出，这些人都是冤枉的。于是武则天将他们释放，但都降职，狄仁杰被贬为彭泽〔1〕县令。

万岁通天元年（公元696年），契丹入侵，武则天重新起用狄仁杰，任命他为魏州刺史。前任刺史独孤思庄害怕契丹突袭，将百姓全部赶到城里，让他们修筑工事。狄仁杰到任后，将百姓全部遣回，让他们务农，说：“敌人还远着呢，用不着这样烦劳百姓！万一敌人来了，我自己抵挡他们。”百姓都很高兴。

狄仁杰后来又担任宰相，武则天让宰相们各举荐尚书郎一名，狄仁杰举荐自己的儿子狄光嗣，狄光嗣使被任命为地官员外郎。后来他很胜任，武则天高兴地说：“春秋时晋国大夫祁奚，举荐自己的儿子，你足以成为他的继承者了。”武则天十分信任和器重狄仁杰，群臣中没有人能比得上。她常常称狄仁杰为“国老”，而不叫他的名字。狄仁杰总是在朝堂上当面争谏，武则天也总是违拗自己的心意听从他。

狄仁杰曾经陪武则天游玩，遇到大风把狄仁杰的头巾吹到地上，他的坐骑也受惊不受控制。武则天让太子李显追上惊马，抓住它的辔头，把它拴好。狄仁杰屡次以年老多病为由，请求辞官，武则天不答应。入朝觐见的时候，武则天经常不让他行跪拜礼，说：“每当看到您跪拜，都让朕也感到身体疼痛。”

武则天还免去狄仁杰夜晚值班，并告诫他的同事说：“如果没有军国大事，都不要去烦扰狄公。”

久视元年（公元700年），狄仁杰去世。武则天流着泪说：“朝堂无人了！”从此以后，朝廷有大事，群臣有时不能决断，武则天就会叹息着说：“老天为什么这么早就把我的国老夺走呢？”

狄仁杰（公元630年—700年）唐代并州太原（今山西太原）人，字怀英。武则天时期任宰相，杰出的封建政治家。应试明经科（唐代科举制度中科目之一），从而步入仕途。狄仁杰为官，如老子所言『圣人无常心，以百姓心为心』，始终是居庙堂之上，以民为忧，后人称之为『唐室砥柱』。

相关链接

〔1〕彭泽：位于今江西彭泽一带。

吉项降职尽忠言

吉项被武则天贬黜，临行对她说，是她给日后的江山埋下了战乱的祸根，武则天无言以对。

武则天因为天官侍郎、同平章事吉项[1]有才干谋略，所以把他视为心腹。吉项与武懿宗[2]在武则天面前为赵州之战的功劳而争执，吉项魁梧高大，能言善辩，武懿宗矮小驼背，吉项直视武懿宗，言辞神色都很凌厉。

武则天很不高兴，说："吉项在朕面前，还敢轻视我们武家的人，倘若将来我不在了，还能依靠吗？"有一天，吉项上奏，正在引经据典，武则天生气地说："你说的，朕听够了，不要再说了！当年太宗有一匹马叫狮子骢，肥壮任性，没人能驯服。朕当时是宫女，在太宗身边侍奉，对太宗说，'我能制伏它，只需要三样东西，一是铁鞭，二是铁棍，三是匕首。用铁鞭抽打它，不服，就用铁棍敲它脑袋，还是不服，就用匕首割断它的喉管。'太宗夸奖朕心志高。今天你又哪里值得玷污朕的匕首呢？"吉项惶恐流汗，趴在地上跪拜，请求饶命，武则天才作罢。武姓亲戚都怨恨吉项依附太子，一起揭发他的弟弟冒充官吏的事，吉项因此获罪，被贬官。辞别那天，吉项获得武则天召见，他流着泪对武则天说："我现在远离朝廷，永远没有再见面的机会了，请允许我说一句话。"武则天让他坐下，他说："水和土混在一起成为泥，有争斗吗？"

武则天说："没有。"

吉项又说："分一半做佛像，一半做天尊像，有争斗吗？"

武则天说："有争斗。"吉项叩头说："皇室宗族、外戚各守本分，那么天下安定。现在已经立了太子，而外戚仍然为王，这是陛下造成的，以后一定有争斗，双方都不能安定。"

武则天说："朕也知道，但是情形已经如此，没有什么办法。"

相关链接

〔1〕吉项：？－公元700年，一名旭，洛州（今河南洛阳）人，高大魁伟，唐朝进士，武则天时任右肃政台御史中丞。

〔2〕武懿宗：并州文水人，祖父武士逸为武则天伯父。身材短小，腰背弯曲，相貌丑陋且性情残暴。生卒年不详。

张柬之等人趁武则天病重垂危，发动宫廷政变，武则天同意传位于太子李显，李氏江山得以恢复。

神龙元年（公元705年）正月，武则天病得很重，麟台监张易之和春官侍郎张昌宗[1]在宫中弄权，张柬之[2]、崔玄暐与中台右丞敬晖、司刑少卿桓彦范，以及相王府司马袁恕己策划诛杀张易之和张昌宗。

当初，张柬之接替荆州都督府长史杨元琰的官职，二人一起在长江里划船，到江心的时候，谈到武则天以周代唐的事情，杨元琰慷慨激昂，大有匡复唐室的意思。

张柬之做了宰相以后，就引荐杨元琰担任右羽林将军，对他说："你还记得你在江心时说的话吧？今天的官职，可不是随便给你的。"张柬之还任用桓彦范、敬晖与右散骑侍郎李湛，让他们都担任左、右羽林将军，掌握禁军的兵权。

张易之等人怀疑恐惧，张柬之又任用他们的党羽武攸宜为右羽林大将军，张易之等人才安心。不久，灵武道安抚大使姚元之从灵武入朝，张柬之和桓彦范相互说："大事要成了！"于是把计策告诉姚元之。桓彦范把事情告诉了他母亲，母亲说："忠孝不能两全，应当先为国，后为家。"

当时太子李显在北门居住，桓彦范和敬晖前去进见，偷偷地告诉太子他们的计策，太子表示同意。

二十二日，张柬之、崔玄暐、桓彦范与左威卫将军薛思行等人，率领左右羽林兵五百多人到玄武门，派李多祚、李湛与内直郎驸马都尉王同皎去东宫迎接太子李显。太子犹疑，不肯出来，王同皎说："先帝把社稷交给殿下，殿下无故遭幽禁废黜，人神共愤，已经二十三年了。现在上天引导人心，大家同心协力，诛灭凶恶小人，恢复李氏社稷，希望殿下暂且去玄武门满足大家的期望。"

太子说："凶恶的小人的确应该诛灭，但是圣上正在生病，不会惊扰到她吗？请各位以后再计划。"

李湛说："将相们不顾家族，为社稷献身，殿下为什么要把他们推进火坑呢？请殿下亲自去制止他们。"于是太子出宫。

王同皎把太子抱到马上，跟随太子到玄武门，斩断门栓入宫。武则天在迎仙宫，张柬之等人在走廊里斩杀了张易之和张昌宗，然后进入武则天居住的长生殿，环绕在她周围侍卫。

武则天吃惊起身，问："谁作乱？"

回答说："张易之、张昌宗谋反，我们奉太子之命杀了他们。因为担心事情泄露，所以没有向您奏报。我们在禁宫动兵，罪该万死！"

武则天看见太子李显，说："是你干的？小子已经受诛，你可以回东宫去了。"

桓彦范上前说："太子怎能回东宫呢？以前天皇把爱子托付给陛下，现在他已经长大，一直在东宫为太子，天意人心，思念李氏已久。群臣不忘太宗、天皇的恩德，所以奉太子命令，诛杀贼臣。希望陛下把帝位传给太子，以顺从天意人心！"

李湛是李义府的儿子，武则天看见他，对他说："你也是诛杀张易之的将军吗？我对你们父子不薄，才会有今天！"李湛十分羞愧，不能回答。

武则天又对崔玄暐说："其他人都是由别人推荐提拔的，只有你是朕亲手提拔的，你怎么也在这里呢？"

崔玄暐说："这正是为了报答陛下的恩德。"

随后逮捕了张昌期、张同休、张昌仪等人，全处斩，与张易之、张昌宗的首级一起悬挂在神都天津桥南边示众。

二十三日，武则天颁下制书，由太子李显代理朝政。次日，武则天传位李显。又次日，中宗李显即位，重新当上皇帝，以妃子韦氏为皇后。

二月初四，恢复大唐国号，郊庙、社稷、陵寝、百官、旗帜、服色、文字，一律恢复成高宗永淳年前的样子。

相关链接

〔1〕张昌宗：？—公元705年，定州义丰（今河北安国）人，张易之为其兄，二人皆美姿容，并以此得宠于武则天。

〔2〕张柬之：公元625年—706年，字孟将，襄州襄阳（今湖北襄樊襄阳）人，科举进士，官至宰相。

中宗复位后，武三思得宠，武氏势力重振朝廷。太子李重俊恼怒武三思等人的跋扈和对自己的欺凌，就带兵杀了他们。

武则天统治末期，张柬之等人发动政变，唐中宗李显重新登上皇位。过去受武则天宠爱而执掌朝政的人中，张易之、张昌宗兄弟以及他们的党羽均遭到诛杀，只有武则天的侄子武三思[1]未受惩处。

中宗被幽禁时，与韦氏共渡艰难，感情十分深厚。中宗曾私下对韦氏发誓："日后若能重见天日，不论你想怎么做，我都不加限制。"因此等到中宗复位，韦氏重新当上皇后，就像武则天在高宗在位时那样，开始干涉起朝政来。

当年，高宗任命的西召侍郎、同东西台三品上官仪，受高宗委托，起草废黜武则天的诏书。后来废黜一事没有实行，武则天怀恨上官仪，设计诬陷，将他连同儿子一起杀死，查抄家产，孙女上官婉儿被没入后宫。

上官婉儿性格聪慧，口齿伶俐，富有文采，熟悉官府事务。武则天十分喜欢她，从圣历年间开始，经常让她参与处理各部门的表章奏疏。唐中宗即位以后，又让她专门负责起草诏令，封她为婕妤，让她负责宫中事务。

中宗的女儿安乐公主嫁给了武三思的儿子武崇训。上官婉儿与武三思私通，所以偏袒武氏，她向韦后推荐武三思，引荐武三思入宫。于是唐中宗开始与武三思商议政事，从此张柬之等人都受制于武三思。

唐中宗让韦后与武三思玩双陆（游戏名），自己坐在一边为他们数筹码。于是武三思又与韦后私通，从此武氏的势力得以重振。

武三思忌惮敬晖、张柬之、桓彦范等五位大臣，与韦后天天在中宗面前诬陷他们，说他们恃功专权，将要产生野心，中宗相信了。武三思又出主意，封敬晖等五人为王，免去他们的宰相职务，只要求他们每月初一、十五朝见天子。

接着，武三思让百官恢复武则天时的政策，罢黜不肯依附武氏的人，起用当初被敬晖等五王贬谪的人，结果朝廷大权都落入武三思之手。

神龙二年（公元706年），武三思设计陷害敬晖等五王，最后将他

○ 品画鉴宝

三彩马及牵马俑（唐） 此马高大雄壮，胸肌宽阔。牵马者为一胡人，瞪着不羁的大马，人马间出现一种故事情节，妙趣横生。

们折磨至死。武三思杀死五王后，权势盖过中宗，他常常说："我不知道世上什么是好人，什么是坏人。我只知道，对我好的人就是好人，对我坏的人就是坏人。"

中宗立李重俊[2]为太子。韦后因为李重俊不是自己亲生的，很讨厌他，武三思尤其嫉恨李重俊。上官婉儿因为武三思的缘故，在她拟定的制书敕令里，经常推崇武氏。

安乐公主与驸马、左卫将军武崇训经常凌辱李重俊，有时候甚至叫李重俊奴才。武崇训又教安乐公主向唐中宗进言，请求废掉太子，立自己为皇太女。李重俊心中积愤不平。

景龙元年（公元707年），七月初六，李重俊与左羽林大将军李多祚、将军李思冲、李承况、独孤祎、沙吒忠义等人，假传皇帝诏令，发动羽林千骑的士兵三百多人，把武三思、武崇训父子与亲戚十几人杀死在武三思家中。

李重俊又让左金吾大将军、成王李千里，和他的儿子天水王李禧，分别带领士兵守住宫城各门，李重俊和李多祚带领士兵从肃章门砍断门栓入宫，四处敲门，寻找上官婉儿。

上官婉儿大声说："看来他们是想先抓住我，然后抓住皇后，最后要抓住皇帝。"唐中宗与韦后、安乐公主、上官婉儿一起登上玄武门门楼躲避，并派右羽林大将军刘景仁率领羽林飞骑一百多人在楼下屯兵，保护自己。

杨再思、苏瓌、李峤与兵部尚书宗楚客、左卫将军纪处讷，带领两千多士兵聚集在太极殿前，闭门坚守。李多祚率先到玄武楼下，想登上楼，但被卫兵阻拦。李多祚与李重俊犹豫不决，按兵不动，希望唐中宗询问他们。

宫闱令杨思勖站在唐中宗身后，请求允许他带兵攻击。李多祚的女婿羽林中郎将野呼利是前锋总管，杨思勖拔出佩刀斩杀了他，李多祚手下的士兵立刻就丧失了士气。

唐中宗扶着栏杆，俯下身子对楼下李多祚带领的千骑士兵说："你们都是朕的卫士，为什么要跟随李多祚谋反？如果能杀掉谋反的人，不用担心没有荣华富贵。"

于是千骑士兵斩杀了李承况、独孤讳、沙吒忠义，其余的人都四下逃散。

李千里、李禧父子攻打太极宫右延明门，想杀死宗楚客和纪处讷，未能攻克，反而战死。李重俊带着一百多名骑兵逃奔终南山，到达鄠西时，只有几个人跟得上，在树林里休息的时候，被左右侍从杀了。

唐中宗把李重俊的首级献到太庙，又用它祭祀武三思和武崇训的灵柩，最后悬挂在朝堂里示众。

另外，中宗又把成王李千里的姓改为蝮氏，李重俊的同党都被处死。

相关链接

〔1〕武三思：？—公元707年，并州文水（今山西文水东）人，武则天之侄，以外戚故，官至夏官、春官尚书，监修国史，封梁王。

〔2〕李重俊：？—公元707年，唐中宗李显第三子，初封义兴郡王，后徙封卫王，公元706年被立为太子。

李隆基诛韦氏

韦后下药毒死了中宗，谋划自己当皇帝，李隆基发动政变铲除了韦氏势力，李旦重登帝位。

景云元年（公元710年），安乐公主[1]希望韦后临朝，自己好当皇太女，就与韦后的一些党羽谋划，在糕饼中放上毒药，进献给中宗。六月初二，中宗在神龙殿驾崩。

韦后先不公布消息，伪造遗诏，立温王李重茂为太子，由皇后主持政务。初四，韦后召集群臣，为中宗发丧，宣布自己临朝摄政。初七，年仅十六岁的李重茂即位。

中书令宗楚客伙同韦后同党，劝说韦后效仿武则天称帝。宗楚客还打算害死李重茂，只是非常忌惮相王李旦及太平公主，便与韦温、安乐公主密谋除掉他们。

相王李旦的儿子、临淄王李隆基[2]，在京师暗中聚集智勇双全的人，谋划匡复李唐社稷。羽林军中有一支精锐部队，名叫“万骑”，李隆基对其中的豪杰之士都深相结交。

兵部侍郎崔日用一向依附韦后及武氏，与宗楚客的关系也很好，他得知宗楚客的阴谋以后，担心灾祸会牵连到自己，就派宝昌寺僧人普润秘密进见李隆基，向他报告，并劝李隆基迅速发动。

于是李隆基和太平公主，以及公主的儿子卫尉卿薛崇暕、西京苑总监钟绍京、尚衣奉御王崇晔、前任朝邑尉刘幽求、利仁府折冲麻嗣宗等人策划，先于韦氏集团发动，铲除他们。

韦播、高嵩二人为了树立自己的威名，经常鞭笞万骑士兵，使得万骑士兵都很怨恨他们。果毅葛福顺和陈玄礼进见李隆基，告诉他这些事情，李隆基暗示他们诛杀韦氏，两人都踊跃请求，要以死效力。万骑果毅李仙凫也参与了具体谋划。

有人建议李隆基应当告诉他的父亲相王李旦，李隆基说：“我们是为了社稷效力，如果成功，福分归相王；万一失败，我们自己受死，不会连累相王。如果告诉他，他同意的话，那么他也参预了谋划。如果他不同意，就会坏了大事。”所以没有告诉李旦。

二十日申时，李隆基身穿便服与刘幽求等人进入禁苑，到钟绍京住的地方会合。钟绍京后悔，想要拒绝，他的妻子许氏对他说：“为国献

○ 品画鉴宝

张果见明皇图（元）任仁发／绘　图绘《明皇杂录》记载的唐明皇李隆基与神话中的八仙之一张果相见的情景。

身，神灵一定会帮助的。而且你平时一直与他们谋划，现在即使不参加，又怎么能逃脱呢？”于是钟绍京开门拜见李隆基，李隆基拉着他的手与他一起坐下。

当时，左右羽林军将士都驻扎在玄武门，等到夜里，葛福顺和李仙凫都到李隆基的住处，询问起事的信号，准备行动。将近二更，夜空里流星如雪花散落，刘幽求说：“天意如此，时不可失！”

葛福顺拔出佩剑，径直闯进羽林营，把韦璿、韦播、高嵩三人斩首示众，说：“韦后毒死先帝，图谋社稷，今晚应当一起铲除韦氏，比马鞭高的人一律处斩。拥立相王安定天下。如果敢有二心，帮助叛逆的，罪过牵连三族。”羽林军的士兵都欣然听命。

韦璿等人的首级被送到李隆基那儿，李隆基拿过灯看了以后，就和刘幽求等人一起出禁苑南门，钟绍京率领工匠二百多人，拿着斧头锯子跟随在后面。

李隆基让葛福顺率领左万骑攻打玄德门，派李仙凫率领右万骑攻打白兽门，约定在凌烟阁前会合，随即大声呐喊。葛福顺等人一起杀了守门的卫士，攻入宫门。李隆基率领士兵守在玄武门外，三更，听到喧哗声，立刻率领总监及羽林兵入宫，在太极殿守卫中宗灵柩的南牙卫兵听到喧哗声之后，都穿起铠甲响应。

韦后仓皇混乱中逃进飞骑营，被一个飞骑兵斩首，首级进献给李隆基。安乐公主正对着镜子画眉，也被士兵斩杀。

上官婉儿本已依附李唐，与安乐公主各树朋党。中宗驾崩后，上官婉儿起草遗诏，让相王李旦辅佐李重茂，宗楚客、韦后将这个内容改掉了。

李隆基率军入宫的时候，上官婉儿拿着灯笼带领宫人前去迎接，把她起草的诏书草稿给刘幽求看。刘幽求为她求情，李隆基没有答应，在旗下斩了上官婉儿。当时，李重茂住在太极殿，刘幽求说："大家约好了今天晚上拥立相王，为什么不早点定下来呢？"李隆基急忙阻止他，然后继续收捕宫内与把守宫门的韦氏族人，并把平常被韦后亲信的人也一起斩首。天快亮的时候，宫内、宫外已全部平定。

二十一日，李隆基出宫拜见父亲李旦，因为事先隐瞒而叩头谢罪。李旦流着泪抱住他说："宗庙社稷得以保全，是你的功劳啊！"于是众人迎接李旦入宫辅佐李重茂。

李隆基下令关闭宫门以及京城城门，派万骑士兵分头搜捕韦氏亲党。宗楚客身穿丧服，骑着一头黑毛驴出逃，到了通化门，看门的说："你不就是宗尚书吗？"说完摘掉他的布帽，抓起来斩了。

二十三日，太平公主传达李重茂旨意，要求将皇位让给李旦，李旦坚决推辞。

二十四日，李重茂在太极殿面西而坐，李旦立在中宗灵柩旁。太平公主与刘幽求商议，要以李重茂的制书，将帝位让给相王李旦。

当时李重茂坐在御座上，太平公主上前对他说："天下人心已经归附相王，这不再是你这个小孩的座位了。"说完把他拉下来。当天，睿宗李旦即位，恢复李重茂原来的温王爵位。

相关链接

〔1〕安乐公主：约公元685年—710年，名裹儿，唐中宗李显幼女。

〔2〕李隆基：公元685年—762年，睿宗李旦的第三子，公元712年即位，统治期间社会安定，经济繁荣，唐朝进入全盛时期，后人称之为"开元盛世"，庙号玄宗，史称唐明皇。

太平公主受诛

太平公主专擅朝政，想废掉玄宗李隆基，事情被告发，李隆基诛杀了她。

太平公主[1]冷静沉着，聪明而有谋略，武则天认为她很像自己，所以在众多的子女中特别喜爱她，经常让她参与机密谋划。然而她畏惧武则天的威严，不敢招揽权势。

张柬之等人诛杀张易之、张昌宗兄弟的时候，太平公主有功劳。唐中宗时，韦后和安乐公主都畏惧她，她又和太子李隆基一起诛灭了韦氏。太平公主几次建立大功，地位更加尊崇，唐睿宗经常与她商量朝政大事，每次她入朝奏事，都坐着谈很久。有时候没去上朝觐见，睿宗就让宰相到她的家里询问她的意见。

宰相每次上奏，睿宗动辄询问他们："与太平公主商量过吗？"又问："与三郎商量过吗？"然后才会批准。三郎，是指皇太子李隆基。

太平公主想做的事，睿宗没有不同意的。朝中群臣自宰相以下，升官还是贬职，都由她一句话决定，其余由她举荐而担任要职的士人更是不计其数。她的权势甚至超过了睿宗皇帝，无数人到她府邸拜访，门庭若市。

太平公主忌惮太子李隆基，经常在睿宗面前挑拨，让他废掉太子。睿宗生性淡泊，又喜好道术，他汲取以往宫廷变乱的教训，听了太平公主的话，反而打算让出帝位，以避免灾祸。

先天元年（公元712年）七月，睿宗颁下制书，要将帝位让给李隆基。

八月初三，李隆基即位，是为唐玄宗。玄宗尊奉睿宗为太上皇，凡三品以上官员的任命，以及重大的刑狱政务由太上皇决定，其他事务都取决于皇帝。

此后，太平公主倚仗太上皇的势力，继续专擅朝政，与玄宗发生冲突，朝中七位宰相之中，有五位出自她门下，超过一半的文臣武将依附于她。

太平公主与同党们一起谋划，要废掉玄宗；又与宫女元氏合谋，想用毒药害死玄宗。

开元元年（公元713年）七月，侍中魏知古告发太平公主准备在本月四日作乱，太平公主命令常元楷、李慈在那天率领羽林军冲进武德殿，派窦怀贞、萧至忠、岑羲等人到时在南牙举兵响应。

于是玄宗与岐王李范、薛王李业、郭元振[2]以及龙武将军王毛仲、殿中少监姜皎、太仆少卿李令问、尚乘奉御王守一、内给事高力士、果毅李守德等人商定计策，抢先诛杀太平公主。

初三，玄宗让王毛仲调集闲厩中的马匹与禁兵三百多人，从武德殿进虔化门，召见常元楷和李慈二人，先斩杀了他们，在内客省逮捕了贾膺福和李猷，把他们带出来，又在朝堂上逮捕了萧至忠和岑羲，全部斩首。窦怀贞逃进壕沟里自杀，于是斩戮他的尸首，并把他的姓改为毒氏。

太上皇听说发生变乱，登上承天门的门楼。郭元振上奏说："皇帝奉太上皇诰命，诛杀窦怀贞等人，没有其他的事情。"

玄宗寻找太上皇，到了门楼，太上皇就颁发诰命，列数窦怀贞等人的罪状，并因此大赦天下，只有逆臣的亲戚党羽不被赦免。

初四，太上皇唐睿宗颁布诰命："从现在开始，军政国事、刑赏教化，都由皇帝决定。朕好清静无为，修心养性，以遂平素的心愿。"当天，太上皇移居百福殿。

太平公主逃进山寺，过了三天才出来。唐玄宗下诏，赐她在家中自尽，她的儿子与党羽也被处死，共有几十人。

相关链接

〔1〕太平公主：约公元665年－713年，名令月，为唐高宗李治幼女，母为武则天，受武则天宠爱，权倾一时。

〔2〕郭元振：公元656年－713年，名震，字元振，魏州贵乡（今河北大名北）人，科举进士，唐朝著名将领。

吐蕃重新归附

开元年间，皇甫惟明出使吐蕃，使吐蕃重新归附唐朝，停息了双方之间长达多年的战争。

吐蕃自恃国家强大，对唐致书使用对等国家的礼节，言辞悖逆傲慢，玄宗常常为此感到愤怒。开元十五年（公元727年），玄宗开始派军队讨伐，两国交战，打了几年的仗。

至开元十八年（公元730年），吐蕃因屡次战败而请求和亲。忠王友皇甫惟明[1]趁着上奏的机会，从容地向唐玄宗说明和亲的好处。

唐玄宗说："吐蕃赞普过去给我的书信里，言辞傲慢，怎么能不管呢？"

皇甫惟明回答说："开元初年，赞普年纪还小，怎么会写这样的信？恐怕是边境的将领伪造的，想激怒陛下而已。边境有战事，将领官吏就能趁机盗取或隐藏官府的东西，还可以胡乱上报战功，以求取功勋官爵。这些是奸臣的利益，但不是国家的福气。

"战事连年不断，每天耗费千金，河西、陇右因此贫困凋敝。陛下可以派遣使臣去看望金城公主[2]，趁机与赞普当面约定婚姻，让他俯首称臣，永远平息边境祸患，这难道不是驾驭夷狄的好方法吗？"

唐玄宗十分赞同，就命令皇甫惟明和内侍张元方出使吐蕃。

十月，赞普派大臣论名悉猎跟随皇甫惟明一同入朝，进献贡品，上表说："外甥两代都娶了天朝的公主，我们两国的情义如同一家人。中间由于张玄表等人先带兵侵犯掠夺，才使边境关系恶化。外甥深深明白尊贵卑贱的关系，怎么敢失礼呢？

"以前因为边将挑拨离间，让我得罪了舅父。我屡次派遣使者入朝，都被边将阻拦，现在承蒙您派使臣远道而来，外甥不胜喜悦，如果能重修旧好，死而无憾！"从此，吐蕃国又诚心归附大唐。

相关链接

〔1〕皇甫惟明：？—公元747年，唐朝著名将领，籍贯不可考。

〔2〕金城公主：？—公元739年，唐中宗李显养女，公元710年入藏嫁于吐蕃赞普，为汉藏民族友好往来做出了巨大贡献。

○ 品画鉴宝　迎宾图（唐）

杨贵妃受宠

玄宗的武惠妃死后，玄宗接其子的妃子杨氏进宫，对她万分宠爱。杨氏的哥哥等人也因此获得高官厚禄。

玄宗宠爱的武惠妃死后，玄宗心里怀念不已。后宫女子几千人，没有一个合他心意的。

有人对玄宗说，寿王李瑁的妃子杨氏[1]的美貌举世无双，玄宗见了以后，十分喜欢。

玄宗让杨妃自己请求做女道士，号“太真”，然后玄宗将其偷偷接到宫中。太真体态丰满，容貌娇艳，通晓音律，生性机警，善于逢迎玄宗的心意。

不到一年，宠爱就如武惠妃在世时一样，宫中都称她为“娘子”，对待礼仪与皇后相同。

○ 品画鉴宝　杨贵妃上马图（元）钱选／绘　图绘唐太宗携杨贵妃出游的场景。

天宝四载（公元745年）八月，玄宗册封杨太真为贵妃，赐她父兄很高的官职。杨贵妃的三个姐姐，也都赐予京师的宅第，待遇非常优厚。

杨贵妃深受玄宗的宠爱，每次骑马，高力士[2]都为她拿马鞭牵辔头。专门为杨贵妃织绣衣服的工匠有七百人，朝廷内外争着进献器物、衣服和珍宝。

岭南经略使张九章与广陵长史王翼因为进献的物品精美，张九章加封三品，王翼入朝任户部侍郎，天下人都纷纷效仿。

民间有歌谣传唱：“生男勿喜女勿悲，君今看女作门楣。”

杨贵妃喜欢吃新鲜荔枝，玄宗就命令岭南每年都用驿马飞奔送来，

到了长安，颜色味道都还没变。

天宝五载（公元746年），杨贵妃因为嫉妒泼悍，对玄宗无礼，玄宗很恼怒，就下令把她送回她哥哥杨铦家里。结果一整天，玄宗都很不高兴，到了中午，还不吃饭，左右侍从总是不合心意，屡屡被鞭笞捶打。高力士想试探玄宗的心意，就请求把贵妃院中储备的器物送给贵妃，总共装了一百多车，玄宗又把自己吃的食物赐给贵妃。到了晚上，高力士跪下上奏，请求迎接贵妃回来，于是玄宗打开宫门让贵妃入宫。从此对杨贵妃的宠爱更深，后宫没有人能比得上。

天宝九载（公元750年）二月，杨贵妃又违背了玄宗的心意，被送回杨家。户部郎中吉温让宦官对玄宗说："妇道人家见识短浅，违背圣上的心意，陛下何必吝啬宫中一席之地，不让她死在宫里，而忍心让她在宫外受辱呢？"玄宗也后悔了，就派宦官把自己吃的饭赐给贵妃。

杨贵妃哭着对宦官说："我罪该万死，有幸陛下不杀我，让我回家。现在要永远离开宫阙，金玉、珍宝、玩物都是陛下赏赐的，不值得献给陛下，只有头发是父母给我的，胆敢献给陛下，表达我的真诚。"于是剪下一束头发献给玄宗。玄宗立刻派高力士把她接回宫中，从此更加宠爱她。

相关链接

〔1〕杨氏：公元719年－756年，名玉环，祖籍蒲州永乐（今山西永济一带），生于蜀郡（今四川成都），擅长歌舞，原为玄宗之子寿王李瑁的妃子，后被玄宗纳进宫中，集后宫宠爱于一身，公元745年被册封为贵妃。我国古代四大美女之一。

〔2〕高力士：公元684年－762年，潘州（今广东高州）人，唐朝玄宗李隆基最宠爱的心腹宦官，曾一时权倾朝野。

安禄山反叛

公元755年，曾极度受宠于唐玄宗和杨贵妃的安禄山，在范阳起兵反叛唐朝，爆发了中国历史上著名的“安史之乱”。

安禄山[1]本是营州地方的混血胡人，原名阿荦山。他的母亲是一个女巫，父亲死后，带着安禄山嫁给了突厥人安延偃。刚好突厥部落衰败溃散，阿荦山就与安延偃哥哥的儿子安思顺逃到幽州，冒姓安氏，名叫禄山。

有一个混血胡人，名叫史窣干，与安禄山原是街坊邻居，两人生日相差一天。长大后，成为朋友，都做了互市[2]牙郎，以勇敢闻名。

幽州节度使张守珪以安禄山为捉生将，每次带领几名骑兵出去，都能擒获几十名契丹人回来。又加上安禄山狡猾，善于揣摩人的心意，所以深受张守珪的喜爱，张守珪让他做自己的养子。史窣干曾为张守珪立下大功，张守珪上奏任命他为果毅，后来升为将军。史窣干入朝奏事，玄宗与他说话，很喜欢他，就赐名为“思明”。安禄山后来担任平卢兵马使，为人乖巧，善于讨人欢喜，人们多数都称赞他。玄宗身边的人到了平卢，安禄山就用丰厚的财礼贿赂他们，他们回去后尽说好话，因此玄宗更加认为安禄山是个贤能之人。

天宝元年（公元742年），朝廷把平卢分出来，另外设立军镇，任命安禄山为节度使。次年正月，安禄山入朝，玄宗对他十分宠幸，允许他随时入朝。过了一年，又让他兼任范阳节度使，后来还让他兼御史大夫。安禄山身体肥胖，大腹便便，垂下来超过膝盖，曾自称肚子重三百斤。他外表看上去憨厚老实，内心实际上非常奸猾。

安禄山在玄宗面前应对敏捷，且诙谐幽默。玄宗曾经开玩笑地指着安禄山的肚子说：“你这个胡人肚子里有什么东西，竟然这么大？”

安禄山回答说：“没有什么其他的东西，只有一片忠心！”玄宗十分高兴。

玄宗曾经让安禄山进见太子，安禄山不行拜礼。左右的人催他跪拜，安禄山站着说：“我是胡人，不懂得朝廷的礼仪，不知道太子是什么官？”

玄宗说：“太子是将来的皇上，朕去世以后，代替朕做你的君主。”

安禄山说：“我愚蠢浅薄，只知道有陛下一人，不知道还有太子。”不得已，然后跪拜。玄宗听信了他的话，更加喜欢他。

玄宗曾经在勤政楼设宴，群臣都坐在楼下，却单独为安禄山在自己座位东边设了金鸡障，安置床榻，让安禄山坐在前面，并命令卷起帘子表示荣宠。又让杨铦、杨锜以及杨贵妃的三个姐姐与安禄山按兄弟辈论交。

安禄山可以出入禁宫，就趁机请求做杨贵妃的干儿子。玄宗与贵妃一起坐着，安禄山却先跪拜贵妃。玄宗问他原因，安禄山回答说："我们胡人先母而后父。"玄宗十分高兴。

天宝十年（公元751年），玄宗下令在长安为安禄山修建宅第，极尽壮丽，不惜财力。所用器物极其豪华，连宫里的都比不上。玄宗常常告诫监工的宦官："胡人眼界大，别让他笑话我。"

安禄山过生日，玄宗和杨贵妃赏赐给他很多衣服、珍宝、器物和丰盛的酒食。过了三天，又召安禄山进宫，杨贵妃用锦绣做成大襁褓，裹住安禄山，让宫女用花轿抬着。唐玄宗听见后宫的欢笑声，就问原因，左右侍从说是贵妃为儿子三天洗身。玄宗亲自前往观看，很高兴，赏赐给杨贵妃洗儿金银钱，又重赏了安禄山，尽情作乐，然后才罢休。从此安禄山可以自由出入禁宫，不受限制，有时候与杨贵妃同桌吃饭，有时候一整夜不出宫，宫外颇传丑闻，玄宗也不怀疑。

安禄山请求兼任河东节度使，玄宗就让原河东节度使担任羽林将军，让安禄山代替他。安禄山兼任三镇节度使，大权在握，赏罚由己，日益骄纵。安禄山因为过去见了太子从不下拜，如今见玄宗年事已高，一旦驾崩，将由太子继位，所以心里有些害怕。又见朝廷武备松弛，颇有轻视中原的心思。

李林甫去世后，杨贵妃的远房堂兄杨国忠担任宰相。安禄山因为李林甫比自己狡猾，所以对他十分畏惧佩服。等到杨国忠任宰相，安禄山颇为看不起他，两人因此有了矛盾。杨国忠屡次说安禄山要谋反，玄宗不信。安禄山虽然早就有叛乱的想法，但因玄宗待他很好，因此想等到玄宗死后再反叛。这时杨国忠因为与安禄山不和，多次上言说安禄山要谋反，玄宗不信。杨国忠又多次以事激怒安禄山，想让他立刻反叛以取信于玄宗。于是安禄山决意立即反叛。

天宝十四年（公元755年），安禄山自八月以来，多次犒赏士兵，厉兵秣马。这时，正好有官员入朝奏事回来，安禄山就假造敕书，召集所有将领，拿出伪造的敕书给他们看，说："皇帝有密诏，让我带兵入朝，讨伐杨国忠，你们应该马上随军行动。"将士们听了，都十分惊讶，互相对视，但谁也不敢反对。

十一月初九，安禄山发动自己统辖的军队及同罗、奚、契丹、室韦兵共十五万人，号称二十万，在范阳起兵反叛。

当时唐朝经过长期的和平，百姓已有几代没有经历战争，突然听说范阳起兵，远近都受惊动，恐慌不已，整个中国顿时陷入"安史之乱"的动荡之中。

相关链接

〔1〕安禄山：公元703年－757年，原名阿荦山，营州（今辽宁朝阳）人，父为胡人，母亲为突厥，幼年丧父，母改嫁，得姓安氏，生性狡诈而骁勇善战，唐玄宗时为范阳节度使，把持重兵。

〔2〕互市：古代中国与外国或异族之间进行的贸易称为互市。

哥舒翰失潼关

哥舒翰奉命讨伐叛军，率兵驻守潼关，玄宗听信奸臣之言，让哥舒翰领兵出击，结果潼关失守。

天宝十四年（公元755年），安禄山起兵反叛，河西、陇右节度使哥舒翰[1]正在家中养病，玄宗以为他威名赫赫，而且一向与安禄山不和，于是召见他，拜为兵马副元帅，让他率领八万军队，前去讨伐安禄山。

哥舒翰称病，坚决推辞。玄宗不同意，任命田良丘为御史中丞兼行军司马，起居郎萧昕为判官，连同蕃族将领火拔归仁等，各自率领所属部队，归哥舒翰指挥，再加上高仙芝的旧部，号称二十万，驻扎在潼关。

哥舒翰生病，就把军政事务都交给田良丘处理。田良丘又不敢独自承担，就让王思礼负责骑兵，李承光负责步兵。这两人互相争斗，以致军令无法统一。而且哥舒翰军法严厉，不体恤士兵，士兵们松懈怠惰，士气低落，没有斗志。

到了第二年，叛军虽然攻下洛阳，但受阻于潼关，又遭到各路勤王[2]军队的攻打，形势危殆。这时有人告诉玄宗，说安禄山的将领崔乾祐在陕郡，兵力不足四千，而且都是老弱，没有防备，玄宗便让哥舒翰出兵，收复陕郡和洛阳。

哥舒翰上奏，极力说明不可以出兵。郭子仪和李光弼也上言，要求坚守潼关，挫伤敌人锐气。然而杨国忠担心哥舒翰谋害他，便劝说出兵，还诋毁哥舒翰拖延时机，玄宗相信了。

玄宗不断派宦官去催促哥舒翰，让他出兵作战，使者一个接着一个。哥舒翰没办法，抚着胸口恸哭。六月初四，哥舒翰亲自率领军队，从潼关出兵。

初七，哥舒翰在灵宝西原遇上崔乾祐的叛军。崔乾祐的军队占据险要地势，以逸待劳，南面靠山，北边倚着黄河，中间狭道长七十里。

初八，官军与崔乾祐交战。崔乾祐在险要关口埋伏士兵，哥舒翰与田良丘乘船在黄河中观察军情，看见崔乾祐兵力很少，就命令大军进军。王思礼等人率领精兵五万人在前面，庞忠等人率领其余的十万士兵跟在后面，哥舒翰率领士兵三万人登上黄河北岸的高丘观望，擂响战鼓为军队助威。

崔乾祐派出的兵力不到一万人，三五成群，稀疏松散，官军看见了

都嘲笑他们。崔乾祐约束精兵，在这后面布阵。两军刚一交锋，前面的叛军就偃旗息鼓，假装要逃跑，官军松懈没有防备。

过了一会儿，埋伏的士兵出战，从高地上滚下木头和石块，杀死了很多官军士兵。因为道路狭窄，士兵挤在一起，刀枪施展不开。

哥舒翰让马拉着毡车，作为前锋，想用来冲击叛军。午后，突然刮起猛烈的东风，崔乾祐把几十辆草车堵在毡车前面，放火焚烧。浓烟夹着火焰，令官军士兵睁不开眼睛，胡乱攻击砍杀。又以为叛军在浓烟里，就召集弓弩手射击。天色渐晚，箭也射光了，才知道根本没有叛军。

崔乾祐派遣精锐骑兵越过南山，从官军后面进攻。官军首尾都惊慌混乱，不知道如何防备，最终大败。有的丢弃铠甲逃进山谷，有的互相推挤，掉进黄河淹死，喧嚣声震天动地，叛军乘胜追击。官军后军看见前军大败，自行溃散，黄河北岸的军队看见了也纷纷溃逃。

哥舒翰与手下几百名骑兵逃走，从首阳山西边渡过黄河，逃入潼关。潼关城外以前挖了三条壕沟，全部是二丈宽，一丈深，如今人马纷纷坠入壕沟，很快就被填满了。其余的人踏着他们才得以过去，入关的士兵只有八千多人。

初九，崔乾祐进军，攻陷了潼关。

哥舒翰到了关西驿站，张贴告示，想聚集逃散的士兵，再去守卫潼关。火拔归仁等带领一百多名骑兵，劝哥舒翰一起投降安禄山，哥舒翰不同意，火拔归仁便把他绑在马上，向安禄山的军队投降。

相关链接

〔1〕哥舒翰：？－公元757年，龟兹（今新疆库车一带）西突厥哥舒部落人，其父哥舒道元为哥舒部落首领。唐朝将领、节度使。

〔2〕勤王：古代皇帝处于危机之中时，地方兵马前去救援，称为“勤王”。

潼关失守，玄宗西逃蜀中，至马嵬坡发生兵变，杨贵妃兄妹被杀。

至德元年（公元756年）六月，潼关失守，通往京师长安的门户被打开。玄宗得知后，惊慌失措，招宰相来商议。杨国忠[1]因为自己兼任剑南节度使，事先在剑南储备了物资，这时就劝玄宗去蜀中避难，玄宗赞同。

十二日，百官上朝的人不到十分之一二。玄宗登上勤政楼，颁下制书，说想要亲征，听到的人都不相信。当天，玄宗移居大明宫，命令龙武大将军陈玄礼集合禁军，重重地赏赐金帛，还挑选了九百多匹马。这些事外人都不知道。

十三日，天刚刚亮，玄宗只与杨贵妃姐妹、皇子、妃子、公主、皇孙、杨国忠、韦见素、魏方进、陈玄礼以及亲信宦官、宫人从延秋门出发，其他在宫外的妃子、公主、皇孙一概弃之不顾，只管自己逃离。

十四日，到达马嵬驿[2]，将士们饥饿疲劳，都很愤怒。陈玄礼认为灾祸是由杨国忠造成的，想杀了他，于是让东宫宦官李辅国告诉太子李亨，太子犹豫不决。恰好有吐蕃的二十几名使者，拦住杨国忠的马，对他抱怨没有吃的。杨国忠还没来得及回答，士兵们都大声喊道：“杨国忠与胡人谋反！”有人用箭射他，射中了马鞍。杨国忠逃到马嵬驿西门里，士兵追上他，把他杀了，并将尸体肢解，把首级挂在矛上，插在西门外示众。又杀了他的儿子户部侍郎杨暄与韩国夫人、秦国夫人。御史大夫魏方进说：“你们怎么敢杀宰相？”士兵们把他也杀了。

韦见素听到外面混乱，跑出去看，被乱兵捶打，头破血流。众人都说：“不要伤了韦相公。”把他救了下来，才免去一死。

士兵们又包围驿站。玄宗听到喧哗声，问外面有什么事，左右侍从回答说杨国忠谋反。玄宗走出驿门，慰劳士兵，让他们撤走，士兵们不听。玄宗让高力士问他们，陈玄礼回答说：“杨国忠谋反，杨贵妃不应当再侍奉陛下，希望陛下割爱，把贵妃正法。”

玄宗说：“我自己会处理。”他走入驿门，拄着拐杖，垂着脑袋站在那儿。过了很久，京兆司录参军韦谔上前说：“现在众怒难犯，安危在顷刻之间，希望陛下赶快决断！”韦谔跪下叩头，血流满面。

玄宗说：“杨贵妃一直住在禁宫里，怎么知道杨国忠谋反呢？”

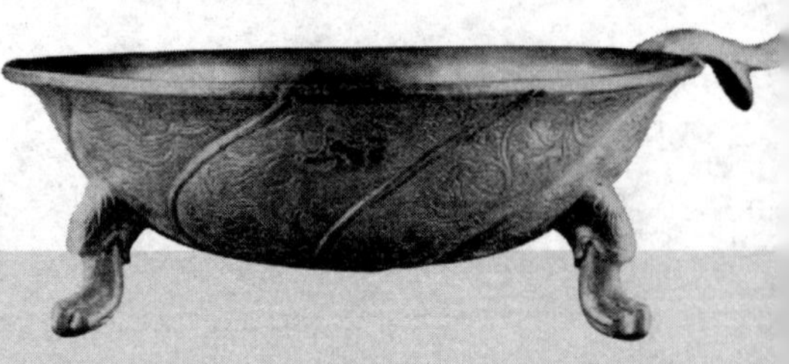

○ 品画鉴宝

刻花金铛（唐） 此器构思新颖，造型多变，给人以生动活泼之感。

高力士说："贵妃确实无罪，但将士们已经杀了杨国忠，杨贵妃还在陛下左右侍奉，怎么能让人安心？希望陛下慎重考虑，将士们安心，则陛下安全。"于是玄宗命令高力士把杨贵妃带到佛堂里，用绳子把她勒死，并把尸体抬到驿站的庭院里，叫陈玄礼等人查看。陈玄礼等人脱下铠甲，叩头谢罪。玄宗慰劳他们，让他们劝告士兵。陈玄礼等人都高呼万岁，拜了两拜出去，开始整顿军队，准备出发。

杨国忠的妻子裴柔与她的小儿子杨晞，还有虢国夫人及她儿子裴徽都逃走了，逃到陈仓县，被县令薛景仙率领官吏追上抓住，全部处死。

相关链接

〔1〕杨国忠：？—公元756年，原名杨钊，杨贵妃同曾祖兄，杨贵妃受宠后，他也跟着飞黄腾达，任唐朝宰相，属弄权误国之人。

〔2〕马嵬驿：马嵬地方的驿站。马嵬坡：在今陕西兴平县境内。

马嵬兵变之后，玄宗继续前往蜀中，太子李亨前往朔方，于灵武即皇帝位。

至德元年（公元756年）六月，玄宗在马嵬坡杀死杨贵妃兄妹，安定众将士之后，准备前往扶风。准备出发的时候，当地的百姓拦在路上请求留下，说："宫阙，是陛下的室家；陵寝，是陛下的坟墓。现在舍弃这些，要到哪里去呢？"

玄宗勒住马，停留了很久，命令太子李亨[1]留在后面安慰百姓。百姓们就对李亨说："皇上既然不愿留下来，我们愿意带领子弟，跟随殿下向东讨伐叛军，夺取长安。如果殿下与皇上都到蜀地去了，那么让中原百姓以谁为主呢？"一会儿就聚集起来几千人。

李亨不愿意，说："父皇冒着艰难险阻到遥远的地方去，我怎么忍心不跟在他身边？而且我还没有当面向他辞别，我要回去告诉父皇，然后听他的决定。"说完流泪哭泣，打马想向西而行。

建宁王李倓与宦官李辅国拉住李亨的马辔头进谏，说："胡贼进犯长安，四海分崩离析，如果不顺从民心，怎么能复兴帝业！现在殿下跟随皇上前往蜀地，如果贼兵烧断栈道，那么中原地区就拱手送给叛军了。人心一旦离散，就无法再聚合，即使再想像现在这样，还能做到吗？

"不如聚集西北边境的军队，召集郭子仪与李光弼在河北的兵力，与他们一起东进讨伐叛贼，收复两京，平定四海，使社稷从危难中重新恢复安定，使大唐宗庙由毁灭中继续生存。然后整理宫室，迎接皇上返回，难道不是最为孝顺的行为吗？何必因为区区温情，像小儿女一样眷恋不舍呢？"

广平王李俶也劝李亨留下来。百姓们拦住李亨的马，让他无法前进。于是李亨就让李俶骑马去报告玄宗。

玄宗勒住马等待李亨，等了很久他还没来，就派人去问，那人回来报告了情形，玄宗说："这是天意啊！"于是从后面的军队分出两千兵力，以及飞龙厩马给李亨。

玄宗通告将士说："太子仁义孝顺，可以继承大唐帝业，你们要好好辅佐他。"

又派人对李亨说："你要努力，不要挂念我。西北地区各族胡人，我

一直待他们不薄，你一定可以得到帮助。”

李亨向着南方号啕大哭。玄宗又派人把东宫的宫女送给李亨，并且宣旨要传位给李亨，李亨不肯接受。

李亨已经留了下来，但不知该去哪里。李俶说：“天色渐晚，不能停留在这里，大家想到哪里去呢？”没有人回答。

李倓说：“殿下过去曾经做过朔方节度大使，那里的将领官吏每年都写信来，我大概记得他们的姓名。现在河西与陇右的军队都战败投降，父兄子弟很多都在叛军里，也许会有别的图谋。

“朔方路途很近，兵强马壮，河西行军司马裴冕出身有名望的家族，一定不会有二心。叛贼正在长安大肆抢掠，顾不上向外侵略，应该趁机立刻前往朔方，再慢慢商议大计，这是最好的计策。”大家都说好。

李亨一行到了渭水岸边，遇上潼关战败的士兵，以为他们是敌人而交战，自相残杀，死伤很多。之后聚集剩余的士兵，选择水浅的地方，骑马渡过渭水，没有马的人只好哭泣返回。

李亨从奉天北上，抵达新平，一夜之间行军三百里，士兵和武器丢失的超过大半，留下来的只有几百人。新平太守薛羽抛弃郡县逃跑，被李亨杀了。李亨等人当天抵达安定，安定太守也要逃跑，李亨把他也杀了。

李亨到达乌氏县，彭原太守李遵出来迎接，献上衣服和干粮。到达彭原后，李亨招募了几百名士兵。又在当天到达平凉郡，察看监牧养的马，有几万匹，又招募士兵五百多人，兵力稍稍增强。

李亨在平凉停留了几天，朔方留后杜鸿渐等人，以及路过平凉、正要入朝做御史中丞的裴冕，都劝李亨前往朔方，认为朔方兵强马壮，旁边的吐蕃、回纥都已归附，郡县百姓都愿意抵抗叛军，是图谋复兴的好地方。七月初九，李亨一行抵达朔方镇的灵武[2]。

裴冕、杜鸿渐等人向李亨上笺，请求他遵照玄宗在马嵬驿的命令即皇帝位，李亨不同意。裴冕等人对李亨说：“将士都是关中人，日夜思念返回家乡，之所以不避艰险追随殿

下，到这辽远荒凉的地方，是希望建立功业。如果有一天人心离散，就无法再聚集了。希望殿下顺应人心，也为社稷考虑！”一连上笺五次，李亨答应了。

当天，李亨于灵武城南楼即帝位，是为肃宗群臣拜舞，肃宗也流涕哭泣。尊称玄宗为上皇天帝，大赦天下，改天宝十五载为至德元载。肃宗即帝位后十几天，归附的人越来越多。

相关链接

〔1〕李亨：公元711年－762年，原名李玙，唐玄宗第三子，曾封忠王，公元756年在灵武即位，庙号肃宗。

〔2〕灵武：在今宁夏灵武，古称灵州。

张巡死守睢阳

安禄山叛军攻打睢阳，张巡在内缺粮草、外无援兵的情况下与将士们死守孤城，和敌人奋战到了最后一刻。

至德二年（公元757年）正月，安庆绪派尹子奇率领十三万大军进攻睢阳[1]。许远向张巡[2]求援，张巡随即率领军队从宁陵进入睢阳。张巡的兵力有三千人，与许远联合起来，共有六千八百人。

叛军发动全部兵力进攻，张巡亲自督战，勉励将士，昼夜苦战，有的时候一天里交战二十多次。一共打了十六天，俘虏叛军将领六十多人，杀死叛军士兵两万多，于是士气大增。

许远对张巡说："我性情怯懦，不懂军事，你智勇双全，请让我为你坚守，你为我作战。"从此以后，许远只负责调集粮草，修理武器，在城中接应，作战策划都由张巡决断。叛军攻城不下，乘夜撤退离去。

三月，尹子奇再次率领大军前来进攻。张巡对将士说："我蒙受国家恩德，誓死坚守城池。但是考虑大家为国献身，战死沙场，而赏赐不能依照功勋，因此十分痛心。"将士们慷慨激昂，奋勇请战。

于是张巡杀牛设宴，犒劳士兵，出动全部兵力作战。叛军看见官军士兵少，都嘲笑他们。张巡举着战旗，率领众将领径直冲进叛军军阵，叛军溃败，张巡的军队斩杀敌将三十多人，杀死士兵三千多人，追击敌军追出了几十里。

第二天，叛军又聚集在城下，张巡率领士兵出战，昼夜不断，交战了几十个回合，屡次挫败叛军的锋锐，但叛军仍然不停地围攻。

七月，尹子奇又征召几万名士兵，围攻睢阳。在这之前，许远在睢阳城里积蓄的粮食有六万石，虢王李巨让他分一半给濮阳、济阴二郡，许远坚决争辩，但未被允许。

济阴得到粮食后，不久就献出城池投降叛军，而睢阳城里的粮食却已吃光。将士每人每日供给米一合，夹杂着茶叶、树皮吃。叛军粮道畅通，士兵战死了就再征集。睢阳守城的将士战死，得不到补充，也没有粮食救援。士兵死伤，只剩下一千六百人，都因为饥饿疾病不堪战斗，于是被叛军包围。

张巡准备守城的器具抵抗敌人。叛军作了云梯，像半个彩虹，上面安置了二百名精兵，推到城墙下，想让士兵跳进城里。张巡事先在城墙上凿了三个孔洞，等云梯靠近的时候，从一个洞里伸出一根大木，顶端安置铁钩，钩住云梯，让它不能退后。又从一个孔洞里伸一根木头，顶住云梯，让它不能前进。从最后一个孔洞中伸出一根木头，顶端安置铁笼，装着燃烧物焚烧云梯，云梯从中间折断，上面的士兵全部被烧死。

叛军又用钩车钩城头上的阁楼，钩到的地方，全部崩陷。张巡在大木头的末端安置连锁，锁头安置大铁环，套住叛军的钩车头，用皮车拔进城里，截断车上的钩头，然后把车放回去。叛军又制作木驴攻城，张巡熔化铁水灌进去，木驴立刻被溶化。

叛军又在城西北角用土袋和木柴堆成台阶，想以此登城。张巡不与争锋，每天夜里，偷偷地把松明与干草投进去，过了十几天，叛军都没有发觉。张巡乘机派军队出战，派人顺着风势纵火焚烧，叛军无法救火，过了二十多天，火才熄灭。

张巡所做的，都是随机应变。叛军佩服他的智谋，不敢再来进攻。于是在城外挖了三道壕沟，立木栅围城，张巡也在城内挖掘壕沟拒敌。

坚守睢阳的士兵死伤很多，只剩下六百人。张巡与许远把城池分开镇守，张巡镇守东北，许远镇守西南，二人与士兵一起吃茶叶，日夜苦战，不下城楼。

城中日益困窘，张巡让南霁云率领三十名骑兵突围出城，向临淮贺兰进明求援。南霁云出城以后，叛军几万人拦截，南霁云率领骑兵径直冲入敌阵，左右驰射，所向披靡，而南霁云这边只死了两名骑兵。

南霁云抵达临淮，拜见贺兰进明，贺兰进明说：“现在睢阳城不知是存是亡，派援兵去又有什么用呢？”

南霁云说：“睢阳城如果被攻陷，我以死向你谢罪。而且睢阳如果被攻陷，接着就是临淮，这两座城池就像毛皮相依，怎能不救呢？”

贺兰进明十分赞赏南霁云的勇敢，但不听他的劝告，还强迫他留下，准备了酒食与音乐，与南霁云坐在一起。

南霁云慷慨激昂，流着泪说：“我来的时候，睢阳人已经有一个多月没有粮食吃了！我虽然想吃，但实在咽不下去。您坐拥强兵，眼看着睢阳陷没，却丝毫没有救援的心意，难道是忠臣义士应当做的吗？”

南霁云咬下自己一个手指，给贺兰进明看，说：“南霁云既然不能完成主将的命令，请求留下一个指头作为信物，回去报告主将。”在座的人都哭泣落泪。

南霁云知道贺兰进明终究不肯出兵，于是离去，到达宁陵，与宁陵城使廉坦一起率领步兵、骑兵三千人，冲进叛军的包围圈，一边交战一边前进。到了睢阳城下，又与叛军大战，毁坏敌营，自己的士兵死伤很多，只剩下一千人进城。城中的将士、官吏知道没有救援，都放声恸哭。叛军知道没有援兵，围攻得更加猛烈。

到了十月，城中粮食已经吃完，有人建议放弃睢阳向东撤退。张巡与许远商议，认为撤退也一定无法逃脱。坚持固守，等待救援。

茶叶吃完以后，就杀马吃。马杀完以后，又捕捉鸟雀，挖掘地鼠。鸟雀、地鼠吃完以后，张巡杀掉自己的爱妾，给士兵们吃，许远也杀了他的家奴，然后把城里的女人全找出来杀了吃掉，接着是老弱的男子。城里的人都知道不能免死，没有一个人叛变，最后只剩下四百人。

初九，叛军登上城头，将士疲病，不能战斗。张巡向西拜了两拜，说：“我已经尽力，不能保全睢阳城，活着既然不能报答陛下，死了当为厉鬼杀贼！”城池被攻陷，张巡与许远都被俘虏。

尹子奇问张巡：“听说将军每次作战，都眼角撑裂，咬碎牙齿，为什么？”张巡说：“我想吞掉叛贼，只是力不从心。”尹子奇用刀撬开张巡的嘴巴看，只剩下三四颗牙齿。

尹子奇认为张巡十分忠义，不想杀掉他。他的部下说：“这样守节的人，终究不会为我们所用。再说他深得军心，不杀了他，一定会有后患。”于是尹子奇把张巡与南霁云、雷万春等三十六人全部斩杀，把许远送往洛阳。张巡临死前，神色从容，和平时一样。

相关链接

〔1〕睢阳：今河南省商丘市南。

〔2〕张巡：公元708年－757年，唐蒲州河东（今山西永济）人，一说邓州南阳人，开元进士。

肃宗征召大量回纥士兵，李俶带领唐军与他们共同攻打叛军，收复了长安、洛阳两座都城。

天下兵马副元帅、宰相郭子仪[1]认为回纥军队精锐，就劝肃宗多征召回纥兵，攻打叛贼。回纥怀仁可汗派他的儿子叶护和将军帝德率精兵四千多人到凤翔。肃宗接见叶护，设宴犒劳，赏赐财物，随他想要什么。

至德二年（公元757年）九月，天下兵马元帅、广平王李俶[2]率领朔方等各镇军队与回纥、西域各国士兵共十五万，号称二十万大军，从凤翔出发。李俶见到回纥叶护，二人约为兄弟，叶护大喜，称李俶为兄长。回纥兵到达扶风，郭子仪留他们宴饮三天。

叶护说："国家有难，我们远道而来帮助，怎么能只顾吃喝？"宴饮后立刻出发。唐朝每天供给回纥军二百头羊，二十头牛，四十斛米。

二十五日，各路大军同时进发。二十七日，到达长安城西，在香积寺北、沣水东岸布阵。李嗣业为前军，郭子仪为中军，王思礼为后军。叛军十万人在北边布阵，叛将李归仁出阵挑战，官军追击，贼军一齐进发，官军撤退，叛军乘机进攻，官军军中惊慌混乱，叛军争着抢夺辎重。

李嗣业说："现在不拼死抵抗，官军就会覆灭。"于是袒露上身，手执长刀，在阵前大声呼喊，奋勇出击；被他砍到的，人马俱死，一连杀了几十人，军阵才稍稍稳定。于是李嗣业率领前军手持长刀，排成横队，像一堵墙一样向前推进，身先士卒，所向披靡。

都知兵马使王难得为救他的裨将，被叛军射中眉毛，垂下的皮肉遮住眼睛。他自己拔出箭头，扯掉肉皮，血流满面，但仍然上前奋战不已。叛军在阵地东面埋伏精兵，想从后面袭击，被侦察兵发觉，朔方左厢兵马使仆固怀恩率回纥兵袭击他们，叛军被全部消灭，因此士气低落。

李嗣业又与回纥兵绕到叛军阵后，与大军夹击，从午时到酉时，斩首六万多人，死在野外的不计其数，叛军溃败，剩余的士兵逃进长安城，喧嚣声一整夜都没有停息。

仆固怀恩对李俶说："叛军弃城逃走，请让我率领二百名骑兵追击，活捉安守忠、李归仁等人。"

李俶说："将军作战已经很疲劳了，暂且休息，等明天早晨再说。仆固怀恩说："李归仁、安守忠都是叛军骁勇的将领，现在突然被我们打败，是天赐良机，为什么要放他们回去呢？如果让他们收集残兵，再来进攻我们，后悔也来不及了。兵贵神速，为什么要等到明天早晨？”

李俶坚持不同意，让仆固怀恩返回军营。仆固怀恩坚持请求，反反复复，一夜四五次。天色微亮，间谍回来报告说，安守忠、李归仁与张通儒、田乾真等人都已逃走。二十八日，朝廷大军进入西京。

起初，肃宗想尽快收复京师，与回纥约定说：“攻克城池的时候，土地、男子归唐朝，金帛、女人都给回纥。”到这时，叶护就想按约定的那样办。

李俶在叶护的马前下拜，说：“现在刚收复西京，如果大肆抢掠，那么东京的人都会为叛军死守，不能再攻克，希望到东京后再履行约定。”

叶护吃惊，跳下马回拜，跪在地上，捧着李俶的脚说：“当为殿下立刻前往东京。”于是与仆固怀恩率领回纥、西域的军队从长安城南经过，在浐水东岸扎营。李俶留在长安镇抚百姓，过了三天，率领大军向东，去收复洛阳。

十一月十五日，李俶率领军队抵达曲沃。叶护命令他的手下鼻施吐拨裴罗等人率领士兵顺着南山搜寻叛军，于是在岭北驻军。郭子仪等人率领军队与叛军在新店相遇，叛军靠着山布阵，郭子仪初次交战失利，被叛军赶到山下。

回纥军从山的南面袭击叛军的背后，在黄沙里射了十几箭。叛军吃惊地回头看，说：“回纥兵来了！”于是溃败，官军与回纥军乘机夹击，叛军大败，尸横遍野。严庄与张通儒等人放弃陕郡向东逃跑，李俶与郭子仪进入陕城，仆固怀恩等人率领士兵分头追击叛军。

十八日，李俶率兵进入东京。回纥军嫌军功分配不均，李俶十分忧虑。东京百姓请求用一万匹丝帛贿赂回纥军，回纥军才作罢。

相关链接

〔1〕郭子仪：公元697－781年，华州郑县（今陕西华县）人，祖籍山西汾阳（在今山西吕梁），武举出身，安史之乱时任朔方节度使，后封汾阳郡王，唐朝著名的将领、军事家。

〔2〕李俶：公元726－779年，后改名为豫，唐肃宗李亨长子，公元762年即位，庙号代宗。

史思明降而复叛

○品画鉴宝

陶武士俑（唐） 此俑身着轻便铠甲，双手握拳于腰际，作格斗状，双目圆睁怒视，给人以威慑感。

安庆绪想杀掉史思明，史思明投降唐朝，后因肃宗派乌承恩杀他的事情败露，史思明复反唐朝，自称大圣燕王。

至德二年（公元757年），安庆绪[1]杀死安禄山后，忌惮史思明[2]势力强大，于是派阿史那承庆和安守忠前往范阳去征调史思明的部队，并让他们暗中消灭史思明。

范阳节度判官耿仁智对史思明说："史大夫您尊贵崇高，身边的人都不敢说话，我愿冒死说一句。"

史思明说："你想说什么呢？"

耿仁智说："大夫之所以为安氏效力，是因为迫于他们的凶威。现在唐室兴隆，皇帝仁义贤明，大夫率领部下归服朝廷，是转祸为福的办法。"

裨将乌承玼也劝说史思明："现在唐室振兴，安庆绪就像是叶片上的露水。大夫你为什么要与他一起灭亡呢？如果归顺朝廷，洗去以前背叛的罪过，就会易如反掌。"史思明认为他们说得很对。

阿史那承庆与安守忠带领五千名精锐骑兵，到达范阳，史思明带领全部兵力几万人前去迎接，相距一里远的时候，史思明派人对阿史那承庆等人说："相公与大王远道而来，范阳的将士不胜欣喜。但是边境的士兵一向胆怯懦弱，畏惧你们的军队，不敢继续前进，希望你们收起武器，让他们安心。"阿史那承庆等人答应了。

史思明引领阿史那承庆到内厅宴饮作乐，另外派人收取了他们的铠甲兵器，发放粮食给士兵，然后遣送他们回去。愿意留下来的赏赐丰厚，分配到各营。

第二天，史思明把阿史那承庆等人囚禁起来，然后派人上表，率领自己所属的十三郡及八万士兵归降朝廷。肃宗大喜，封他为归义王、范阳节度使。

乾元元年（公元758年），六月，李光弼认为史思明终究还会反叛，就劝肃宗任命史思明所亲信的乌承恩为范阳节度副使，赏赐阿史那承庆铁券，让他们合谋除掉史思明，肃宗听从了。

乌承恩多次用自己的钱财招募士兵，又屡次穿上妇人的衣服，到其他将领的军营里游说，引诱士兵，众将领报告了史思明。史思明虽然怀疑但没有追查。

恰好乌承恩到京城，肃宗就派宦官李思敬与他一起去范阳慰问史思明。乌承恩宣布了皇上的圣旨以后，史思明就留乌承恩在馆舍留宿。用帷帐把他的床围了起来，并派两个人偷偷躲在床底下。

乌承恩的小儿子在范阳，史思明就让他来看自己的父亲。半夜，乌承恩悄悄对他的儿子说："我受皇帝诏命，来除掉史思明这个逆贼，皇帝任命我为节度使。"躲在床底下的两个人大叫着跳出来。

于是史思明把乌承恩抓了起来，搜查他的行装，找到铁券和李光弼的公文，公文上说："阿史那承庆的事情如果成功，就付给铁券。不成，就不能给他。"又搜出一本几百页的簿书，上面都是以前跟随史思明谋反的将士姓名。

史思明责问乌承恩："我有什么地方辜负你，你竟然做出这样的事情？"

乌承恩谢罪，说："罪该万死，这都是李光弼的计谋。"

于是史思明召集将士官吏与百姓，面向西边放声大哭，说："我率领十三万人归顺朝廷，怎么辜负了陛下，他竟想要杀了我？"然后用棍子打死了乌承恩父子，连坐获罪而被处死的有二百多人。

史思明把宦官李思敬关了起来，然后上表朝廷。肃宗派宦官安慰史思明说："这不是朝廷与李光弼的意思，都是乌承恩干的，杀了他很对。"

史思明决意反叛，上表威胁朝廷，要求朝廷杀掉李光弼。次年正月初一，史思明在魏州城北面筑坛，自称大圣燕王。

相关链接

〔1〕安庆绪：？－公元759年，安禄山第二子，原名仁执，唐玄宗赐名"庆绪"，擅长骑射。

〔2〕史思明：公元703年－761年，原名干，唐玄宗赐名"思明"，宁夷州突厥族中杂胡，勇猛善战，安史之乱始作俑者之一。

安庆绪陷入困境，向史思明投降，史思明把他杀了，占有了他的兵马和土地。

乾元元年（公元758年）十月，安庆绪被郭子仪打败，退入邺城固守。郭子仪围城，安庆绪见情形危急，就派人向史思明求援，并请求将帝位让给他。

史思明先派部将率小部队去滏阳[1]驻扎，为安庆绪遥张声势。次年二月，见郭子仪和安庆绪斗得两败俱伤，才亲自率军从魏州出发，前往邺城。

史思明先命令手下将领，各自在离邺城五十里的地方扎营，采取骚扰战术，等官军缺乏粮食，人心涣散后，才率领大军抵达城下，与官军约好日期决战。

三月初六，官军步兵、骑兵六万人在安阳河北岸列阵，史思明亲自率领五万精兵前来交战。结果刮起大风，两军各自溃散，官军混乱，不可收拾。

史思明得知官军确实败退，就整顿兵马，回到邺城南面驻扎。安庆绪收集了郭子仪军队留在军营里的粮食，有六七万石，于是与孙孝哲、崔乾祐等人商量关闭城门抗拒史思明。众将领都说："现在怎能背叛史王呢？"

史思明既不与安庆绪通报消息，也不南下追击官军，只是每天在军中宴请士兵。张通儒、高尚等人对安庆绪说："史王远道而来，我们应当前去迎接感谢。"

安庆绪说："随便你们。"

史思明见到张通儒、高尚等人，哭泣流泪，赏赐丰厚，然后送他们回去。

过了三天，安庆绪还没来。史思明秘密召见安太清，让他引诱安庆绪。安庆绪困窘，不知道该怎么办，于是派安太清上表，向史思明称臣，请史思明整顿好军队入城后，就奉上皇帝印玺。

史思明看了表书，说："哪里需要这样！"把表书拿出来给将士传看，将士们都高呼万岁。

史思明就亲手写信安慰安庆绪，并不称他为臣，只是说："希望与你作为兄弟邻国，互相援助。鼎足而立还差不多，如果向我称臣，绝对不敢接受。”并把表书封好还给安庆绪。

安庆绪非常高兴，因此请求与史思明歃血结盟[2]，史思明答应了。安庆绪带领三百名骑兵到史思明军中，史思明命令士兵穿戴铠甲配备兵器等待安庆绪，引领安庆绪与他的几个弟弟进入庭院。

安庆绪拜了两拜，低着头说：“臣不堪重负，丧失东西二京，又陷入敌人的包围许久，没想到大王因为太上皇的缘故，远道来援，搭救我于死地，恩重如山，无以报答。”

史思明忽然发怒，说：“丢失两京，有什么值得说的？你身为人子，杀父夺位，天地不容。我是为太上皇讨伐逆贼，怎么会被你的假话欺骗！”

于是命令左右卫兵把安庆绪与他的四个弟弟以及高尚、孙孝哲、崔乾祐等人全部杀掉，张通儒、李庭望等人则被授以官职。史思明整顿军队，进入邺城，收集了安庆绪的兵马，把府库中的财物赏赐给将士，安庆绪原来占据的州、县及兵马，都归史思明所有。

相关链接

〔1〕滏阳：在今河北省南部一带。

〔2〕歃血结盟：指发下誓言订立盟约。歃血：古人宣誓订盟时，把牲畜的血涂在嘴唇上，表示诚心诚意。

○ 品画鉴宝

三彩牵马俑（唐） 此马与俑造型生动，形态逼真，反映了当时胡人在洛阳与西域之间经济、文化交往等方面的情况。

史朝义杀父夺权

史思明不喜欢史朝义，扬言说要杀了他，史朝义的党羽就和他密谋，先下手杀了史思明，随即让他登上帝位。

史思明杀死安庆绪后，自称大燕皇帝，改范阳为燕京。史思明好猜疑，性情残暴，喜欢杀人，手下稍有不如意，动辄诛灭宗族，人人都不能自保。

史朝义[1]是史思明的长子，经常跟随史思明带兵，十分谦恭谨慎，爱护士兵，将士们大多都归附他。但史朝义不受史思明宠爱，史思明喜爱小儿子史朝清，派他镇守范阳，总是想杀掉史朝义，立史朝清为太子，左右侍从泄露了一些史思明的想法。

上元二年（公元761年），史思明打败了李光弼[2]的军队，想乘胜向西进发入关，于是派遣史朝义率领军队为前锋，从北道袭击陕城，史思明亲自率领大军从南道进攻。

三月初九，史朝义的军队达到礓子岭，遇到唐军卫伯玉的进攻，大败。史朝义几次进攻，都被卫伯玉打败。史思明退兵驻守永宁，认为史朝义怯懦，史思明说："终究不能成就我的大事！"想要按军法杀了史朝义与众将领。

十三日，史思明命令史朝义修筑三隅城，准备贮存军粮，限期一天完工。史朝义修好了之后，还没有抹泥，史思明来了大骂史朝义，命令左右随从骑在马上监督抹泥，片刻就完工了。史思明又说："等到攻克陕州，一定要杀了史朝义。"史朝义十分忧虑恐惧，不知道该怎么办。

史思明在鹿桥驿，命令心腹曹将军带领士兵警卫。史朝义在馆舍住宿，他的部将骆悦、蔡文景劝说史朝义："我们与您都快死到临头了！自古以来就有废立的事情，请您召见曹将军商议大事。"史朝义低着头，没有回答。

骆悦等人又说："如果您不答应，我们现在就归附李唐，您也无法保全。"

史朝义哭着说："你们妥善处理，不要惊吓我父亲。"

骆悦等人听了，就命令许叔冀的儿子许季常叫曹将军来，来了以后，就把计划告诉他。曹将军知道众将领都十分怨恨，唯恐灾祸牵连自己，便不敢违抗。

当天晚上，骆悦等人率领史朝义的士兵三百人，穿戴铠甲来到驿

○ 品画鉴宝

三彩载物骆驼（唐） 这匹骆驼引颈昂首，四腿挺立，双峰两侧挂满绢束、野雉、兔子、山羊等物，再现了丝绸古道上壮丽动人的场景。

站。守卫的卫兵十分奇怪，但都畏惧曹将军，不敢有所举动。骆悦等人带领士兵闯入史思明的卧室，正好史思明去上厕所，于是问左右侍从，没等他们回答，骆悦已经杀了好几个人，左右侍从告诉了他们。

史思明听说有变乱，跳过围墙，跑到马厩，自己备马逃跑。骆悦的侍从周子俊射箭，射中他的手臂，史思明从马上掉了下来，被他们抓住。

史思明问："是谁作乱？"

骆悦说："奉怀王史朝义的命令。"

史思明说："早晨我说错了话，应该得到这样的下场。但现在杀我太早了，为什么不等攻克长安以后呢？现在不能成就大事了。"

骆悦等人把史思明押到柳泉驿，关押起来，回去报告史朝义："大功告成。"

史朝义说："没有惊吓到我父亲吧？"

骆悦说："没有。"

当时，周挚、许叔冀率领后军驻扎在福昌，骆悦等人派许季常告诉他们，周挚惊骇倒地。史朝义率领军队回来，周挚、许叔冀出来迎接，骆悦等人劝史朝义逮捕周挚，把他杀了。

军队到达柳泉，骆悦等人担心众人心意不统一，于是勒死史思明，用毡毯裹住尸首，用骆驼运回洛阳。史朝义即帝位，改年号为显圣。

史朝义秘密派人到范阳，命令散骑常侍张通儒等人杀掉史朝清以及史朝清的母亲辛氏，还有几十个不归附自己的人。叛军自相残杀，在城里打了几个月，死了几千人，范阳这才安定。

相关链接

〔1〕史朝义：？—公元763年，史思明长子，史思明称帝后，曾封他为怀王。

〔2〕李光弼：公元708年—764年，营州柳城（今辽宁朝阳）人，其父为契丹酋长，武则天时归顺唐朝。李光弼英勇善战，为唐朝中期名将。

鱼朝恩受诛

代宗时，宦官鱼朝恩干预朝政，胡作非为，朝臣都很忌惮他，代宗和元载一起谋划好把他除掉了。

宦官鱼朝恩[1]专门负责禁军，代宗对他非常宠爱，经常与他商议军事朝政，朝廷内外没有人能比得上他。鱼朝恩喜欢在大臣聚集的地方放肆地议论时政，侮辱大臣。宰相元载虽然能言善辩，也只是拱手沉默，不敢应答。

神策都虞候刘希暹，都知兵马使王驾鹤，都受鱼朝恩宠爱。刘希暹劝鱼朝恩在北军中设置监狱，让坊市里的地痞无赖罗织罪名，控告富豪人家，诬陷罪名，将他们抓起来关进地牢，严刑逼供，迫使他们招认，然后将他们的家产没收，充作军费，以及分赏诬告和搜捕的人。监狱设在宫里，人们都不敢说什么。

鱼朝恩每次奏事，心里总是假定代宗一定同意。如果朝中政事有没和他商量的，他就生气地说："天下大事有不经过我的吗？"代宗听说后很不高兴。

鱼朝恩的养子鱼令徽年纪还小，担任内给使，穿着绿色的朝服，与同班朝臣争位次，回家后告诉了鱼朝恩。

第二天，鱼朝恩面见代宗，说："我的儿子官位卑微，被同辈欺负，乞求陛下赐他紫衣。"

代宗还没有答应，有关官员已经拿来紫色的朝服。鱼令徽穿上紫衣，向代宗拜谢。代宗假装笑着说："小孩子穿紫衣也很合适。"然而心里更加愤恨不平。

宰相元载明白代宗的心思，乘机上奏，控告鱼朝恩专断独行，恣意

不轨，请求除掉他。代宗也知道天下人都很怨恨鱼朝恩，于是命令元载制定计划。

鱼朝恩每次入朝，常常派射生将周皓率领一百人保护自己；又让他的同党陕州节度使皇甫温在朝廷外掌握重兵，作为声援。元载用重金贿赂他们，与他们结交，因此鱼朝恩的阴谋和秘密的言谈，代宗都知道，而鱼朝恩却丝毫没有察觉。刘希暹觉察代宗的心意有些不同，告诉了鱼朝恩，鱼朝恩开始怀疑害怕。然而代宗每次见到他，礼遇恩惠更加隆盛，鱼朝恩也就安心了。皇甫温来到京师，元载把他留下来，不让他回去，与他和周皓秘密策划诛杀鱼朝恩。确定计划后，元载就报告代宗，代宗说："仔细考虑，不要反让自己遭受灾祸！"

三月初十，这天是寒食节〔2〕，代宗设宴，在宫里宴请显贵及亲近大臣，元载留守中书省。散席后，鱼朝恩准备回营，代宗让他留下来商议事情，就此斥责他图谋不轨。鱼朝恩为自己辩解，言辞十分荒悖傲慢。周皓与部下抓住鱼朝恩，把他勒死，外面没有人知道。

代宗颁下诏书，罢免了鱼朝恩观军容使等官职，内侍监官职仍然保留，假称"鱼朝恩接到诏书，就上吊自杀了"。代宗下令把他的尸体送回家，并赏赐六百万钱用来埋葬。

相关链接

〔1〕鱼朝恩：公元722年－770年，泸州泸川（今四川泸县）人，玄宗时入宫，曾一度权倾朝野，作威作福，为唐朝历史上有名的专权宦官。

〔2〕寒食节：农历清明节前、中、后三天，古人在这三天里是不生火做饭的，因此叫寒食节。

○ 品画鉴宝　职贡图（唐）阎立本／绘

杨炎行两税法

德宗即位后，由于户口发生很大变动，而朝廷依然采用以前的赋税制度，百姓都不堪重负，宰相杨炎看到了这一弊端，改革赋税制度为两税法。

大历十四年（公元779年），代宗去世，德宗继位。德宗刚刚当上皇帝，励精图治，用人不拘级别等次，提拔了正在贬谪中的道州司马杨炎，让他担任宰相职务。

唐朝的初期，赋税制度叫作租、庸、调，有田地就要交租，有人就要服庸，有户口就要纳调。玄宗末年，户籍逐渐破坏，很多已经与实际不符了。

等到安史之乱爆发，战事四起，各处征收赋税都是逼迫催促，再没有固定的标准。征收赋税的部门增加，可是互相之间没有统辖关系，随意增加赋税科目，自己订立名称，新老交替重复征收，没有限制。

富有人家人丁多，还可以做官、做和尚，减免赋税劳役。贫困人家人丁多，躲都没有地方躲。所以富有人家安逸悠闲，而贫困人家劳苦困顿。

征收赋税的官吏乘机贪污，百姓十天一个月的就要交纳赋税，不胜困窘。很多人都逃亡成为浮户[1]，本地的百姓还不足百分之四五。

建中元年（公元780年），德宗采纳宰相杨炎[2]的建议，颁布赦文，实行两税法：首先，计算州县每年需要的费用，以及上缴朝廷的数目，然后向百姓征税，通过估量支出来限制征收的数额。

无论主户、客户，都按现在的居住地制订户籍。无论成年人还是尚未成年的，都按贫富划分等级。流动经商的人，在所居州县纳税三十分之一，让他们与定居的百姓一起纳税，不得侥幸逃免。定居百姓的赋税，分秋天、夏天两次征收。

租、庸、调及其他的徭役全部省去，所有赋税事务都由度支部负责。

相关链接

〔1〕浮户：指随处流动而无定籍的人。

〔2〕杨炎：公元727年－781年，字公南，凤翔天兴（今陕西凤翔）人，富文采，有文集传于世。

颜真卿宁死不屈

颜真卿是唐朝三代元老，时逢李希烈于淮西谋反，德宗听从谗言，命颜真卿前去招抚。颜真卿在淮西表现得大义凛然，至死不肯投降贼众。

建中三年（公元782年），淮西节度使[1]李希烈自称天下都元帅、太尉、建兴王，起兵反叛，还与此前已经据藩镇反叛，并且自称冀王的朱滔、自称魏王的田悦、自称赵王的王武俊、自称齐王的李纳相联合。

次年正月，李希烈派手下将领攻陷汝州。德宗向宰相卢杞询问计策，卢杞一向嫉恨颜真卿[2]，就回答说："李希烈年轻骁勇，倚仗有功便骄傲轻慢，手下的将佐没有人敢劝阻他。

"如果能选出一位儒雅的朝廷重臣，奉旨宣示恩泽，为他陈述逆顺祸福之间的道理，李希烈一定会洗心革面，后悔以前的所作所为。那么不用派出大军，就能让他归服。

"颜真卿是玄宗、肃宗、代宗三朝旧臣，忠诚耿直，刚正果决，名声传播四海，为天下人所信服，是最合适的人选！"德宗认为他说得有道理。

正月十七日，德宗命令颜真卿前往许州，宣示皇帝的旨意，招抚李希烈。诏书一颁下，满朝文武都大惊失色。

颜真卿乘坐驿车到达东都洛阳，郑叔则对他说："您如果前往，一定不能幸免于难。还是稍稍停留，看看后来有没有新的命令。"

颜真卿说："这是皇上的命令，能躲到哪里去呢？"于是出发。

李勉上表说："丧失一位元老，是国家的羞耻，请把颜真卿留下来。"李勉又让人去拦颜真卿，但没有赶上他。

颜真卿给儿子写信，只是让他"供奉家族祭庙，抚育各位幼子"而已。

颜真卿到达许州，准备宣布诏旨，李希烈让他的千余个养子围着颜真卿谩骂并拔出刀向他比划，装作要割了他的肉来吃的样子。颜真卿一动也不动地站着，神色不变。李希烈急忙用身子挡住他，挥手命令众人退下，并把颜真卿安置在馆舍，礼貌地对待他。

李希烈想把颜真卿放回去，恰好刚投降的汝州别驾李元平也在座，颜真卿当面责备他，李元平惭愧地站起来。李元平给李希烈写了一封密信，劝他留住颜真卿。于是李希烈改变主意，把颜真卿留下，不让他回去。此前以节度使反叛，又各自称王的朱滔、王武俊、田悦、李纳四人，各自派遣使者到李希烈那里，上表称臣，劝他称帝。使者劝说李希烈："朝廷诛灭功臣，失信于天下。都统英明威武，简直是上天授予的，而且功业盖世，已经被朝廷猜疑忌妒，将会有韩信、白起一样的灾祸。希望都统早日称帝，让四海的臣民都知道他们有归附的地方了。"

李希烈叫颜真卿来看，并对他说："现在冀、魏、赵、齐四王派遣使者，不谋而合，一起推举我。太师看这样的情形，难道我只是受朝廷猜忌而无处容身吗？"

颜真卿说："这乃是四凶，怎么能叫四王？你不保住自己所建立的功业，努力做唐朝的忠臣，反而与乱臣贼子在一起，想要和他们一起覆亡吗？"李希烈很不高兴，让人把颜真卿扶出去。

有一天，颜真卿与四镇的使者一起宴饮，四镇的使者说："久闻太师名望崇高，现在都统准备称帝，而太师刚好到来，是上天给都统赐下宰相啊。"

颜真卿呵斥他们说："什么宰相！你们知道有个因为痛骂安禄山而被杀的颜杲卿吗？那是我哥哥！我已经快八十岁了，只知道守节而死，难道还会受你们的引诱胁迫吗？"四镇使者都不敢再说话。

李希烈让十名甲兵在馆舍里看守颜真卿，在庭院中挖了一个坑，说要活埋了他。颜真卿神色安详，看见李希烈，对他说："是死是生，已经决定，何必还要做那么多文章呢？赶快给我一剑，岂不是更让你痛快？"李希烈听了，向他道歉。

兴元元年（公元784年）正月，李希烈准备称帝，派人询问颜真卿有关的礼仪，颜真卿说："我虽然曾经做过礼官，但所记得的只有诸侯朝见天子的礼仪！"

李希烈即帝位，国号大楚，设置百官，又派遣他的将领辛景臻对颜真卿说："你既然不愿意屈节服从，干脆自焚算了！"于是在他居住的庭院里，堆起柴禾浇上油，然后点燃。颜真卿向火堆快步走去，辛景臻急忙拉住他。

八月初三，李希烈看到王师接连获胜，担心发生变故，就派中使到蔡州去诛杀颜真卿。中使到了之后说："有敕书！"颜真卿拜了两拜。

中使说："今天赐颜真卿死。"

颜真卿说："老臣没有成绩，罪当死。不知道使者是哪天从长安出发的？"

中使说："我是从大楚来的，不是从长安来的。"

颜真卿说："这样说来，只是贼寇罢了，怎么能说是敕书呢？"于是中使勒死了颜真卿。

相关链接

〔1〕节度使：唐朝时设立的地方军政长官，因受职时朝廷以旌节赐之，故名。

〔2〕颜真卿：公元709－785年，字清臣，京兆万年（今属陕西）人，祖籍琅琊临沂（今山东临沂），科举进士，擅长书法，人称他的书法字体为"颜体"，有《多宝塔碑》《麻姑仙坛记》等作品传世，因曾封鲁郡开国公，故又世称颜鲁公。

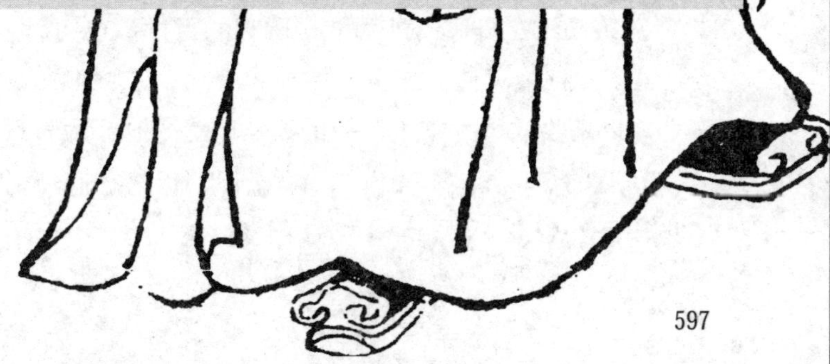

泾原兵变

泾原士兵因为皇帝赏赐菲薄、食物粗糙，从而攻入京城作乱，德宗逃走，乱军拥立朱泚为帝。

建中四年（公元783年），李希烈的叛军包围襄城，襄城情况危急，德宗征发泾原[1]各道兵马援助襄城。

十月初二，泾原节度使姚令言率领五千士兵抵达长安。当时是冬天，天又下着雨，士兵们冒雨进军，十分寒冷。他们中有很多人携带自己家里的子弟前来，希望得到丰厚的赏赐，送给自己家人，但抵达以后，却没有得到任何赏赐。

初三，泾原军出发，抵达浐水。德宗下诏，命令京兆尹[2]王翃犒劳军队，但只有粗米饭和菜饼。士兵十分愤怒，跳起来踢翻饭食，扬言："我们就要死在敌人刀下，却连饭都吃不饱，怎么能这样就拿自己的小命往刀刃上碰呢？听说皇上琼林、大盈两个内库里装满了金银布帛，不如一起去取吧。"于是大家都穿上铠甲，举起旗帜，擂鼓呐喊，掉头前往京城。当时姚令言入朝辞行，还在宫里，听说之后，立刻骑马急驰到长乐坂，与士兵们相遇。士兵用箭射姚令言，姚令言趴在马背上，冲进乱兵里，大声呼喊，说："各位想错了！这次东征立功，哪用担心不会富贵，为什么要做这种满门抄斩的事呢？"士兵们不听，用兵器簇拥着姚令言，向西进发。德宗急忙命令赏赐布帛，但每人才两匹。大家愈发愤怒，用弓箭射皇帝派来的中使。德宗又另派中使前去安抚，而乱兵已经来到通化门外，中使才出通化门，就被乱兵杀死。德宗又下令，拿出金银布帛二十车，赏赐给乱兵。但是乱兵已经入城，喧哗骚动，无法制止。

百姓见状，惊惶不已，狼狈逃跑。乱兵大声叫喊，对他们说："你们不必惊慌，不会再夺取你们的买卖典当的利钱了，不会再向你们征收间架税和除陌钱了！"德宗派遣普王李谊与翰林学士姜公辅出来抚慰乱兵，乱兵已经在丹凤门外列阵，围观的百姓数以万计。

当初，神策军使白志贞主持招募禁兵，对东征战死的士兵一概隐瞒不报，只是收取市井富人子弟的贿赂，就把他补为禁兵。这些人的名字写在军队的名单里，享受供给赏赐，但人仍然在商肆之中贩卖货物。司农卿段秀实曾经上奏，说："禁兵不精，数目缺少，万一突然发生祸乱，要怎么防御呢？”德宗不听。到了这时，德宗召集禁兵前去抵御，竟然没有一个人来。

乱兵攻破宫门，冲了进来，德宗与王贵妃、韦淑妃、太子、各亲王、唐安公主等人从宫苑的北门逃走，王贵妃把传国之宝系在衣服里。后宫中的各亲王、公主，来不及跟随德宗出走的有十之七八。

姜公辅拉住德宗的马辔，进言说：“朱泚曾经担任过泾原的统帅，因为弟弟朱滔反叛，牵连被废，闲居京城，心里一直不高兴。我认为陛下既然不能推心置腹地对待他，就不如将他杀了，不要留下后患。现在乱兵如果拥戴他为首领，那就很难控制了。请把朱泚召来，让他随行。”

德宗在仓猝之间，没有工夫考虑姜公辅的话，说：“来不及了！”随即出发，当夜抵达咸阳，只吃了几勺饭就继续前行了。

乱兵进入宫中，登上含元殿，大声呼喊，说：“皇帝已经出走，大家应该各自

○ 品画鉴宝

鎏金朵带银熏炉（唐） 此器用银板锤鍱成型，附件浇铸，纹饰鎏金。做工精细，构思巧妙。

求取富贵了！”于是欢呼喧哗，争着冲进府库，运走金银布帛，直到运不动了才停下来。

百姓也趁机冲进宫中，偷窃库房中的物品，一整夜都没有停下来。那些没能进入库房的人，就在路上抢劫。各坊的居民都聚在一起各自守卫。姚令言与乱兵商量，说：“现在大家没有主子，不能长久。朱太尉闲居在私人府第，我们一起拥戴他吧。”大家都答应了，于是派出几百人，骑马到晋昌里的府第迎接朱泚。

半夜时分，朱泚拉着缰绳，排列火炬，前后传呼着入宫，在含元殿住下，严加戒备，自称暂且统辖六军。

初四早晨，朱泚移居白华殿，在宫外贴出告示，称：“泾原的将士长期居住在边疆，不熟悉朝廷礼仪，轻易闯入宫殿，惊动皇上西出巡幸。朱太尉已经暂且统辖六军。神策军士兵与文武百官凡是领取俸禄的，应当全部跟随圣上出巡。不能前往的，可到本官府署来。如果超过三天，查出两处都没有具名的人，全部斩首。”

百官见了告示，便出来见朱泚。有的人劝说朱泚前去迎接德宗，朱泚很不高兴，于是百官逐渐逃走。

京兆少尹源休从回纥出使回来后，因为赏赐菲薄而埋怨朝廷。这时，他入宫进见朱泚，屏退左右侍从，秘密交谈，说了很久。他为朱泚陈述成败的可能性，征引符命的说法，劝朱泚称帝。朱泚大喜，但仍然犹豫不决。

在宫中宿卫的各支军队举起白旗，投降朱泚，排列在宫门前面，人数很多。朱泚夜里从宫苑大门放士兵出去，天亮的时候再让他们从通化门进来，络绎不绝，张弓露刃，想以此威吓众人。

凤翔、泾原的将领张廷芝、段诚谏带领几千人援助襄城，还没走出潼关，听说朱泚占据长安，就杀死了大将陇右兵马使戴兰，率领乱兵归附了朱泚。朱泚因此以为自己是人心所向，就决定谋反。初八，朱泚从白华殿进入宣政殿，自称大秦皇帝，改年号为应天。

相关链接

〔1〕泾原：在今甘肃省泾川县北。

〔2〕京兆尹：官名。古代一般称负责掌治京师之地的行政长官为京兆尹。

达奚抱晖害死了节度使，德宗怕他占据要地危害国家，于是派李泌孤身前往，劝降了达奚抱晖。

贞元元年（公元785年）七月，陕虢都兵马使达奚抱晖用毒酒毒死了节度使张劝，自己总揽军中事务，希望求得节度使的旌节，而且还暗中召李怀光的将领达奚小俊作为援助。

德宗对李泌[1]说："如果蒲、陕联合抗拒朝廷，就不是一下子所能制伏的了。而且达奚抱晖如果占据了陕地，水陆运输都会被阻断。不得不麻烦你去一趟。"

初八，德宗任命李泌为陕虢都防御水陆运使。德宗准备让神策军[2]护送李泌赴任，问李泌："你需要多少人？"

李泌回答说："陕州城三面悬崖绝壁，如果攻打的话，不知道什么时候才能攻克。请让我单人匹马入城。"

德宗说："你一个人怎么进得了城呢？"

李泌回答说："陕州城的百姓并不是一贯违抗朝廷命令的，只是达奚抱晖一人为非作歹而已。如果率领大军前去，达奚抱晖一定会闭城自守。现在我一个人到陕州近郊，达奚抱晖派大军前来，则实在太不相称；如果他只派一个小校来杀我，未必不会被我所用。

"而且，现在河东的全部兵马都在安邑驻扎，节度使马燧入朝，希望陛下颁下敕令，让马燧与我同时离开。陕虢人若是想加害于我，就会害怕河东调军讨伐他们，这也算是造一种形势吧。"

德宗说："虽然非你去不可，但朕正想重用你，宁愿失去陕州，也不能失去你。朕还是换别人去好了。"

李泌回答说："其他的人一定无法进入陕州。现在事变刚刚发生，大家的心意还没有定下，所以可以出其不意，破坏他们的阴谋。其他的人犹豫不决，不能决断，达奚抱晖打算好了以后，就无法进去了。"德宗同意了。

李泌召见陕州过来上奏的官员，以及在长安的将领官吏，对他们说："皇上因为陕州、虢州有饥荒，所以不让我任节度使，而让我出任水陆运使，想让我监督江淮地区的粮运，去赈济灾民。陕州行营驻扎在夏县，如果达奚抱晖愿意听从调遣，就让他来统领行营；如果有功，就会赐给他节度使的旌节。"

达奚抱晖的探子骑马报告了达奚抱晖，达奚抱晖稍稍安心。

李泌把这些话详细告诉德宗，还说："我想，陕虢士兵想得到粮食，达奚抱晖想得到节度使的旌节，那他就一定不想害死我。"德宗称好。

十五日，李泌与马燧一起向德宗告别。十七日，德宗加封李泌为陕虢观察使。

李泌出潼关以后，鄜坊节度使唐朝臣率领步兵、骑兵三千人安置在关外，说："我奉皇上的密诏，护送你前往陕州。"

李泌说："向皇上辞别的时候，我已奉旨，允许我相机行事。这次一个人也不能跟来，如果有人跟随，我就无法进入陕州了。"唐朝臣因为接受了诏命，不敢离去。李泌写了一纸文书，让他回去，然后策马飞奔前行。

达奚抱晖没有派将佐出城迎接，只是连续派出探子。李泌夜晚留宿曲沃，将佐们不等达奚抱晖下命令，就前来迎接。李泌笑着说："我的事情要成功了。"

李泌距离州城还有十五里的时候，达奚抱晖也出来谒见李泌。李泌称赞他代理政事、保全城池的功劳，说："军中的传言不必在意，你们的职务都与以前一样。"达奚抱晖出来后十分高兴。

李泌既已入城管理事务，宾客将佐中有人请李泌屏退他人，说是有事要禀告，李泌说："在更换将帅的时候，军中传言很多，这是很

自然的。我来了以后，自然会妥帖安排。我不想听你说这些事情。”从此以后，心里不安的人都安定下来。李泌只是索取账簿文书，整治粮食储备。

第二天，李泌把达奚抱晖召到住处，对他说：“我不是因为怜惜你才不杀你，只是担心以后危机四伏、疑虑重重的地方，朝廷任命的将帅都无法进入，所以才给你留条活路。你为我带着灵牌、奠仪与器物去祭奠前任节度使，注意千万不要再进入潼关，自己找一个安身的地方，悄悄地接走家人，我保证你不会有意外。”

李泌向德宗告别的时候，德宗把陕州参与作乱的将领七十五人登记

○ 品画鉴宝

三彩宝相花穿带扁壶（唐） 此器胎质疏松，造型纹样皆对称。唐三彩是适应唐代厚葬风气而兴起的。

成册，交给李泌，让李泌杀了他们。李泌已经把达奚抱晖送走，中午的时候，皇帝派来的宣慰使到达，李泌奏报说：“我已经把达奚抱晖打发走了，剩下的人不值得再追究。”

德宗又派遣中使到陕州，下令一定要杀掉那些人。李泌没有办法，把兵马使林滔等五人送到京城，恳请德宗赦免他们。德宗下诏，遣送他们去戍守天德，但过了一年多，最后还是把他们杀了。达奚抱晖逃亡后，不知所踪。

相关链接

〔1〕李泌：公元722年－789年，字长源，京兆（今陕西西安）人，幼有神童之誉，为唐朝玄宗、肃宗、代宗和德宗四代朝臣，好神仙佛老之道，有诗文传世。

〔2〕神策军：唐朝后期皇帝的主要禁军，公元796年，唐德宗置左右神策军护军中尉掌领。

宪宗削藩诛刘辟

刘辟因为朝廷没有满足他做节度使等要求，就拥兵自反，宪宗派高崇文带兵征讨，刘辟兵败而死，西川平定。

永贞元年（公元805年）八月，西川[1]节度使韦皋去世，支度副使刘辟自任为西川留后。刘辟指使手下将领上表，请求任命他为节度使，朝廷没有同意。

十月，唐宪宗[2]让宰相袁滋充任西川节度使，征召刘辟为给事中。刘辟不接受征召，拥兵自守。袁滋害怕他兵力强大，不敢前去就任，宪宗一气之下把袁滋贬为吉州刺史。

十二月，宪宗因为自己刚刚继位，没有足够的力量去讨伐刘辟，就先任命他为西川节度副使，代理节度使的事务。

刘辟得到朝廷的任命以后，愈发地骄纵，就在元和元年（公元806年）正月，上表请求兼管整个三川地区，宪宗没有答应。于是刘辟派兵在梓州包围了东川节度使李康，想让自己幕府的卢文若担任东川节度使。

推官林蕴极力劝谏刘辟不要起兵，刘辟大怒，用枷锁住他，关进监牢。过后又把他拉出来，装作要杀他的样子，暗地里却告诫行刑的人不要杀死他，只用刀在他的脖子上比划几下，想让他屈服，然后再赦免他。

林蕴呵斥行刑的人："小子，要杀就杀，我的脖子难道是你的磨刀石吗？"

刘辟环顾左右，说："林蕴真是忠烈之士啊！"于是，把他贬为唐昌县尉。

二十三日，宪宗命令左神策行营节度使高崇文率领步兵、骑兵共五千人作为前军，神策京西行营兵马使李元奕率领步兵、骑兵两千人作为后军，与山南西道节度使严砺一起讨伐刘辟。

当时，论名望和地位，平时一向被人们所推重的老将很多，都认为自己应当是征讨蜀中的人选。等宪宗颁下诏令，发现起用的人是高崇文之后，大家都十分惊讶。

此前，高崇文驻扎在长武城，训练了五千士兵，经常保持警戒，好像敌人就要来了一般。到了征召的命令下达，他在卯时接受诏命，辰时就已经启程，军中的器械、装备、干粮，都准备得很齐全。

二十九日，高崇文从斜谷出兵，李元奕从骆谷出兵，共同进军梓州。

高崇文军到达兴元的时候，将士们在客舍进餐，有人把主人的筷子折断了，高崇文就把他斩首示众。

高崇文出征以后，屡次打败刘辟。九月十二日，高崇文又一次在鹿头关击败刘辟的军队，严砺的部将严秦也在神泉打败了刘辟的军队。

河东将领阿跌光颜率领士兵，与高崇文在行营会合，耽误了一天的时间，因为害怕被诛杀，就想深入敌军腹地，替自己的过失赎罪，于是在鹿头关西面驻扎，截断刘辟的运粮通道。鹿头关里的将士都十分忧虑恐惧。

结果，刘辟的绵江栅守将李文悦、鹿头关守将仇良辅都献出城池，向高崇文投降，并擒获了刘辟的女婿苏强，投降的士兵数以万计。于是高崇文长驱直入，进逼成都，所向披靡，行军过程中从没有被阻挡过。

二十一日，高崇文攻克成都。刘辟、卢文若带领几十名骑兵向西逃奔吐蕃。高崇文让高霞寓等人追赶，在羊灌田追上他们。刘辟跳江自杀，但是没有死成，最终仍被擒获。卢文若先杀死妻子儿女，然后在身上系上大石头，跳江自杀。

高崇文进入成都以后，在大路上屯兵，让士兵休息，街市店铺都没有遭到抢掠，珍贵的货物堆积如山，军队秋毫无犯。

高崇文用槛车装着刘辟押送京城，斩杀了刘辟的大将邢泚与馆驿巡官沈衍，其余的人一概不予追究。军府事务，无论大小，下令全部按前南康郡王韦皋的老规矩处理，从容指挥，西川境内全部平定。

相关链接

〔1〕西川：唐代将剑南节度使分为剑南东川节度使和剑南西川节度使，简称“东川”“西川”，西川相当于现在四川省的中西部地区。

〔2〕唐宪宗：公元778年－820年，名纯，唐顺宗长子，曾封广平郡王，公元805年即位，面对藩镇割据的混乱局面果断用兵，为唐朝取得了短暂的中兴。

李师道谋杀宰相

为了抵抗宪宗的削藩政策，保全自己的地位，平卢节度使李师道派刺客入京杀害宰相武元衡等人。事发以后，刺客逃亡。

唐宪宗即位以后，执行削藩政策。不肯交出权力的节度使，或者起兵反叛，或者观望形势，暗中支持反叛者，等待起兵的时机。

元和十年（公元815年），宪宗正忙着讨伐淮西的吴元济。原先李吉甫和武元衡[1]同时担任宰相，自从宰相李吉甫去世以后，宪宗把军事政务都委托给武元衡。

平卢节度使李师道[2]蓄养的宾客劝说李师道："天子之所以一心征讨蔡州，是因为有武元衡辅佐他，请允许我秘密前去将他刺杀。如果武元衡死了，其他的宰相就不敢继续他的主张，就会争着劝谏天子停止用兵。"李师道认为很有道理，立刻给他盘缠送他出发。

王承宗派遣牙将尹少卿上奏，为吴元济说情。尹少卿到中书省的时候，言辞所指很是不恭敬，武元衡呵斥他出去。王承宗又上书诋毁武元衡。

六月初三，天还没有亮，武元衡入朝，从他居住的靖安坊东门出来。突然，有一个刺客从暗处窜出来，用箭射他，随从人员都四处逃散。刺客拉着武元衡的马走出十几步，把他杀了，砍下他的脑袋，然后离开。

刺客又潜入通化坊，去刺杀裴度。裴度头上受伤，跌到水沟里，因为戴的毡帽很厚，所以没有死。随从王义从背后抱住刺客大声呼叫，刺客砍断他的胳臂逃走。京城里的人都很惊恐。

于是宪宗颁布诏令，宰相出入的时候，加派金吾骑士带着兵器护卫，经过坊门的时候吆喝搜索，防卫非常严密。朝中百官在天还没亮的时候都不敢出门。有时皇帝上朝，等了很久，班列还没有排齐。

刺客在金吾卫与京兆府万年、长安两县留下纸条，说："不要急着捉拿我，不然就先杀了你。"所以，追捕刺客的官员都不敢争先。

兵部侍郎许孟容觐见宪宗，说："自古以来，没有宰相横尸路旁，而不能逮捕刺客的事情，这是朝廷的耻辱啊！"因此流泪哭泣。

许孟容又前往中书省，流着泪说："请求中书省上奏，起用裴中丞为宰相，全面搜捕刺客的同伙，查清他们的根源。"

初八，宪宗颁布诏令，在朝廷内外四处搜捕刺客，能逮到刺客的人，奖赏一万缗钱，赐给五品官位。如果有人胆敢包庇隐藏刺客，就诛灭全族。

于是京城开始大肆搜捕，筑有夹壁、复屋的公卿府第，也都进行了搜查。

成德军的上奏院中，有恒州的士兵张晏等几人，行为无礼，很多人都怀疑他们是刺客。初十，神策将军王士则等人，告发王承宗派遣张晏等杀害武元衡。官吏逮捕了张晏等八人，宪宗命令京兆尹裴武与监察御史陈中师审讯他们。

二十三日，宪宗颁布诏令，出示王承宗先后三次上奏的表章给百官看，讨论他的罪责。

裴度的伤口还没有愈合，卧床休养了二十天。宪宗颁下诏令，让卫兵住在他府里宿卫，前去问候的中使络绎不绝。有人请求免除裴度的官职，好让恒州的王承宗、郓州的李师道放心。

宪宗生气地说："如果免除了裴度的官职，那就是奸人的阴谋得逞了，朝廷不再有纲纪可言。我任用裴度一个人，就足以攻破王承宗和李师道两个人。"二十四日，宪宗传召裴度入朝，商议对策。二十五日，宪宗任命裴度为中书侍郎、同平章事（宰相）。

裴度上奏说："淮西的吴元济是心腹之患，不得不除，而且朝廷已经讨伐淮西。河南、河北两地骄横跋扈的藩镇，将根据这件事情决定对朝廷的态度，不能中途停止。"宪宗认为很有道理，于是把用兵的事都委托给裴度，加紧讨伐吴元济。

陈中师审讯张晏等人，他们都承认杀害武元衡。张弘靖怀疑他们说的不是真话，屡次上奏禀报宪宗，宪宗不听。二十八日，斩杀张晏等五人，杀了他们的同伙十四人，李师道的宾客最终还是偷偷地逃走了。

〇品画鉴宝　打马球菱花镜（唐）

相关链接

〔1〕武元衡：公元758年－815年，字伯苍，缑氏（今河南偃师东南）人，为武则天曾侄孙，进士出身，诗人，官至宰相。

〔2〕李师道：？－公元819年，高丽人，平卢淄青节度使李纳之子，唐朝地方割据者之一。

李师道受诛

李师道对自己的行为不知收敛，终于招致朝廷的讨伐。李师道的部下刘悟，带兵袭杀了他，然后向朝廷投降。

平卢节度使李师道刺杀宰相武元衡，进攻徐州，宪宗因为多方用兵，力量不足，一直采取姑息容忍的政策。淮西吴元济[1]被平定之后，宪宗已有余力，而李师道仍不悔悟，肆意妄为，终于招致朝廷派兵讨伐。

元和十四年（公元819年）二月，李师道听说官军逼近，就征发百姓整修郓州[2]城的城墙和护城河，严加戒备，甚至连妇女也不放过。百姓日益恐惧，心生怨恨。

李师道的都知兵马使刘悟，是唐肃宗朝平卢节度使刘正臣的孙子。

李师道让刘悟率领一万多士兵屯驻阳谷，抵抗官军。刘悟为人宽厚，让士兵人人都觉得很自在，军中都称他为“刘父”。等到魏博节度使田弘正率军南渡黄河，进攻淄青的时候，刘悟的军队没有防备，交战几次，全都失败。

有人对李师道说：“刘悟不修军法，专门收买人心，恐怕他有谋反的心意，应当早点防备”于是李师道借口商议军事，召刘悟前来郓州，想趁机杀了他。

有人劝谏说：“现在官军围攻淄青，刘悟并没有谋反的迹象，因为一个人的话就把他杀了，众将领中还有谁肯为您效力？这是自己拔掉爪子和牙齿啊！”李师道把刘悟留了十天，又把他送了回去，还送给他很多金钱绢帛，让他心里安定。

刘悟知道了李师道想诛杀他的事，返回军营以后，秘密地布置防备。李师道因为刘悟率军在外，就任命他的儿子刘从谏为门下别奏，留在郓州。刘从谏每天与李师道的家奴游玩，知道了李师道的一些阴谋，就写密信告诉父亲。

又有人对李师道说：“刘悟最后一定会成为祸患，不如早点除掉他。”初八，李师道偷偷地派遣亲信二人，带着自己的手令前往阳谷，命行营兵马副使张暹斩下刘悟的脑袋送到郓州，然后让张暹代管军队。

当时，刘悟正在一块高地上张开帐幕，设置酒宴，距离军营有二三里。两名使者到达阳谷军营以后，秘密地把李师道的手令授给张暹。

张暹一向与刘悟的关系很好，于是假装和使者商议，说：“刘悟从郓州节度使府回来以后，已经有所防备，不能匆忙行事。请先让我去报告刘悟，就说‘李师道派遣使者来慰问将士，还有赏赐的物品，请都头迅速回营，一同接受指令’。这样，刘悟一定不会怀疑，就可以找机会下手了。”使者们同意了。

张暹把李师道手令揣在怀里，到刘悟宴饮的地方，命令随从人员退下，然后把手令拿出来给刘悟看。于是刘悟派人秘密地逮捕了这两个使者，并把他们杀了。

当时天色已晚，刘悟骑着马慢慢地返回军营，坐在军帐里，重兵把守，严加防备。随后召集众将领，声色俱厉地对他们说：“我和你们不顾性命抵抗官军，实在没有辜负李师道的地方。现在李师道听信谗言，派人来杀我。如果我死了，你们接着也会被杀死。

“天子想要诛杀的，只有李师道一个人，现在军事形势日渐窘迫，我等为什么要跟着他，一起被灭族呢？我想和大家卷起军旗，解下铠甲，袭击郓州，奉行天子的命令。这不光是为了免除我们自己的危亡，更可以得到荣华富贵。大家认为怎么样？”

兵马使赵垂棘站在众将领前面，过了很久，回答说：“事情真能成功吗？”

刘悟应声骂他：“难道你要与李师道合谋吗？”说完立刻把他斩了。然后挨个询问，只要有迟疑不说话的，一律斩首，并斩杀了军中向来被大家憎恶的人。一共斩了三十几人，尸首放在帐前。

剩下的将领都两腿发抖，说：“唯命是从，愿意以死效力！”

于是刘悟命令士兵，说：“攻入郓州，每人赏钱一百缗。除军库不准接近，凡是节度使的住宅和其他叛党的家财，随便你们掠取，有仇的人可以报仇。”

然后让士兵都吃饱饭，每个人都带着兵器。半夜的时候，听见鼓声响了三下，军队动身出发。人和马嘴里都咬着木棍，防止发出声音。只要遇到行人，都抓起来留在军中，没有人知道他们的行动。

距离郓州还有几里的时候，天还没亮，刘悟让军队停止行军。听城上巡逻的木梆声停止后，派十个人先出发，宣称“刘都头奉节度使手令入城”。守门的卫兵让他们等候，准备写信禀告李师道，这十个人突然拔出刀想要砍他们，卫兵全部逃散。

刘悟率领大军随后赶到，城里喧哗骚动，十分混乱。等到刘悟进城

的时候，内城已经被攻破，只有李师道住的牙城还在抗拒坚守。

刘悟下令纵火烧门，又用大斧劈砍，打开城门冲了进去。牙城里的卫兵只有几百人，开始还有人射箭抵抗，过了一会儿，知道寡不敌众，都把弓箭扔到地上投降了。

刘悟率领将士进入节度使府，命令搜捕李师道。李师道和他的两个儿子藏在侧面的床底下，被士兵抓了出来。

刘悟下令把李师道父子押到节度使府门外的空地上，派人对他说："刘都头奉密诏，送司空回京城，只是你还有什么脸面再见皇上呢？"

李师道仍然希望能侥幸免死，他的儿子李弘方仰面长叹，说："事已至此，还是早点死吧！"不久，父子三人都被斩首。

从清晨到中午，刘悟命令左、右都虞候巡行街坊和集市，禁止将士抢掠。到了下午，城内已经安定下来。刘悟在球场召集士兵与百姓，亲自乘马绕场一周，安抚慰劳大家。

刘悟诛杀了二十多家与李师道合谋的人，文武将吏又是惊惧又是欢喜。刘悟与李公度见面，二人拉着手哭泣。又把贾直言从监狱里放了出来，把他安置在幕府里。

刘悟把李师道父子三人的首级放在盒子里，派人送到魏博节度使田弘正的军营。弘正大喜，写了露布宣告消息。淄、青等十二州全部平定。

田弘正得到李师道首级的时候，怀疑不是真的，就让被俘的李师道的都知兵马使夏侯澄前来辨认。

夏侯澄仔细地看了面容，放声大哭，哭了很久。然后抱着首级，用舌尖舐净眼睛里的灰尘，又放声大哭。田弘正也为之变了神色，认为夏侯澄忠义，所以没有斥责。

相关链接

〔1〕吴元济：公元783年－817年，沧州清池（今河北沧州东南）人，淮西节度使吴少阳之子，唐朝地方割据者之一。

〔2〕郓州：在今山东东平一带。

张韶升殿坐龙床

张韶等一帮乌合之众，之所以能杀进宫中坐上龙床，是因为唐敬宗声色犬马、贪图玩乐，给了他们以得逞的机会。

唐敬宗[1]喜好音乐女色，贪图游乐，不爱处理朝廷。敬宗贪睡晚起，总是很晚才上朝，百官在大殿外列队等候，年老体弱的，站到后来几乎要跌倒。敬宗尤其喜欢踢球，常常去别的宫殿，与宠爱的人一起踢球[2]。

占卜术士苏玄明和朝廷染坊的供役人张韶十分亲近，苏玄明对张韶说："我为你占卜，你将来应当升殿而坐，与我一起吃饭。现在皇帝昼夜踢球游猎，经常不在宫中，可以乘机图谋大事。"张韶认为很有道理，于是和苏玄明暗中结交染坊工匠和市井无赖一百多人。

长庆四年（公元824年），四月十七日，他们把兵器藏在紫草里，用车拉进银台门，等到夜里作乱。还没有到达目的地，有人因他们车上的东西过重而盘问他们。张韶一着急，立刻杀了盘问的人，然后与他的同党换了衣服，拿着兵器，大声喊叫着冲进禁宫庭院。

当时敬宗正在清思殿踢球，宦官们发现有人冲进来，十分惊慌害怕，急忙跑来关闭宫门，然后跑去告诉敬宗。只一会儿工夫，张韶等人就攻破宫门，冲进了宫里。

以前，敬宗宠爱右神策军的护军中尉梁守谦，每次左、右神策军比试武艺，敬宗经常为右军助威。这时敬宗狼狈不堪，想逃到右神策军营，左右侍从说："右军路远，恐怕半路遇上盗贼，不如到左军近。"敬宗听从了。

左神策军的护军中尉马存亮听说敬宗驾临，急忙跑出军营迎接，捧着敬宗的双脚哭泣，亲自把敬宗背到军中，然后派遣大将康艺全率领骑兵入宫讨伐乱党。敬宗担心太皇太后和皇太后被隔绝在宫里，马存亮又增派五百骑兵，把两位太后接到军中。

张韶登上清思殿，坐在皇帝的御榻上，和苏玄明一起吃饭，说："果然像你说的那样！"

苏玄明忽然醒悟，大惊失色，说："事情难道就只此而已吗？"张韶听了才感到害怕，于是逃走。

这时，康艺全和右神策军兵马使尚国忠率领士兵赶到，二人联合兵

力攻击，杀了张韶、苏玄明和他们的同党，尸体满地。直到夜里，宫中才恢复安定。张韶的余党中仍有逃散而藏在禁苑里的，到第二天就全部被抓住了。

相关链接

〔1〕唐敬宗：公元809年－826年，名湛，唐穆宗长子，公元824年即位，荒淫奢侈。

〔2〕踢球：唐敬宗爱踢球。古代人所踢的球和现在的足球是有很大区别的，古代的球叫“鞠”，是一种用皮或革制成的圆球，踢球叫“蹴鞠”，又叫“蹴球”“蹴圆”“踢圆”等。“蹴”就是用脚踢。“蹴鞠”是我国一种古老的体育兼娱乐活动，最早见于《史记·苏秦列传》，玩法有对抗和白打等形式。

○ 品画鉴宝

宫女图（唐） 图绘唐朝王宫众宫女像，造型同中求异，刻画生动。

宋申锡诛宦官

唐文宗时，宦官在宫中执掌大权，宰相宋申锡想帮助文宗肃清君侧，还没有行动，就被宦官诬告谋反。

当初，唐代宗诛杀了宦官鱼朝恩以后，宦官不再掌握军队。但到其子德宗时，因为发生泾原兵变，德宗不再相信外面的将领，就又将京城的禁兵——左右神策军、天威军等，交给宦官掌管，并成为定制。

德宗去世，其子顺宗继位，王叔文等大臣想革除弊政，夺取宦官的权力，结果宦官逼迫顺宗逊位，称太上皇，将皇位传给儿子宪宗。此后宦官势力越来越大，宪宗、敬宗均为宦官所杀，文宗为宦官所立。

文宗即位以后，对宦官的势力非常担忧。这时，杀害唐宪宗、唐敬宗的宦官同党，仍然有在文宗左右侍奉的。神策军中尉王守澄尤其专横，招揽权势，接受贿赂，文宗无法控制。

文宗曾经秘密地与翰林学士[1]宋申锡[2]谈论这件事，宋申锡请求由他来逐渐清除宦官的势力。文宗认为宋申锡深沉厚道，忠诚谨慎，可以信任重用，就与他秘密商议诛除宦官，提拔他为尚书右丞，后来又让他担任同平章事。

大和五年（公元831年）二月，宋申锡推荐吏部侍郎王璠为京兆尹，把文宗准备诛除宦官的意图告诉了王璠。王璠泄露了计划，王守澄及其党羽郑注得知后，暗地里作了防备。

文宗的弟弟漳王李凑贤德而有声望。郑注让神策军都虞候豆卢著诬告宋申锡，说他谋划拥立漳王。二十九日，王守澄将豆卢著的诬告内容上奏，文宗听信了，勃然大怒。

王守澄想立即派二百名骑兵，去屠杀宋申锡全家，飞龙使马存亮坚持劝阻说："如果这样，京城一定会大乱！还是召集宰相一起商议这件事。"王守澄也就作罢。

这天，是宰相休息的假期，文宗派遣宦官召集所有的宰相到中书省东门。宦官说："召集的名单中没有宋申锡。"宋申锡知道自己受陷害获罪，于是望着延英殿，手执笏板，叩头告退。

宰相到了延英殿以后，文宗拿出王守澄的奏折给他们看。宰相们面面相觑，惊诧不已。文宗命令王守澄派人逮捕豆卢著诬告的十六宅宫市

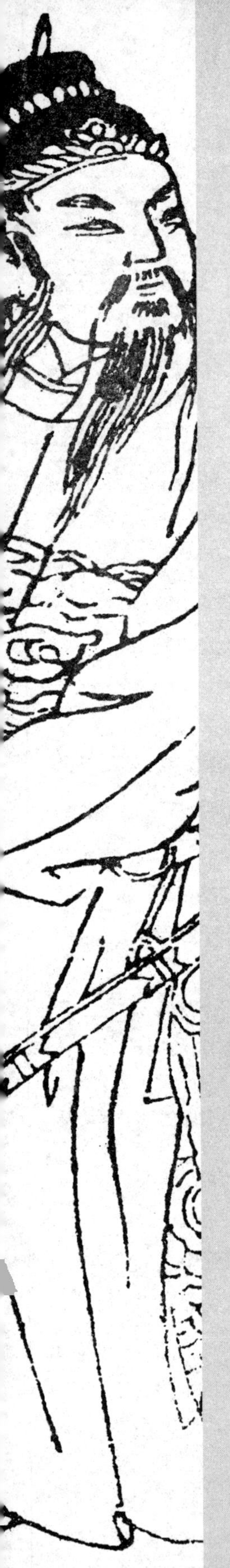

品官晏敬则、宋申锡的亲信侍从王师文等人，押到宫中由宦官审讯。王师文得知后逃亡。

三月初二，宋申锡被罢免宰相的官职，任太子右庶子。从宰相到大臣，没有人敢说宋申锡是冤枉的，只有京兆尹崔琯、大理卿王正雅接连上疏，请求把宋申锡从宫中的监狱提出来，交付御史台审查核实。宦官对此案的审理因此稍微放缓。

晏敬则等人屈打成招，声称宋申锡派遣王师文向漳王转达心意，将来要拥立漳王做皇帝。

审讯结束以后，初四，文宗召集太子太师、太子太保以下的全体官员，以及御史台，中书、门下、尚书三省，大理寺的大臣，当面询问审讯的情况。

中午的时候，左常侍崔玄亮、给事中李固言、谏议大夫王质、补阙卢钧、舒元褒、蒋系、裴休、韦温等人再次请求在延英殿面见文宗，乞求把审讯的结果交付御史台重审。文宗说："我已经和朝廷大臣商议过了。"多次让他们退下，崔玄亮等人不肯。

崔玄亮叩头流泪，说："杀一个百姓都不能不慎重，何况宰相呢？"

文宗的怒气稍稍消解，说："我会再与宰相商议这件事情。"于是，又一次召集宰相到延英殿商议。

宰相们到了以后，牛僧孺说："身为人臣，地位再高也高不过宰相。现在宋申锡已经当上了宰相，如果他真想谋反，还想获得什么呢？宋申锡应该不至于这样做的！"

郑注担心复审会揭穿他们的阴谋，于是劝王守澄奏请文宗，要求只罢黜宋申锡的官职。初五，唐文宗贬漳王李凑为巢县公，宋申锡为开州司马。飞龙使马存亮当天请求辞职，晏敬则等近百人受到牵连，被判处死刑或者流放。宋申锡最后死在被贬谪的地方。

相关链接

〔1〕翰林学士：官职名。翰林院是古代朝廷专门给具有文才学问的人设立的官府机构，里面任职的人称为翰林学士。该制度始于唐朝。

〔2〕宋申锡：籍贯不详，字庆臣，科举进士，官至宰相。

郑注行医得宠

江湖游医郑注，相貌平平却出语惊人，凭借他的医术和三寸不烂之舌，逐步得宠于朝臣乃至皇帝，简直平步青云。

翼城人郑注[1]，身材矮小，眼睛总看着下面，但很会说话，讨人欢喜，善解人意。他靠行医云游四方，十分穷困。曾经为徐州牙将治过病。牙将十分高兴，就把他推荐给节度使李愬。李愬吃了郑注的药以后，很有效果，于是十分宠爱他，任命他为牙推。

郑注倚仗受宠，逐渐干预军政，恣意妄为，作威作福，节度使府的官员都十分忧虑。监军王守澄把大家的意见告诉了李愬，请求把郑注除去。

李愬说："郑注虽然的确像他们说的那样，但他是个奇才。你如果不相信，请试着和他见一面，如果一无是处，再除去他也不晚。"于是让郑注前去拜见王守澄[2]。

王守澄起初还很为难，不得已接见郑注，坐下来谈话。没谈多久，王守澄就非常高兴，把郑注带到中堂，促膝交谈，欢声笑语，只恨没有早些相见。

第二天，王守澄对李愬说："郑注的确像你说的那样。"从此，郑注又受到王守澄的宠爱，权势更大。李愬任命他为巡官，把他当作自己的幕僚。

郑注掌握权力以后，唯恐原来推荐自己的牙将暴露自己的身世，就偷偷地用另外的罪名向李愬告发，李愬把牙将杀了。

王守澄被穆宗召入朝廷，任命为知枢密以后，就把郑注也带到京城，给他修建住宅，供给他财物。又向穆宗推荐，穆宗也很厚待郑注。

穆宗晚年得病，王守澄专擅朝政，权倾朝廷内外。郑注日夜出入王守澄家，与他商议谋划，一谈就是通宵。通关节，收贿赂，外人不能看出其中的痕迹。

穆宗去世后，敬宗继位。没过几年，敬宗被身边的宦官杀死，王守澄等人立江王李涵为帝。李涵即位后，改名李昂，是为文宗。

文宗因为郑注依附王守澄，权势熏天，对他非常痛恨。大和七年（公元833年）九月，侍御史李款上奏弹劾郑注，不到十天，连续弹劾了几十次，王守澄把郑注藏在右神策军中。

左神策中尉韦元素、枢密使杨承和、王践言都很憎恶郑注，左神策

军将领李弘楚劝说韦元素："郑注奸邪狡诈，无人能比。如果不趁他羽翼未丰的时候除去，等到羽毛丰满之后，一定会成为国家的祸患。现在郑注因为被侍御史李款弹劾，藏在右神策军中。我请求以你的名义，假称你生病，召他来诊断。来了之后，你请他坐下，我在旁边伺候，等你用眼睛向我示意，我就把他抓出去杀掉。然后你再面见皇上，叩头请罪，详细陈说他的罪行。况且枢密使杨承和、王践言也一定会帮你说话，皇上怎么会因为除去奸人而降罪于你呢？"

韦元素认为有道理，就派李弘楚去召郑注。郑注来了以后，非常恭敬谦卑，谄媚的话像泉水一样源源不断。韦元素不知不觉拉着他的手，听得聚精会神，也不觉得疲倦。李弘楚在旁边多次暗示，韦元素不理他，最后又送给郑注很多金银绢帛，并送他回去。

李弘楚大怒，说："你失去今天了断他的机会，将来一定会遭到他的陷害。"于是辞职离去。后来背上生了毒疮，不久就去世了。

后来在宰相王涯及王守澄的努力之下，文宗赦免了郑注。不久，王守澄上奏请求任命郑注为侍御史，充任右神策军判官，朝野都为之惊骇感叹。

十二月，文宗中风，不能说话。王守澄向文宗推荐郑注，说他擅长医术。文宗吃了郑注开的药，很有效果，从此开始宠幸郑注。

相关链接

〔1〕郑注：？—公元835年，本姓鱼，绛州翼城（今山西翼城）人，阴险狡诈，巧言令色，初为江湖游医，偶然得宠，经举荐而步步高升，直至得宠于皇帝，任凤翔节度使。

〔2〕王守澄：？—公元835年，唐朝有名的弄权宦官，因曾毒死宪宗辅立穆宗而得以专权。

裘甫作乱浙东

唐懿宗时，裘甫聚众作乱浙东，王式为朝廷讨伐叛乱。王式善于用兵，富有智谋，在他的指挥下，官军很快平定了浙东地区。

大中十三年（公元859年）十二月，浙江盗贼首领裘甫[1]率领部众攻陷象山县，官军屡次战败，明州的城门白天都不开。裘甫又率领部众进逼剡县，手下有一百人，浙东地区一片骚动。

当时两浙地区由于长期平安无事，百姓不习惯战争，兵器铠甲都生锈朽钝，现役士兵不满三百人，而招募的新兵又几乎都是孱弱无力的人，所以裘甫得以屡次打败官军。

裘甫打败官军以后，势力发展很快，山林海岛中的盗贼，以及其他地方的无赖、亡命之徒，四方云集，部众发展到三万多人，分为三十二个队。小帅中有谋略的首推刘暀，勇猛有力的当推刘庆、刘从简。

盗贼们都从远方写信给裘甫，送上礼物，要求归附于他。裘甫自称天下都知兵马使，改年号为罗平，铸造大印称天平。裘甫大肆聚积物资粮草，寻求手艺好的工匠，制造军用器械，声势震动中原。

次年二月，懿宗听从大臣的建议，任命前安南都护王式为浙东观察使。三月初一，王式入朝与皇上谈话，懿宗问王式讨伐裘甫贼军的策略。王式回答说："只要给我军队，一定可以攻破贼军。"

侍立在唐懿宗旁边的宦官说："出兵耗费太大。"

王式说："要是让我为国家珍惜费用，就不会这么说。出兵多，可以迅速消灭贼军，耗费反而节省。如果调发的兵力少，不能战胜贼军，与他们拖延时间，贼军的势力会更加壮大，江、淮之间的盗贼就会群起响应。

"现在国家的财政用度几乎全靠江、淮地区，如果这一带被盗贼占据，截断财赋输送的路径，就会使上自九庙，下及北门十军，都没有办法保证供给，这样的耗费哪里能计算得出来？"

懿宗看着宦官说："应当给王式调拨军队。"于是颁下诏书，征发忠武、义成、淮南等各路军队，由王式调度。

王式命令越州所属各县打开仓库，把储备的粮食拿来赈济贫苦百姓。有人说："裘甫贼寇还没有消灭，正急需军粮，不能散发给百姓。"

王式说："这就不是你所能明白的了。"

唐官军缺少骑兵，王式说："从吐蕃、回鹘投降过来，被发配到江、淮地区的有不少，这些人习惯艰险的环境，熟悉鞍马骑射，可以起用他们。"

于是到官府查阅名籍，找到骁勇强健的吐蕃族、回鹘族的一百多人。这些人长久地漂流在外，看管的军吏对他们凶恶狠毒。王式把他们召来后，既供给他们酒食，又接济他们的父母妻儿，因此这些人都高兴流泪，叩拜欢呼，愿意为王式效命。王式让他们全部充当骑兵，让骑兵将领石宗本率领他们。

凡是在越州管辖境内的吐蕃、回鹘族人，都按这种办法征集起来，又上奏求得汝州龙陂监的二百匹好马，于是骑兵就够用了。

有人请求修建烽火台[2]，用来作警报，报告来犯贼寇的远近多寡。王式笑了笑，没有回答。王式又挑选羸弱怯懦的士兵，让他们骑着强健的马匹，配备很少的武器，担任侦察骑兵，大家都很奇怪，但不敢多问。

王式上任以后，官军接连获胜。五月二十九日，唐浙东东路军在南陈馆大破裘甫军，斩首几千人，贼军丢下很多丝绸绢帛，遍地都是，想延缓官军的追击。

昭义将领跌戣对士兵下令说："敢拾取的，斩首！"于是没有人敢违犯。

贼军从黄罕岭逃走，六月初五，再次进入剡县，但各路官军都不知道裘甫在哪里。义成镇将领张茵在唐兴县抓获俘虏，准备对他用刑，俘虏说："贼军已进入剡县。你如果释放我，我愿意为官军作向导。"张茵同意了。于是跟随俘虏，结果比裘甫晚一天到达剡县，只好在县城的东南修筑营垒驻扎。

军府里听说裘甫进入剡县，十分惊恐。王式说："裘甫贼这是来束手就擒了！"于是命令东、南两路军到剡县会合，十二日，包围了剡县城。

裘甫军的守卫十分坚固，官军攻城，无法攻破。王式手下的众将领商议断绝溪水，使他们没有水喝。裘甫军知道官军要断绝他们的水源，于是出城交战，三天内交战了八十三次，贼军虽被打败，但官军也很疲惫。

裘甫军请求投降，众将领报告王式，王式说："裘甫贼想稍稍休息而已，应当加强戒备，大功就要告成了。"裘甫军果然再次出城，又与官军交战三次。

二十一日夜里，裘甫、刘晊、刘庆率领一百多人出城投降，远远地对官军将领喊话，请求接纳。官军迅速赶到城下，切断裘甫等人的后路，然

后擒获了裘甫等一百多人。二十三日，裘甫等人被押送到越州，王式下令将刘晊、刘庆等二十多人腰斩，把裘甫锁在囚车里，押送到京师长安。

官军将领回到越州，王式大摆酒宴。将领们就请教王式，说："我们这些人生长在军队里，久经行军打仗，今年有幸能够跟随您攻破裘甫。不过，心里还有些事情不明白，想向您请教。您刚到越州的时候，军队正急需军粮，可您却把官仓储存的粮食散发给老百姓，赈救贫困，这是为什么？"

王式说："这很容易明白。裘甫贼众屯聚谷米，引诱饥饿的百姓，我给他们分发粮食，饥民就不会被裘甫所利用。况且各县都没有防守的军队，裘甫贼军一到，官仓里的粮食正好成为贼寇的资粮。"

众将领又问："您不设置烽火台，为什么？"

王式说："设烽火台是为了求救。我手下的军队已经全部出发，越州城中没有军队可以作援军，设烽火台不过是白白地浪费时间，惊扰士人百姓，使我们自己混乱溃散而已。"

众将领又问："您派羸弱怯懦的士兵当侦察骑兵，而且给他们很少的武器，这是为什么呢？"

王式说："如果派勇敢的士兵，配备锋利的兵器，遇到敌军就会自不量力地冲上去战斗；战斗中他要是死了，岂不是贼兵到了我们还不知道？"

众将领都说："这些不是我们所能想到的！"

八月，裘甫被押送到京师，在长安东市斩首。懿宗加授王式检校右散骑常侍，手下的将领们也分别给予赏赐。

相关链接

〔1〕裘甫：？—公元860年，唐朝剡县（今浙江嵊州）人，唐末农民起义首领。唐朝末年，朝廷政治混乱，地方藩镇割据，百姓生活非常艰难，贫苦农民出身的裘甫便在浙江聚众起义，反抗唐朝的统治。

〔2〕烽火台：古代为传递军事等重要消息而在边防等地建立的高台，遇有消息时，白天放烟，晚上点火。又叫烽堠、烟墩等。

王仙芝、黄巢起义

唐朝末期，国势日衰，盗贼蜂起，爆发了著名的王仙芝、黄巢起义，朝廷上下为之震惊。

懿宗即位以来，朝廷日益奢侈，不停地打仗，征敛赋税也更加急迫。潼关以东地区连年遭受水旱之灾，州县官吏不上报实情，反而欺上瞒下，百姓饿死很多，又无处控诉，只好互相聚集做盗贼，于是盗贼群起。

唐朝地方州县的兵力很少，加上太平已久，大家都不熟悉打仗，每次与盗贼遭遇，官军多半失败。僖宗乾符二年（公元875年），濮州人王仙芝[1]聚集了几千人，在长垣县起事。

次年，王仙芝与他的党羽尚君长率领军队攻陷了濮州、曹州，他们的队伍发展到了几万人。唐天平军节度使薛崇出兵讨伐，被王仙芝打败。

冤句人黄巢[2]也聚集了几千人响应王仙芝。黄巢年少的时候，与王仙芝都以贩卖私盐为生。黄巢擅长骑射，性格豪爽仗义，稍稍看过一些史传经书，屡次参加进士科考试，都没有考上，于是做了盗贼。

黄巢与王仙芝一起攻略州县，横行山东，百姓被官府沉重的赋税所逼，困顿窘迫，都争相归顺黄巢。几个月里，队伍就发展到几万人。

乾符三年（公元876年），九月初二，王仙芝攻陷汝州城，活捉了唐汝州刺史王镣。王镣是宰相王铎的堂兄弟。消息传来，东都洛阳为之震动，士人百姓携家带口逃出城去。十一日，僖宗颁下敕令，赦免王仙芝与尚君长，任二人以官爵，企图招降他们。

十二月，王仙芝率领部队进攻蕲州。蕲州刺史裴偓，是王铎主持科举考试时所选取的进士。王镣被俘，囚禁在王仙芝军中，为王仙芝写信劝说裴偓。于是裴偓与王仙芝约定，收回申、光、庐、寿、舒、通等州的军队，不再交战，并许诺为王仙芝向朝廷上奏请求官爵。

同时，王镣也劝说王仙芝答应，按裴偓的约定办。于是裴偓大开蕲州城门，请王仙芝及黄巢等三十多人入城，设宴饮酒，并拿出许多财宝送给王仙芝等人，表示自己的诚意。

宰相们多半不同意，说："先帝懿宗就没有赦免庞勋的罪过，结果一年就诛杀了庞勋。现在王仙芝不过是一个小毛贼，不能与庞勋相比，赦免他的罪过，还授予官爵，只能助长奸贼的气焰。"

王铎坚持请求招降王仙芝，僖宗同意了。于是下诏，任命王仙芝为

左神策军押牙兼监察御史，派遣中使把委任状送到蕲州，授给王仙芝。

王仙芝得到委任状，十分欢喜，王镣、裴偓都前来祝贺。还没有退席，黄巢因为朝廷没有授予自己官爵，勃然大怒，对王仙芝说："我与你曾经一起立下誓言，要横行天下。如今你独自获得朝廷的官爵，要奔赴长安担任禁军左军军官，要把我们五千多弟兄安置到哪里？"因此殴打王仙芝，打伤了王仙芝的脑袋，他们的部众也喧哗不已。

王仙芝害怕触犯众怒，就没有接受朝廷的任命，然后率兵在蕲州大肆掠夺。蕲州城内的百姓，一半被驱逐出城，一半被诛杀，居住的房屋全部被焚毁。

裴偓逃奔鄂州，中使逃奔襄州，王镣被贼军拘押在军中。从此，贼军中三千多人跟从王仙芝与尚君长，两千多人跟随黄巢，王仙芝与黄巢分道扬镳。

乾符五年（公元878年）二月，官军在黄梅打败王仙芝军队，杀死五万多人，并且追上去斩杀了王仙芝，王仙芝的部下四处逃散。

当时黄巢正率军攻打亳州，尚君长的弟弟尚让，率领王仙芝余部前来归附，推举黄巢为首领，号称"冲天大将军"，改年号为王霸，设置官署职位。

相关链接

〔1〕王仙芝：？—公元878年，濮州（今山东鄄城北）人，唐末农民起义领袖，初以贩卖私盐为生，公元875年于长垣（今河南长垣东北）聚众起义，自号天补平均大将军兼海内诸豪都统。

〔2〕黄巢：？—公元884年，曹州冤句（今山东曹县西北）人，唐末农民起义领袖。黄巢少有大志，但屡举进士不第，遂以贩卖私盐为业，家甚富有，善骑射击剑，久愤于唐朝黑暗统治，王仙芝起义后亦聚众响应，后两军会合，将唐末农民起义推向了高潮。

张承范守潼关

黄巢西进，僖宗派张承范据守潼关，但他势单力薄，抵挡不住敌军的进攻，很快潼关失守，黄巢带领大军直逼长安。

广明元年（公元880年）十一月，黄巢大军逼近东都。十二日是冬至[1]，僖宗在延英殿召开会议商量对策，对着宰相们流泪。

宦官观军容使田令孜[2]上奏，说："请皇上选取左、右神策军中的弓弩手去把守潼关，我亲自担任都指挥制置把截使。"

僖宗说："禁军侍卫将士，不熟悉征战，恐怕没有什么用处。"

田令孜说："过去安禄山叛乱的时候，玄宗临幸四川避难。"

崔沆说："安禄山的部下只有五万人，与黄巢相比，简直不值一提。"

豆卢豫说："以前哥舒翰率领十五万大军，仍然无法守住潼关。今天黄巢贼众有六十万人，潼关又没有像哥舒翰那样强大的军队。如果田令孜真是为大唐社稷考虑，蜀中三川帅臣陈敬瑄、杨师立、牛勖倒都是田令孜的心腹，比起当年的玄宗来，准备要充分得多。"

僖宗很不高兴，对田令孜说："请你暂且为朕调拨军队，驻守潼关。"

当天，僖宗来到左神策军军营，亲自检阅将士。田令孜又向唐僖宗推荐左神策军马军将军张承范、右神策军步军将军王师会、左神策军兵马使赵珂。唐僖宗召见这三个人，任命张承范为兵马先锋使，兼把截潼关制置使。

十三日，僖宗得到报告，说黄巢军队已经进入东都郊区，于是命令挑选左、右神策军弓弩手，挑出二千八百人，让张承范等人率领，开赴潼关。十七日，黄巢大军攻陷了东都。

田令孜上奏，请求召募长安坊市居民几千人，以补充左、右神策军。二十一日，东都陷落的消息传到长安。二十二日，僖宗任命田令孜为汝、洛、晋、绛、同、华等州都统，率领左、右神策军向东进军，讨伐黄巢。

二十五日，张承范等人率领神策军弓弩手从京师出发。神策军士兵都是长安的富家子弟，靠贿赂宦官，得以在军队的名单上挂名，以获得丰厚的供给和赏赐。

这些人平时穿着华丽的衣服，骑着快马疾驰，借助别人的权势，恣意妄为，但从来没有参加过战斗。听说要出兵征讨反贼，父子抱头大哭，许多人雇佣病坊里的穷人代替自己出征，代替的人往往连兵器都拿不动。当天，僖宗登上章信门楼，送军队出发。张承范向僖宗进言，说：“听说黄巢拥兵几十万，敲着战鼓西进。齐克让率领饥饿疲惫的士兵一万人，在潼关外据守。今天又派我率领两千多人前往潼关驻守，也没有听说调拨粮饷的办法，就这样让我们去抗拒强敌，实在令我寒心。希望陛下尽早调拨各道精兵，作我们的后续支援。”

唐僖宗说：“你们先出发，援军随后就到！”

二十七日，张承范等人率领军队赶到华州。恰好华州刺史裴虔馀迁任宣歙观察使，士兵百姓都逃进华山，城里空虚萧条，州城库房里只剩下尘埃和老鼠的脚印。幸好粮仓里还有一千多斛米，张承范让军士们带上三天的粮食，继续进发。

十二月初一，张承范等人率领军队抵达潼关，搜索草木茂密的地方，找到村民一百多人，让他们搬石头、汲水，为守城做准备。这时，张承范的军队与齐克让的军队都已经绝粮，士兵们都没有斗志。

当天，黄巢的前锋部队抵达潼关城下，白色的旗帜漫山遍野，望不到边际。齐克让率领军队出战，黄巢军稍稍失利。黄巢率领大军随即赶到，全军大声呐喊，声音响震黄河、华山。齐克让奋力拼杀，从午时一直打到酉时，才各自收兵。士兵们非常饥饿，于是骚动鼓噪，焚烧营寨，崩散离去，齐克让逃进潼关。

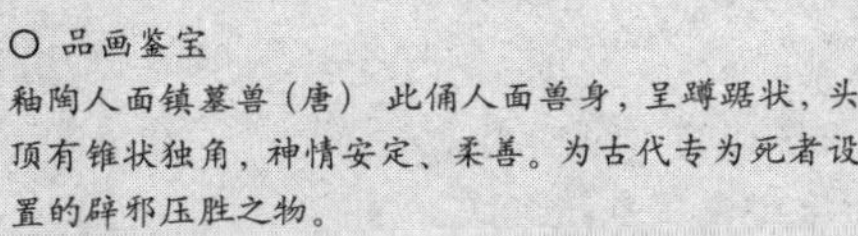

○ 品画鉴宝
釉陶人面镇墓兽（唐） 此俑人面兽身，呈蹲踞状，头顶有锥状独角，神情安定、柔善。为古代专为死者设置的辟邪压胜之物。

潼关左边有一个山谷，平时禁止人们从山谷里往来，以保证税收，人们称这个山谷为“禁坑”。黄巢大军突然袭来，官军仓促之间顾不上防守，溃散的士兵都从禁坑经过，本来里面长满灌木长藤，茂密得好像蜘蛛网一样，结果一天之间就踩成了一条平坦的大道。张承范把辎重和私人积蓄全部散发给士兵，派遣使者向朝廷告急。

初二，黄巢大军对潼关发起猛攻，张承范竭尽全力抵抗。从寅时战到申时，关上官军的箭射完了，就投石头砸黄巢的军队。潼关外面有很深的壕沟，黄巢大军驱赶百姓几千人到壕沟旁，挖土填沟，不一会儿就填平了，于是黄巢大军渡过了壕沟。

夜里，黄巢军纵火焚烧了所有的关楼。张承范分出八百名士兵，交给王师会，命令他据守禁坑，但当王师会率领士兵赶到禁坑的时候，黄巢的军队已经通过了禁坑。

初三早晨，黄巢军夹击潼关，关上的守军全部溃散，王师会自杀，张承范身穿便服，率领残余的士兵逃回长安。到达野孤泉的时候，遇到从奉天赶来的援兵两千人，张承范对他们说：“你们来晚了！”

博野镇和凤翔镇的军队撤回到渭桥，看见田令孜召募的新军穿着鲜艳温暖的衣裘，十分愤怒，说：“这些家伙有什么功劳，能穿上这样的衣服？我们拼死战斗，反而受冻挨饿！”于是抢劫了田令孜的新军，并为黄巢军作向导，前往长安。

相关链接

〔1〕冬至：我国传统二十四节气之一，一般在阳历的12月22号或23号，在这一天，太阳在理论上直射南回归线，是我国乃至整个北半球白天最短的一天，故古人又叫这一天为“日短”“日至短”等。在传统观念中，人们很重视这个节气，认为从此以后白天开始增长，阳气回升，所以值得庆贺。在我国北方，现在还有冬至吃饺子的习俗。

〔2〕田令孜：？－公元893，字仲则，本姓陈，蜀（今四川）人，唐懿宗时，随其田姓养父入内侍省，后得宠，专擅朝政，侵凌皇帝，为唐末有名的专权宦官。

○品画鉴宝　门吏图（唐）

公元880年，黄巢进入长安，僖宗逃走。黄巢斩杀了留下的皇室宗族，自己即皇帝位，国号大齐。

广明元年（公元880年），十二月初五，百官退朝时，听说乱兵已经进入长安城，于是在路上逃窜躲藏。

宦官田令孜率领神策军士兵五百人，护卫僖宗从金光门出城，只有福王、穆王、泽王、寿王四王以及几位嫔妃跟随，百官没有人知道皇帝的去向。

僖宗昼夜兼程地赶路，随从官员很多都跟不上。僖宗的车驾既已离开，长安城里的士兵与坊市[1]百姓，都争先恐后地闯进皇家府库，盗取金银绢帛。

临近傍晚的时候，黄巢的前锋将领柴存进入长安城，唐金吾大将军张直方[2]率领文武官员几十人前往灞上，迎接黄巢。

黄巢坐着用金子装饰的轿子，他的手下都披散头发，用红缯束着，身穿锦绣衣服，手持兵器跟随。

铁甲骑兵多得像流水一样，辎重车辆塞满道路，大军绵延千里，络绎不绝。

长安居民夹道观望，尚让挨个宣谕，说："黄王起兵，本来就是为了百姓！不像唐朝李氏皇帝那样，不知道爱惜你们。你们只管安居乐业，不要恐慌。"

黄巢住在田令孜府第里。他手下的将士久为盗贼，非常富有，看到贫穷的人，往往施舍他们财物。

但住了几天以后，又各自出来大肆抢劫，焚烧坊市，满街杀人，黄巢也不能制止。黄巢的部下特别憎恨唐朝官吏，凡是抓到的全部杀死。

十一日，黄巢把留在长安的唐朝宗室全部杀光，一个也没有留下。十二日，黄巢开始迁入禁宫居住。

十三日，黄巢称帝，在含元殿即皇帝位，穿着刚刚做好的天子礼服，敲响几百只战鼓，来替代金石音乐。黄巢登上丹凤楼，颁下赦书，定国号为大齐，改年号为金统。

又宣称说，僖宗的"廣明"这个年号，正是"唐"字去掉下体，剩下一个"广"字，然后再加上"黄家日月"："广"字加"黄"为"廣"，

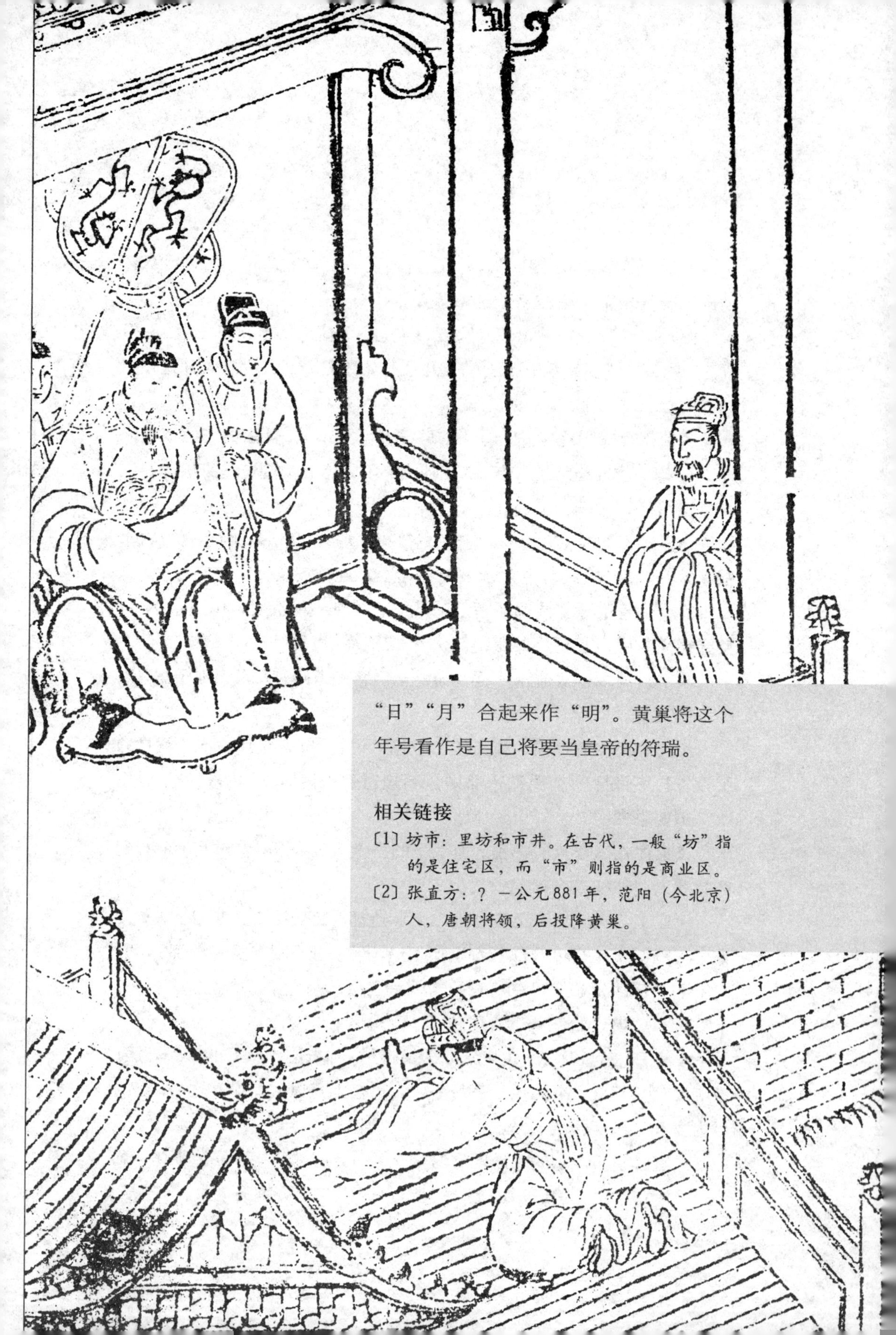

“日”“月”合起来作“明”。黄巢将这个年号看作是自己将要当皇帝的符瑞。

相关链接

〔1〕坊市：里坊和市井。在古代，一般“坊”指的是住宅区，而“市”则指的是商业区。

〔2〕张直方：？－公元881年，范阳（今北京）人，唐朝将领，后投降黄巢。

阡能聚众作乱，高仁厚前去讨伐。阡能不得人心，高仁厚利用反间计，六天平定了五大贼寇。

中和二年（公元882年），邛州的牙官阡能[1]，因公事到了期限还没完成，为了逃避杖责，就亡命做了盗贼，捕盗使杨迁对他诱降。

此前，资阳镇的将领谢弘让因误会逃亡，加入盗贼，杨迁诱使谢弘让出来自首，却又逮捕了他，押送到西川节度使府，声称是经过讨击擒获的，想以此求取功名赏赐。

西川节度使陈敬瑄未加审问，就命令在谢弘让的背脊上打二十杖，然后把谢弘让钉在成都西城上，钉了十四天，还把沸油往他身上泼，又用胶麻拉开他的疮口，残酷悲惨到了极点，看见的人都为他喊冤。

阡能正想出山自首，听说谢弘让的冤情，大骂杨迁无耻，愤恨不已，发誓要做盗贼。于是驱逐掠夺良民，不服从命令的就全家杀光。一个多月以后，阡能发展了一支一万人的队伍，设立建制，设置各级官职，横行于邛州、雅州之间，攻陷城镇乡邑，所过之处，劫掠一空。

阡能的党羽越来越多，一直侵犯蜀州境内。陈敬瑄此前派牙将杨行迁讨伐，但杨行迁等人长期没有立功，如今就任命押牙将高仁厚[2]为都招讨指挥使，带领军队五百人前去取代杨行迁。

在出发的前一天，有一个卖面的人，从早晨到中午，在军营中出入好几次。巡逻的士兵怀疑他，把他抓起来审问，果然是阡能的间谍。

高仁厚下令，给他解开捆绑，和颜悦色地询问他，那个人回答说："我是某村的村民，阡能把我的父母妻儿都抓了起来，关在监狱里，阡能说，'你刺探到情报回来，如果是实情，就放了你们全家；不然就全家杀光。'我并不是自愿这么做的。"

高仁厚说："我知道你是被迫的，又怎么忍心杀你？现在放你回去，你只需对阡能说'高仁厚明天发兵，带的军队只有五百人，没有多余的兵马'，就可以救你的父母和妻子儿女了。

"但是我救了你们一家人，你回去以后，也要偷偷为我告诉营寨里的人，对他们说，'陈敬瑄仆射可怜你们都是善良人，被贼寇逼迫，不得已才这样做。高仁厚尚书想要拯救你们，为你们洗脱罪责。高仁厚来的时候，你们就扔掉兵器投降，高仁厚会叫人在你们的背上写'归顺’两个字，让你们回去重操旧业。高仁厚想要杀掉的只是阡能、罗浑擎、句胡僧、罗夫子和韩求这五个人，一定不会牵连到百姓的。’”

阡能派来的间谍说：“这些都是百姓心里想的，您全知道。赦免百姓，有谁不手舞足蹈地听从呢？一个人传给一百人，一百人传给一千人，就像河川翻涌，大海沸腾，势不可挡。等您到达的时候，百姓一定都前来投奔，就像婴孩见到慈母一样。到那时候，阡能孤立无援，您立刻就能把他擒获！”高仁厚于是让他回去。

第二天，高仁厚率领军队出发，到达双流，把截使白文现出来迎接。高仁厚环视堑壕营栅，生气地说：“阡能役使的都是耕地的农民，你们竭尽一府的军队，过了一年多还不能擒获，现在看堑壕营栅重重叠叠，如此密集牢固，大概可以在里面安心睡觉，饱食终日，蓄养贼寇以邀功了！”

于是下令，将白文现拉出去斩首。监军极力求情营救，劝了很久，才赦免白文现一死。高仁厚下令填平堑壕，拆除营栅，只留下五百名士兵守卫，其余的士兵都跟他走。他又命令各个营寨的士兵，相继赶来集合。

阡能听说高仁厚快要到了，就派遣罗浑擎在双流的西面设立了五个营寨，在野桥箐一带埋伏了一千多名士兵，以迎击官军。高仁厚刺探到这一情报，带领士兵把罗浑擎的军营包围起来，下令不要剿杀，而是派遣士兵脱掉军服，偷偷溜进贼寇营中传话，像往日对那个间谍说的一样。

贼兵听了非常欢喜，欢呼鼓噪，争先恐后地丢弃盔甲兵器，请求投降，下拜的人多得像高山倾倒一样。高仁厚对这些归降的人都加以安抚劝导，在他们的背上写上“归顺”二字，然后让他们返回贼寇的营寨，告诉那些还没有投降的人。

于是贼兵营寨里剩下的人，也都争着跑出来投降。罗浑擎只好越过堑壕，狼狈逃跑，结果被他的部下抓住，送到了高仁厚那里。

高仁厚说：“这个蠢货，不值得和他说什么。”于是给罗浑擎带上镣铐，押送到官府。高仁厚下令，把贼寇的五个营寨和盔甲武器全部烧掉，只留下旗帜。投降的人共有四千名。

第三天早晨，高仁厚对投降的人说：“开始的时候，本想立

○品画鉴宝　三彩武士俑（唐）

刻放你们回家，可是前面各营寨的百姓还不知道我的心意，或许有人会忧虑怀疑，因此现在借你们为我在前面开路，经过穿口、新津寨一带的时候，向那里的百姓展示你们背上的‘归顺’二字，把投降情况告诉他们。等到了延贡，就放你们回去。”

高仁厚下令取来罗浑擎的旗帜，倒着挂起来，每五十个人结为一队，扛着旗子大声呼喊：“罗浑擎已经被活捉，送到节度使府。唐朝的大军就要来了，你们这些营寨里的人，赶快像我们一样出来投降，马上就可以成为朝廷的良民，保证平安无事！”

官军到达穿口，句胡僧设了十一个营寨，寨子里的人争着跑出来投降。句胡僧十分惊慌，拔出剑阻止，大家用瓦片、石头打他，并一起抓住他，献给高仁厚。句胡僧的部属五千多人全部投降。

第四天早晨，高仁厚焚烧了贼寇的营寨，让投降的人打着旗子走在前面，像在双流出发的时候一样。到达新津的时候，韩求设置的十三个营寨中的人也都出来投降。韩求自己跳进很深的堑壕，他的部下把他钩上来的时候，他已经死了，于是他的部下砍下他的脑袋送给高仁厚。

官军将士想要烧毁营寨，高仁厚阻止他们，说：“投降的人还没有吃饭。”于是让人先把资财粮食运出来，然后再焚烧营寨。刚刚投降的人争着烧火做饭，与先前投降、向他们传话的人一起吃饭，欢歌笑语，整夜都没有停息。

第五天，高仁厚把双流、穿口投降的人先放了回去，让新津投降的人打着旗帜走在前面，并且对他们说：“进入邛州境内，也可以放你们回去。”

罗夫子在延贡设置了九个营寨，他的部属在前一天晚上看到新津火光冲天，就没有睡觉。等到新津投降的人到达，罗夫子就扔下营寨，逃奔阡能，他的部属全都投降。

第六天，罗夫子逃到阡能的营寨，与阡能商量动用全部人马进行决战。计策还没商定，天快黑了，高仁厚带着延贡投降的人赶到，阡能、罗夫子骑上战马巡视营寨，想派兵出战，部属都不听号令。

高仁厚带领官军连夜逼近，次日早晨，各个营寨都知道大唐官军快到了，呐喊鼓噪，争先恐后地往外跑。有人去抓阡能，阡能急迫之下只好跳井，被众人擒获，没有死成。众人又去抓罗夫子，罗夫子自杀身亡。

大家提着罗夫子的脑袋，绑着阡能，驱赶着他前去迎接官军。见了高仁厚，众人簇拥着高仁厚的马，大声呼喊，哭泣流泪，下跪叩拜，说："百姓含冤很久了，没有地方控告申诉。自从您放回那个间谍，百姓们都伸长了脖子，盼望官军早点到来，简直度日如年。现在见到您，我们就像从阴间出来，重见天日，死而复生一样。"欢呼声此起彼伏，不可遏止。

其他地方的贼寇营寨，高仁厚也分别派遣将领前往招降。高仁厚出兵总共六天，五大贼寇都被平定。他每攻下一个县镇，就补授镇遏使，让他安抚招集百姓。

相关链接

〔1〕阡能：？－公元882年，又作千能或忏能，安仁（今四川大邑东南）人，唐朝末年蜀地农民起义军首领。

〔2〕高仁厚：？－公元886年，籍贯不详，唐朝末年将领。

公元883年，黄巢包围陈州。第二年，朱全忠、李克用等人联合唐朝多路官军攻打黄巢，黄巢大军溃散瓦解。

中和三年（公元883年）六月，黄巢大军包围陈州，陈州刺史赵犨向相邻各道求援，武宁节度使时溥、宣武节度使朱全忠[1]、河东节度使李克用[2]等人先后率领军队前去救援。

到了第二年的三月，黄巢围攻陈州已近三百天，赵犨兄弟与黄巢之间，大小战斗已经进行了几百次。虽然官兵的粮草快要用完，但大家抗击敌寇的心意却更加坚定。

李克用在陈州与许州、汴州、徐州、兖州的各路官军会合。当时，黄巢的将领尚让驻守太康。四月初三，各路官军一起进发，攻克太康。黄思邺驻扎在西华，各路官军又进攻西华，黄思邺弃城逃跑。黄巢听说后，十分畏惧，把人马撤退到故阳里，解除了对陈州的包围。

朱全忠听说黄巢快要到了，带领军队回到大梁。五月初三，下起大雨，平地积水三尺深，黄巢的军营被水淹了，又听说李克用快要到达，于是带领兵马向东北方的汴州进发，想逃奔屠尉氏。

尚让带领精锐骑兵五千人，进逼大梁，到达繁台，宣武将军朱珍、南华人庞师古击退了尚让。朱全忠又向李克用告急，请求救援。初六，李克用与忠武都监使田从异从许州出发。初八，在中牟北面的王满渡追上黄巢。

李克用趁黄巢的兵马渡河渡到一半的时候，奋力出击，打败了黄巢的军队，斩杀一万多人，贼寇因此溃败退走。尚让率领自己的人马向时溥投降，别将李谠、曲周人霍存、甄城人葛从周、冤句人张归霸与他的堂弟张归厚，带领自己的部众向朱全忠投降。

黄巢经过汴河向北奔逃。初九，李克用在封丘追上黄巢，又将黄巢打败。初十夜里，又下起大雨，贼寇惊慌畏惧，向东奔逃，李克用穷追不舍，经过胙城、匡城。黄巢把剩余的人马收集起来，将近有一千人，向东逃奔兖州。

十一日，李克用追到冤句，率领的骑兵能跟上的只有几百人，一天一夜行军二百多里，士兵和马匹都疲惫不堪，粮食也没了，于是返回汴州，想带上汴州的粮食，再去追击黄巢。

李克用捉住黄巢年幼的儿子，缴获黄巢乘坐的马车和他的器具、服装、符节以及印章，得到黄巢以前掠抢的男女百姓一万多人，把他们全部释放，遣送回去。

二十二日，时溥派遣手下武宁将军李师悦，率领士兵一万人追击黄巢。六月十五日，李师悦追到瑕丘，打败了黄巢。

黄巢人马丧失殆尽，逃到泰山东南部的狼虎谷。十七日，黄巢的外甥林言斩下黄巢与其兄弟、妻子的脑袋，正要送到时溥那里，不料却遇到沙陀人博野军。博野军夺去黄巢等人的首级，并砍下了林言的脑袋，一起献给时溥。

七月二十四日，时溥派遣使臣进献黄巢和他家人的首级，以及他的姬妾，唐僖宗亲自驾临成都大玄楼，接受进献。僖宗询问黄巢的姬妾，说："你们都是功臣贵族的子女，世代蒙受国家恩惠，为什么要跟从贼寇呢？"

站在最前面的一位女子回答说："贼寇逞凶作乱，国家以百万大军仍然无法守住宗庙，最终流落巴蜀。今天陛下责问一个女子为什么不能抗拒贼寇，那把朝中的公卿将帅置于何地呢？"

僖宗不再说话，下令将她们全部在集市处斩。人们争着给黄巢的姬妾送酒喝，其他的人都悲伤恐惧，喝得昏昏沉沉，只有站在最前面的那位女子，既不饮酒也不哭泣，到了临刑的时候，仍然一脸严肃。

相关链接

〔1〕朱全忠：公元852年－912年，本名温，砀山（今安徽砀山）人，初随黄巢起义，后降唐，因曾有军功，故唐僖宗赐名"全忠"，后又封梁王，公元907年杀唐哀帝而称帝，改名"晃"，都大梁，国号梁，史称后梁，庙号太祖。

〔2〕李克用：公元856年－908年，本姓朱耶，神武川新城（今山西雁北一带）人，祖先为西北沙陀人，唐朝末年著名将领，其子李存勖于公元923年消灭后梁建立后唐。

藏梅寺董
巢起首

董昌闭门称帝

董昌把从百姓那里横征暴敛来的东西进贡朝廷，想以此来提高官位。他希望皇帝封他为越王，没有得到批准，就开始谋划自己称帝。

义胜节度使董昌[1]苛刻暴虐，在正常的赋税之外，又增加几倍的征收，拿来进贡朝廷、馈赠内外。董昌每十天发送贡品一纲，有黄金一万两，白银五千铤，浙东绫绢一万五千匹，其他物品也都与之相当。

他向朝廷进贡的财物，天下最多，因此朝廷认为董昌忠诚，赏赐任命接连不断，官职一直升到司徒、同平章事，并被封为陇西郡王。

董昌在越州为自己修建生祠[2]，规模形式都与越州的大禹庙完全相同，命令祈福求神的百姓，都不许去大禹庙，都去他的生祠。

乾宁元年（公元894年），董昌向朝廷请求任命他为越王，朝廷没有批准。董昌很不高兴，说："朝廷想辜负我。我多年的进贡无法计算，朝廷却舍不得一个越王的爵位！"

有阿谀谄媚的人对董昌说："大王与其做越王，还不如做越帝。"于是民间谣传时世将要变化，人们争着挤在董昌的府门前叫嚷喧哗，请求董昌称帝。

董昌大喜，派人出去答谢，说："天时还没到，时机一到我自然要称帝。"董昌的僚佐吴瑶、都虞候李畅之等人都劝说他称帝，官吏百姓争着进献歌谣、符谶和祥瑞征兆，不可胜数。开始的时候，进献的人都赏赐几百缗钱，后来进献的人日益增多，赏钱逐渐减少到五百、三百文而已。

董昌说："谶语说'兔子上金床'，这就是说我呀。我的生辰在卯年，明年又恰好是卯年，二月的卯日卯时，就是我称帝的时候。"

次年正月，董昌准备称帝，召集手下将领僚佐商议此事。节度副使黄碣说："现在大唐皇室虽然衰微，但是天道民心还没有厌弃。春秋时代的齐桓公、晋文公都是辅佐周室成就霸业的。您从田间民夫兴起，承蒙朝廷的恩德，官至镇将、宰相，荣华富贵到了极致，为什么突然要作这遭受族诛的打算？我黄碣宁死也要做大唐的忠臣，不愿活着做叛贼！"

董昌大怒，认为黄碣妖言惑众，当场把他杀了，把他的首级扔到厕所里，大骂说："奴才贼子辜负我！好好的圣明时代的三公位子，他不能等着坐，却要先找死！"董昌还把黄碣全家八十口人全部斩杀，把他们埋在一个墓穴里。

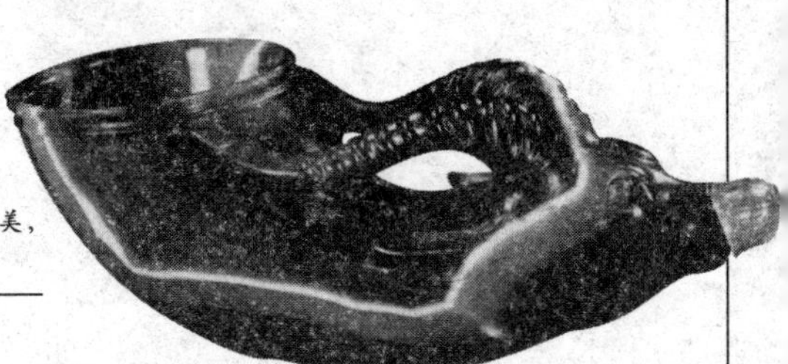

○ 品画鉴宝

镶金牛首玛瑙杯（唐） 此器呈牛首形，牛嘴镶金，造型优美，色彩艳丽，制作极为精致。

董昌又询问会稽令吴镣，吴镣回答说："大王您不做真诸侯，传位给后世子孙；却想做假天子，这不是自取灭亡吗？"董昌也把他灭族了。

董昌又对山阴令张逊说："你擅长处理政事，我非常了解。等我称帝以后，就任命你主管御史台。"

张逊说："大王当初从石镜镇兴起，在浙东建下节度使的基业，荣华富贵快二十年，何苦效仿李锜、刘辟的做法呢？浙东地处偏僻的海边，管辖的虽然只有台州、明州、温州、处州、婺州、衢州这六个州，可大王如果称帝，他们一定不会服从。您白白地守着越州一座空城，只是让天下人嘲笑而已！"

董昌又将张逊杀了，并对人们说："没有了黄碣、吴镣、张逊这三个人，就没有再敢违背我的人了！"

二月初三，董昌身穿帝王的冠服，登上越州内城，即位称帝。他把官吏百姓进献的祥瑞物品全摆在庭堂上向众人展示。

在这之前，浙东一带民间谣传，说山中有一只大鸟，四只眼睛三只脚，叫声如"罗平天册"，见到这只鸟的人就要遭殃。于是百姓纷纷画像祭祀它。等到董昌称帝的时候，说："这只鸟就是我的彩凤。"于是自称大越罗平国，改年号为顺天，给越州城楼题字为"天册之楼"。命令属下称他为"圣人"。

董昌任命以前的杭州刺史李邈、婺州刺史蒋瓌、两浙盐铁副使杜郢、屯田郎中李瑜为宰相。又任命吴瑶等人为翰林学士，李畅之等人为大将军。

董昌给钱镠送去书信，告诉他说，自己已经暂且即罗平国皇帝位，任命他为两浙都指挥使。钱镠写信给董昌，说："您与其关起门来做天子，与九族和百姓一起陷入危亡，不如打开城门做节度使，终生享受荣华富贵！现在悔过，还来得及！"

董昌不听，于是钱镠带领军队三万人抵达越州城下。钱镠到越州城西的迎恩门与董昌相见，拜了两拜，说："大王您的地位既是镇将又是宰相，为什么要舍弃安宁，自找危亡呢？钱镠我带领军队来到这里，等大王悔过而已。就算大王您不顾惜自己，乡里的士人百姓又有什么罪过，要跟随您被灭族呢？"

董昌听了，才觉得害怕，送给钱镠二百万钱犒劳军队，把首先为他谋划称帝的吴瑶与几名男女巫师抓了起来，交给钱镠，并且请求等待皇帝治罪。钱镠带领军队返回，将情况详细报告给了朝廷。

朝廷因为董昌进献贡赋非常勤勉，这次称帝的举动像是精神出了毛病，就下诏赦免了他的罪过，放他回到乡里养老。

然而钱镠上奏，说董昌僭妄悖逆，绝不可以饶恕，请求以本道兵马讨伐。五月，朝廷下诏，削夺董昌官爵，委托钱镠前去讨伐。

乾宁三年（公元896年）五月，钱镠的军队包围了越州城。十四日夜里，钱镠的部将顾全武猛烈进攻越州。次日早晨，攻克越州外城，董昌仍然占据内城抗拒。

十八日，钱镠派遣董昌原来的将领骆团欺骗董昌，说："奉朝廷的诏令，命令大王回乡，返回临安。"于是董昌送上官印、符节，迁出内城，到清道坊居住。

十九日，顾全武派遣武勇都监使吴璋，用船只把董昌从越州送往杭州，到了小江南部，就把他杀了。董昌家族三百多人，董昌任用的宰相李邈、蒋瓌以下官员一百多人，也全部被诛杀。

董昌在越州城内被围困的时候，日益贪婪吝啬，按人口征收民间的钱财布帛，减少士兵的粮食。等到越州城被攻克，府库内还有货物五百间，粮仓里还有粮食三百万斛。钱镠把董昌的首级送到京师长安，散发金银布帛奖赏士兵，打开粮仓赈济贫困的百姓。

相关链接

〔1〕董昌：？—公元896年，杭州临安（今属浙江）人，义胜军节度使，唐末两浙之地军事割据者，自称大越罗平国皇帝。

〔2〕生祠：古代为活人修建的用于朝拜祷告的祠堂。

刘季述等人对昭宗不满，于是发动宫廷政变，将他囚禁了起来，另外迎接太子李裕入宫，假传诏令让他即位。

光化三年（公元900年），左军中尉刘季述、右军中尉王仲先、枢密使王彦范、薛齐偓等人一起暗中谋划，想要废黜昭宗[1]，另外立太子李裕为帝。

十一月初，昭宗在禁苑打猎，设宴饮酒，直到半夜，才酩酊大醉地回到宫里，又杀了几个宦官和侍女。第二天早上，已经是辰巳时分，宫门还没有打开。

刘季述到中书省告诉宰相崔胤[2]，说："宫中一定有变故，我是内臣，能够根据情况自行处理，请求进宫察看。"于是，刘季述率领禁兵一千人破门而入，经过讯问审查，了解了具体情况。

刘季述出来，对崔胤说："主上如此行为，怎么能管理国家？废黜昏君，拥立明主，自古就有这样的先例。这是为了国家大计，并不是叛逆。"崔胤害怕被杀，不敢违抗。

初六，刘季述召集文武百官，在殿前空地陈列军队，草拟了崔胤等人请求太子代理朝政的联名状，拿给文武官员看，让他们签名。崔胤与文武百官不得已，只好都签了名。

昭宗在乞巧楼，刘季述、王仲先在门外埋伏了一千甲兵，与宣武进奏官程岩等十几个人进去请求奏事。刘季述、王仲先刚刚登上大殿，将士大声呼喊，突然冲入宣化门，冲到思政殿前，遇到宫人就杀。昭宗看见有士兵进来，吓得掉到御床下，爬起来想要逃走。刘季述、王仲先架着他，让他坐下。

宫人跑去禀报皇后，何皇后赶来对刘季述等人行礼，请求说："军容使不要惊吓皇上，有事尽管请军容使商量。"

刘季述等人就拿出文武百官的联名状，禀告昭宗，说："陛下厌倦帝位，朝廷内外众人的心意，都希望太子代理国政，请陛下在东宫颐养天年。"

昭宗说："昨天与大家游乐饮酒，不觉喝得多了点，何至于这样呢？"

刘季述等人回答说："联名状不是我们写的，是南司百官的心意，难以遏止！请陛下暂且移驾东宫，等到事情稍稍安定，再迎接陛下回归大内。"

何皇后说："皇上赶快答应军容使！"并且立刻取出传国玺印交给刘季述。宦官扶着昭宗与何皇后同乘一辆车，与嫔妃侍从十几人前往少阳院。

刘季述用银马鞭在地上比画，数落昭宗，说："什么时候什么事情，你没有听从过我的意见，这是罪过之一。"这样数落了几十条，还没有数落完。

刘季述亲手锁上少阳院的门，熔化铁水将锁封死，并派遣左军副使李师虔率领士兵包围少阳院，昭宗有什么动静都要向刘季述报告。刘季述命人在墙上凿出孔洞，递送饮食，兵器针刀都不准递进去，昭宗想要些钱帛也不给，要些纸笔也不给。当时天气十分寒冷，嫔妃公主没有衣服衾被，号哭的声音外面都能听到。

刘季述等人假传昭宗的诏令，命令太子代理国事，迎接太子入宫。初七，刘季述等人又假传昭宗的诏令，让太子继承皇位，改名为李缜。以昭宗为太上皇，何皇后为太上皇后。初十，太子即皇帝位，把少阳院改名为问安宫。

但这次政变维持的时间很短，到次年正月初一，对政变不满的左神策指挥使孙德昭，受崔胤鼓动，在宫中发动事变，诛杀王仲先，救出昭宗，又与崔胤等一起诛杀了刘季述及其党羽。昭宗复位，将太子废黜为德王，并恢复本名李裕，任孙德昭为宰相。

相关链接

〔1〕唐昭宗：公元867年－904年，初名杰，即位后改为晔，他是唐懿宗第七子、唐僖宗的弟弟，公元889年即位，唐朝第十九位皇帝（不包括武则天）。

〔2〕崔胤：公元854年－904年，字昌遐，清河武城（今山东武城）人，唐朝末年大臣，官至宰相。

朱全忠窥伺帝位，命蒋玄晖等人夜间入宫杀死了昭宗，立年幼的李祚为帝，给自己创造机会，以期获得“禅让”而登帝位。

天祐元年（公元904年），朱全忠从凤翔[1]迎接昭宗的车驾，返回长安。看见德王李裕眉清目秀，并且已经成年，十分嫌恶他，私下对宰相崔胤说：“德王曾经窃取帝位，哪能再留下他？你为什么不对陛下说呢？”于是崔胤告诉了昭宗。

昭宗询问朱全忠，朱全忠说：“陛下父子之间的事情，我怎么敢私下议论？这只是崔胤出卖我而已。”

昭宗自从离开长安，每天都担心发生意外，整天与何皇后喝得醉醺醺的，或者相对哭泣。朱全忠让枢密使蒋玄晖窥伺昭宗，昭宗的动静他都知道。昭宗从容地对蒋玄晖说：“德王是朕的爱子，朱全忠为什么一定要杀他？”于是落泪，咬破中指流出血来。

朱全忠知道后，心里更加不安。当时，朱全忠与其他藩镇势力有移檄往来，都以兴复皇室为借口。朱全忠正率领军队向西讨伐岐州、邠州，因为昭宗英气勃发，唯恐宫中发生变故，想要另立幼君，以便谋求禅让，夺取皇帝的位子。于是，朱全忠派遣判官李振到洛阳，与蒋玄晖及左龙武统军朱友恭、右龙武统军氏叔琮等人谋划。

八月十一日，昭宗在何皇后殿内留宿，蒋玄晖挑选了龙武牙官史太等一百人，夜里敲打宫门，说军事前线有急事奏报，要面见昭宗。夫人裴贞一开门看见士兵，说：“有急事奏报，要士兵干什么？”史太把她杀了。蒋玄晖问：“陛下在哪里？”昭仪李渐荣对着窗口大叫：“哪怕杀了我们，也不要伤害陛下！”昭宗刚刚喝醉，急忙起身，穿着单衣绕着柱子奔跑，史太追上去把他杀死。李渐荣用身体遮挡昭宗，史太把她也杀了。史太又要杀何皇后，何皇后向蒋玄晖苦苦哀求，于是将她放了。

十二日，蒋玄晖假造诏令，称李渐荣、裴贞一起杀害昭宗，应该立辉王李祚为皇太子，更名李柷[2]，代理军国事务。又假传皇后诏令，让太子在灵柩前即位。宫里的人心中恐惧，没有人敢哭出声来。

十五日，李柷即位，是为昭宣帝，当时十三岁。朱全忠听说朱友恭等人杀死昭宗，假装震惊，大哭着扑倒在地上，说：“奴才害我，让我千秋万代背负恶名！”

十月初三，朱全忠到达东都洛阳，趴在昭宗的灵柩上恸哭流涕。又觐见昭宣帝，说明杀死昭宗不是自己的意思，请求讨伐叛贼。

在这之前，前来护卫皇帝的士兵中，有在街市上抢米的。初四，朱全忠上奏，称朱友恭、氏叔琮放纵士兵侵扰街市，贬朱友恭为崖州司户，恢复原姓名李彦威，贬氏叔琮为白州司户。过了不久，又赐他们自尽。

李彦威临刑前大喊，说：“你以出卖我来堵塞天下人的议论，但又怎么欺瞒鬼神呢？这样做事，还指望有后代吗？”

相关链接

〔1〕凤翔：位于今陕西凤翔，古称雍州，相传秦穆公的女儿弄玉善于吹笛，华山隐士箫史善于吹箫，知音相识于此，后成眷属，乘凤凰飞翔而去，故唐时更此地名为凤翔。

〔2〕李柷：公元892年－908年，原名祚，唐昭宗第九子，公元904年即位，实为藩镇傀儡，在位三年后被废，为唐朝末代皇帝（不含武则天为第二十代），史称唐哀帝。

立下幼主昭宣帝后，朱全忠开始专权，他听从谗言，不但贬黜和谋害朝中大臣，还大肆杀戮科举出身的“清流”官员。

柳璨中进士[1]后，不到四年就升为宰相。他生性乖巧轻浮，当时皇帝左右都是朱全忠的心腹，柳璨用心侍奉他们。同时担任宰相的裴枢、崔远、独孤损都是朝廷一向器重的人，他们很轻视柳璨，柳璨因此怨恨他们。

和王李福的太傅张廷范本来是戏子，朱全忠宠信他，柳璨就上奏，请求任命张廷范为太常卿。裴枢说：“张廷范是有功之臣，自有方镇来安置他，哪用得任着掌管礼乐的太常卿！这恐怕不是元帅的意思。”二人争执而不肯让步。

朱全忠听说后，对宾客将佐说：“我平时以为，裴十四的器量真诚，见识纯粹，不是轻浮浅薄之辈。从这些议论来看，本来的面目显露无遗了。”柳璨借此在朱全忠面前诬陷裴枢以及崔远、独孤损，因此三人都被罢去宰相之职。朝廷任命吏部侍郎杨涉为同平章事。杨涉为人平和宽厚，恭敬谨慎，听说任命自己为宰相，与家里人相对哭泣，对他的儿子杨凝式说：“这是我家的不幸，一定会连累你。”柳璨倚仗朱全忠的势力，恣意妄为，作威作福。恰好有彗星出现，占卜的人说：“君臣都有灾祸，应该诛杀大臣，以顺应天意。”因此柳璨向朱全忠上书，列举他平时讨厌的人，说：“这些人聚集党徒，随便议论，怨恨诽谤，应该拿他们来阻止灾祸。”李振也对朱全忠说：“朝廷之所以缺乏秩序，是因为官员中的轻浮浅薄之徒扰乱纲纪。况且大王想要图谋大事，这些人都是朝廷中难以制伏的人，不如全部除去。”朱全忠认为很有道理。十五日，贬独孤损为棣州刺史，裴枢为登州刺史，崔远为莱州刺史。十七日，贬吏部尚书陆扆为濮州司户，工部尚书王溥为淄州司户。二十二日，贬太子太保赵崇为曹州司户，兵部侍郎王赞为潍州司户。

其余或者是豪门贵族，或者是科举[2]及第，在三省台阁任职，以

○ 品画鉴宝

七梁发冠（唐）此冠顶雕琢七梁，故名为“七梁发冠”。冠为古代男子束发之物，唐代盛行。

○ 品画鉴宝　韩熙载夜宴图（南唐）顾闳中／绘

名节自居，声望功绩稍为显著的人，都被指为轻浮浅薄，贬官驱逐，没有空闲的日子，朝中的官员为之一空。二十三日，贬裴枢为泷州司户，独孤损为琼州司户，崔远为白州司户。

六月，朱全忠把裴枢等人与被贬斥的朝廷官员三十多人，聚集在滑州白马驿，一夜之间把他们全部杀死，并把尸体扔进黄河。起初，李振屡次参加进士考试，屡试不中，所以很嫉妒科举出身的官员，于是对朱全忠说："这些人总是自称清流，应该把他们扔进黄河，把他们变成浊流！"朱全忠笑着答应了。

朱全忠曾经与幕僚将佐及游幕宾客坐在大柳树下面，朱全忠自言自语说："这株柳树应当做车毂。"没有人回答。有几个游幕宾客起身回答

说："应当做车毂。"朱全忠勃然大怒，厉声说："书生之流，喜欢随声附和、玩弄别人，都是这个样子的！车毂必须用榆木做，柳木怎么能做？"

朱全忠看着左右随从说："还等什么？"左右随从几十人，拉出说"应当做车毂"的人，全部打死。

相关链接

〔1〕进士：我国古代科举殿试及第者之称，意为可以进授爵位之士。殿试：皇帝亲自主持的考试。

〔2〕科举：古代朝廷选拔官吏的一种制度，也是文人所参加的人才选拔考试，因采取分科取士的方式，故称科举。该制度始于隋朝，终于清朝光绪二十七年（公元1906年），共历一千三百多年。

后梁太祖·朱温
后梁末帝·朱瑱
后唐庄宗·李存勖
后唐明宗·李亶
后唐愍帝·李从厚
后唐末帝·李从珂
后晋高祖·石敬瑭
后晋出帝·石重贵
后汉高祖·刘暠
后汉隐帝·刘承祐
后周太祖·郭威
后周世宗·柴荣
后周恭帝·柴宗训

五代纪

公元 907 年 – 959 年

唐朝灭亡之后，中原地区相继出现了五个朝代，后梁、后唐、后晋、后汉、后周，与割据西蜀、江南、岭南和河东的十个政权合称五代十国。五代共存在了五十四年，其中八姓称帝，共 13 位帝王。后唐、后晋、后汉的帝王是沙陀族人，后梁和后周的帝王是汉族人。后梁的疆土面积最小，后唐最大。

这一历史时期，重大战事较少，政局比较稳定，有利于社会经济的恢复和发展。各个朝代都曾分别实行恢复生产的措施。后周时，手工业如纺织、造纸、制茶、晒煮盐等生产也有所发展。瓷器制造和雕版印刷业的成就尤为突出，南方和北方都出现了各色瓷器和雕版印刷。但是，由于赋役严重，因此被战乱破坏严重的北方社会经济难以复苏，也大大阻碍了南方经济发展的进程。

五代时，重视唐史料的编撰工作，史学方面也取得了重要的成绩。《旧唐书》是这一时期撰成的最重要的史学著作。此书保存了大量唐代的原始资料，受到后世史学家的重视。五代十国是词的重要发展时期，出现了包括李煜在内的许多著名词人。

大事年表

- 公元 907 年／唐哀帝禅位于朱全忠，全忠即位，国号梁，是为梁太祖。
- 公元 913 年／朱友贞即位，是为梁末帝。
- 公元 917 年／刘岩在广州称帝，国号大越。
- 公元 918 年／大越改国号汉，史称南汉。
- 公元 923 年／李存勖灭后梁，建立后唐。
- 公元 932 年／后唐国子监校定九经，雕印发售。
- 公元 936 年／石敬瑭借契丹兵灭后唐，建立后晋，割让燕云十六州给契丹。
- 公元 937 年／徐知诰废吴帝杨溥，自即帝位，国号大齐。次年徐知诰改国号为唐，史称南唐。
- 公元 940 年／后蜀赵崇祚编成《花间集》，这是我国最早的词总集。
- 公元 944 年／后蜀王孟昶作春联，中国开始出现春联。
- 公元 946 年／契丹灭后晋。
- 公元 947 年／刘知远称帝，建立后汉，是为后汉高祖。
- 公元 951 年／郭威称帝，建立后周，后汉亡。同年，刘崇称帝于晋阳，是为北汉。
- 公元 954 年／高平之战，周世宗大败北汉。
- 公元 959 年／周世宗死，子宗训嗣，是为恭帝。

公元907年，唐昭宣帝将皇位禅让给梁王朱全忠，朱全忠即帝位，定都东都汴梁，国号大梁，史称后梁。唐朝灭亡。

唐末，梁王朱全忠的势力越来越大，河北各藩镇都归服他，只有幽州刘仁恭、沧州刘守文父子不肯归服。于是朱全忠大举讨伐他们，想以此坚定各藩镇的归服之心。

不久，驻守潞州的昭义节度使丁会叛变，朱全忠烧毁营寨撤回，威望大受损害。朱全忠恐怕内外因此离心离德，就想赶快接受唐昭宣帝禅让来震慑他们。

后梁[1]开平元年（公元907年），正月初十，朱全忠进入魏州，生了病，就在节度使府中休养。魏博节度使罗绍威担心朱全忠住得久了会危害自己，于是进见朱全忠，说："现在四方发兵成为您祸患的人，都是假借拥戴唐室的名义，您不如先灭了唐，好让他们都死心。"

朱全忠虽然没有应允，心里却认为他说得有理，于是急忙起程返回，二十五日回到大梁[2]。二十七日，唐昭宣帝派遣御史大夫薛贻矩到大梁慰劳朱全忠，薛贻矩请求用臣子见君的礼节进见，朱全忠拱手作揖让他登上台阶。薛贻矩说："殿下的功业德行都在人们心里，天、地、人三灵已经另选新君，皇帝正要举行舜、禹禅让的事宜，我又怎么敢违抗！"于是，面朝北方在厅堂中拜了下去，这是朝拜皇帝的礼节。朱全忠侧身避开。薛贻矩回到东都洛阳，对唐昭宣帝说："元帅有接受禅让的意思了！"于是唐昭宣帝颁下诏书，准备在二月的时候，让位给梁王朱全忠。又派遣宰相带着书信告诉朱全忠，朱全忠仍然假意推辞。

二月，唐大臣联名上了奏折，请求昭宣帝退位。初五，昭宣帝下诏，命令宰相率领百官前往元帅府，劝请梁王即位，朱全忠派遣使者辞退了他们。从此以后，朝中大臣、各地藩镇节度使、乃至湖南的马殷、岭南的刘隐，都相继上呈奏文，劝请朱全忠即帝位。

十三日，唐昭宣帝下诏，命令薛贻矩再次前往大梁，告知禅让帝位的意愿，又诏命礼部尚书苏循携带文武百官的奏笺前往大梁。二十七日，唐昭宣帝颁下诏书让位给梁王，任命使者率领文武百官准备皇帝车驾仪仗前往大梁。

三月初四，梁王朱全忠登上金祥殿，接受唐朝的文武百官称臣，自

○ 品画鉴宝

吹排箫人物画像砖（五代） 排箫由若干长短不同的竹管排列而成，宋以后民间失传，只用于宫廷雅乐。

称寡人。后来又改名为朱晃，下令除去唐年号，改年号为开平，国号大梁。尊奉唐昭宣帝为济阴王，一切仿照前代禅让的成例。以汴州为开封府，命名为东都，以故东都洛阳为西都。

朱全忠的哥哥朱全昱听说朱全忠将要即位称帝，对他说："朱三，你可以做天子吗？"后来朱全忠又与亲戚在宫中饮酒赌博，酒喝得差不多的时候，朱全昱忽然把骰子扔到盆里，斜眼看着朱全忠，说："朱三，你本来是砀山的平民，跟随黄巢做了强盗。天子任用你做四镇节度使，富贵到了极点，你为什么一下灭了唐朝三百年的社稷，自己称起皇帝来？这种事应该满门抄斩，还玩什么赌博？"朱全忠听了很不高兴，大家不欢而散。

相关链接

〔1〕后梁：公元907年朱全忠所建立，自称大梁，都城在今河南开封，史称后梁，公元923年被后唐所灭。

〔2〕大梁：地名，在今河南开封。

晋王叔侄争位

晋王李克用死后，其子李存勖即位，但由于李克用的弟弟李克宁年长，属下多归附他，于是在他人对李克宁的怂恿下，叔侄二人进行了一场权力之争。

后梁开平二年（公元908年）正月，晋王李克用头上生了毒疮，病得很重。大将周德威等人撤退到乱柳驻扎。

李克用让他的弟弟振武节度使李克宁，监军张承业，大将李存璋、吴珙等人，扶立他的儿子晋州刺史李存勖[1]为继承人。李克用对他们说："这孩子志向远大，一定能成就我的事业，你们要好好教导他！"

十九日，李克用对李存勖说："李嗣昭被敌人重重围困，我是见不到他了。等到丧事办完，你和周德威[2]等人立即竭尽全力赶去救他！"又对李克宁等人说："亚子（李存勖的小名）就烦劳你们照管了！"话一说完就死了。李克宁维持军府的纪律，内外没有人敢喧哗。

李克宁长期统管兵权，有兄长死了弟弟就取而代之的势头。当时，上党的围困还没有解除，军中认为李存勖年纪太轻，很多人私下议论，人心很不安定。李存勖害怕，就想把王位让给李克宁。

李克宁说："你是嫡长子，况且有先王的遗命，谁敢违抗！"将吏们想要谒见李存勖，李存勖正在伤心哭泣，没有出来。

张承业进去对李存勖说："大孝在于不失去基业，哭得多有什么用？"于是扶着李存勖出来，继位为河东节度使、晋王。李克宁首先率领诸将下拜祝贺，李存勖就把军府事务全部委托给李克宁。

当初，晋王李克用收养许多军中勇猛的士兵为养子，像对待亲生儿子一样宠信。等到李存勖继位，各养子的年纪都比他大，而且手握兵权，心里郁闷不服，有的借口生病不出门，有的进见新王却不叩拜。

李克宁的权力重地位高，很多人都归心于他。养子李存颢暗中劝说李克宁，说："哥哥死了，弟弟继位，自古就有这样的。让叔叔叩拜侄儿，道理上讲得通吗？老天赐给的如果不要，后悔就来不及了！"

李克宁说："我家世代以父慈子孝闻名天下，先王的基业如果有了归属，我还能再有什么要求？你别再胡说，不然我杀了你！"

李克宁的妻子孟氏，向来刚强蛮横，各养子都派他们的妻子到内室劝说孟氏，孟氏认为有道理，并且担心这些话泄露，传出去引来祸患，所以也屡次逼迫李克宁。李克宁性情怯懦，每天被大家的言语蛊惑，不能不动心。

李克宁与张承业、李存璋失和，屡次责备他们。又因故擅自杀死都虞候李存质，要求兼任大同节度使，以蔚州、朔州、应州为巡属，晋王都答应了他。

李存颢等人为李克宁谋划，趁着李存勖到李克宁家里拜访的时候，杀死张承业、李存璋，拥奉李克宁为节度使，以整个河东九州的土地归附后梁，并且拘捕李存勖及太夫人曹氏，押送到大梁。

太原人史敬熔，年轻的时候曾经侍奉李克用，在李克用帐下差遣，颇受亲近信任。李克宁想知道王府中的隐秘事情，便召见史敬熔，秘密地把计划告诉他。史敬熔假装答应他，出来后赶紧入王府报告太夫人。

太夫人闻讯大惊，召见张承业，指着李存勖对他说："先王把这孩子的胳膊交给你们，如果你们听到外边有人谋划着要背叛他，我只希望您找个地方安置我们母子，不要把我们送到大梁，其他的事都不敢烦劳您。"

张承业惶恐说："老奴以死奉先王遗命，您这是从何说起？"

李存勖就把李克宁的阴谋告诉他，并且说："至亲之间不应该自相残杀，我如果让位，就不会发生变乱了。"

张承业说："李克宁想要把大王母子送入虎口，不除掉他，就无法保全你们。"于是召见李存璋、吴珙及养子李存敬、长直军使朱守殷，让他们暗中戒备。

二月二十一日，李存勖在王府摆酒宴请诸将，事先埋伏甲兵，在宴席中把李克宁、李存颢逮捕。

李存勖流着眼泪责骂李克宁，说："侄儿以前把军府让给叔父，叔父不接受。现在事情都定下来了，怎么又有这样的阴谋，忍心把我们母子送给仇人？"李克宁说："这都是小人进谗言挑拨离间，事到如今还有什么话可说！"当天，诛杀了李克宁与李存颢。

相关链接

〔1〕李存勖：公元885年－926年，小名亚子，李克用长子，勇猛善战，公元908年袭其父晋王位，公元923年灭后梁建后唐，为后唐庄宗。

〔2〕周德威：？－公元918年，字镇远，小字阳五，朔州马邑（今山西朔县）人，后唐著名将领。

刘守光称帝

燕王刘守光狂妄自大，公元911年，他仗河北之地而称帝，国号大燕。就在当天，契丹人攻下了平州。

燕王刘守光曾经穿着唐代皇帝穿的赭红色的袍子，对将吏们说："现在天下大乱，英雄们以武力竞争，我兵马强壮，地势险要，也想称帝，你们觉得怎么样？"

孙鹤说："现在内部的危难刚平定，公私都困顿穷竭，太原李存勖窥探我们的西部，契丹人也在北边虎视眈眈，急急忙忙打算自己称帝，不见得有什么好处。大王只需要招揽人才，爱护百姓，训练军队，积蓄粮食，施行德政，四方自然就会服从了。"刘守光听了，很不高兴。刘守光又派人劝说镇州的赵王王镕和定州的义武节度使王处直，请求他们尊奉自己为"尚父"[1]。赵王王镕把这件事告诉了晋王李存勖，晋王勃然大怒，想讨伐刘守光，手下的众将领都说："刘守光这样是作恶到极点了，可以诛灭其全族。我们不如假装推举他为尚父，让他多行不义。"于是李存勖与王镕、王处直、昭义节度使李嗣昭、振武节度使周德威、天德节度使宋瑶，六镇节度使一起奉册推举刘守光为尚书令、尚父。

刘守光仍然不醒悟，以为六镇节度使是真的畏惧自己，就更加骄纵蛮横，于是上表给后梁太祖，说："晋王等人推举我，我受陛下的深恩，没敢接受。我私下考虑合适的办法，不如陛下任命我为河北都统，那么并州、镇州就用不着去平定了。"后梁太祖也知道刘守光狂妄愚蠢，于是任命他为河北道采访使，派遣阖门使王瞳等人前去册封。

刘守光命令属官草拟尚父、采访使接受册封的礼仪。后梁乾化元年（公元911年），六月初三，下属官员拿来唐代册封太尉的礼仪进献。

刘守光看完后，问怎么能没有南郊祀天、更改年号等事宜，下属官员回答说："尚父虽然尊贵，也只是天子的臣属，哪能有南郊祀天、更改年号的事呢？"

刘守光勃然大怒，把册仪扔在地上，说："我的领地方圆二千里，披盔戴甲的将士有三十万，就算直接做河北的天子，又有谁能阻止我？尚父有什么值得做的？"

刘守光命令赶快准备即皇帝位的礼仪，把王瞳等人以及各道的使者都关进监狱，但不久以后，又把他们都放了。

○ 品画鉴宝　官人骑马登山图（五代）　此图设色清雅，景物象征性强，造型稚秀。

燕王刘守光将要称帝，将领们大多私下议论，认为不可以。刘守光就在厅堂里放上刀斧、砧板，说："敢进谏的，斩首！"

孙鹤说："沧州被攻破的时候，孙鹤本应当死，全靠大王才保全性命，一直活到今天，我今天又哪敢爱惜性命而忘记大恩呢！我认为如今称帝是万万不可的。"

刘守光大怒，把孙鹤按在砧板上，命令军士剐下他的肉来吃。孙鹤大声叫喊，说："不出一百天，一定会有大兵来到！"刘守光让人用土塞住他的嘴，一寸一寸将他剐死。

八月十三日，刘守光即皇帝位，国号大燕，改年号为应天。受册命的这天，契丹攻下平州[2]，燕人惊慌扰乱。

相关链接

〔1〕尚父：姜太公名尚，字子牙，为周文王姬昌所重用，后辅佐其子周武王推翻商朝建立周朝。姜太公在周朝为太师，故武王称他为太师尚父，简称为师尚父或尚父，后人多有沿用，在古代是一种非常尊崇的称谓。

〔2〕平州：在今河北卢龙一带。

梁太祖叹无葬身地

晋王李存勖派兵攻打幽州，梁太祖朱全忠前去帮助刘守光，却被晋军大败，夺路而逃，感叹自己将“无葬身之地”。

后梁乾化二年（公元912年），晋王李存勖派兵攻打幽州。刘守光向后梁求援，正好后梁太祖生病刚刚有点恢复，商议后决定亲自率领大军前去进攻镇州、定州，解救刘守光。

后梁太祖带兵渡过黄河，声称有五十万大军。晋忻州刺史李存审[1]驻扎在赵州[2]，担心兵力不足，副将赵行实建议退入土门躲避，李存审没有同意。后梁平卢节度使贺德伦进攻蓨县以后，李存审对史建瑭、李嗣肱说：“我们大王正在幽州、蓟州作战，不能再派军队到这里来，南方的战事委托给我们几个人。现在蓨县正吃紧，我们怎能坐着看他们受攻！假如让后梁军夺得蓨县，就一定会往西进攻深州、冀州，到时麻烦就更大了。我将和你们用奇计打败他们。”

于是李存审带兵扼守下博桥，派史建瑭、李嗣肱分别活捉后梁士兵。史建瑭把他的部下分为五队，每队一百人，一队去衡水，一队去南宫，一队去信都，一队去阜城，自己带领一队深入敌人势力范围，与李嗣肱率领的军队一起，把所遇到的打柴割草的后梁士兵全部俘虏，共俘获了几百人。第二天各队在下博桥会合，把俘虏的后梁士兵大多数杀死了，只留几个人，砍断胳膊后放走，说：“替我告诉朱公，晋王的大军到了！”当时蓨县没有攻下，后梁太祖带领宣义节度使杨师厚的部队五万人，会同贺德伦的部队一起进攻。三月初八，刚到蓨县西边，还没有来得及扎营，史建瑭、李嗣肱就各自率领三百骑兵，摹仿后梁军队的旗帜服装，与打柴割草的后梁士兵混杂前行。

太阳快要落山的时候，史建瑭和李嗣肱率领的骑兵到达贺德伦的营门，杀死守门人，放火呼喊，弓箭乱发，左右奔突。天黑以后，割下敌人左耳，带着俘虏离去。后梁军营中非常混乱，不知道发生了什么事。这时，被晋军砍

断胳膊的后梁士兵又来报告："晋军大部队到了！"

太祖非常惊恐，烧毁营寨，连夜逃跑，还迷了路，曲曲折折走了一百五十里，初九黎明才到达冀州。蓨县的农民都举着锄头扁担，追逐后梁士兵，后梁军丢弃的军用物资和器械不可胜数。

不久，太祖又派遣骑兵前去侦察，派去的人回来报告说："晋国的大军其实没有来，这只是史先锋的机动骑兵罢了。"太祖受不了心中的惭愧和愤恨，从此病情加重，连轿子都不能坐了。太祖在贝州留了十几天，各路军队才逐渐聚集。

闰五月十五日，后梁太祖的病情恶化，对左右官员说："我经营天下三十年，想不到太原的余孽又兴旺猖狂到了这个地步！我看他们的野心不小，老天又削除我的年寿，我死以后，我的儿子都不是他们的对手。我没有葬身之地了！"因而哽咽，昏迷过去，过了一会儿才又苏醒过来。

相关链接

〔1〕李存审：公元862年－924年，字德详，原姓符，名存，陈州宛丘（今河南淮阳）人，后唐将领。

〔2〕赵州：在今河北赵县一带。

朱友珪弑父篡位

朱全忠病重，想传位于朱友文，并将朱友珪调离京城。朱友珪便与人合谋杀了朱全忠，自己登上了皇位。

后梁太祖的长子朱友裕早死，按辈分排下来是养子博王朱友文，他特别受太祖喜爱，经常留守东都大梁，兼任建昌宫使。然后是郢王朱友珪[1]，担任左右控鹤都指挥使，他的母亲是亳州的营妓。再下面是均王朱友贞，担任东都马步都指挥使。

当初，元贞张皇后严肃端正，聪明多智，后梁太祖对她很敬畏。张皇后死后，太祖纵情歌舞女色，即使几个儿子都在外地，太祖也常常征召他们的妻子入宫侍奉，还经常与她们淫乱。

朱友文的妻子王氏容貌美丽，太祖尤其宠爱她，虽然没有立朱友文为太子，但心里经常把他看作继承人，对此朱友珪心里忿忿不平。朱友珪曾经犯错，太祖用鞭子打他，朱友珪心中更加不能自安。

后梁太祖在西都洛阳病情加重，命令王氏到东都大梁去召朱友文，想要与他诀别，并且托付后事。

朱友珪的妻子张氏也日夜侍奉在太祖身边，知道这件事后，便偷偷告知朱友珪："皇上把传国玉玺交给王氏带往东都，我们活不了几天了。"

夫妻二人相对流泪，手下有人劝说他们："事情紧急时办法就有了，何不另外想办法（暗指谋逆）？时机不可错过啊！"

后梁乾化二年（公元912年），六月初一，后梁太祖命令朱友珪调离京城，出任莱州[2]刺史，而且让他立即赴任。这事已经传旨，但没有颁布敕书。当时贬官的人大多随后就被赐死，朱友珪心中越发恐慌。

初二，朱友珪改换服装进入左龙虎军营，求见统军韩勍，把实情告诉了他。韩勍也看到功臣老将往往因为小过错被杀，害怕自己也不能保全，于是与朱友珪共同策划造反。

韩勍带领牙兵五百人跟随朱友珪混杂在控鹤士兵中进入皇宫，埋伏在宫内，半夜砍翻守卫入内，到达寝宫，伺候太祖的人都吓得逃走了。

后梁太祖受惊起身，问："是谁造反？"

朱友珪说："不是别人。"

太祖说："我原来就怀疑你这贼子，只后悔没有早把你杀死。你忤

逆到这个地步，天地难道会容你吗？”

朱友珪说：“把老贼碎尸万段！”

朱友珪的仆人冯廷谔猛刺太祖的肚子，剑刃从背后穿了出去。朱友珪亲自用破毡裹住尸首，埋在寝宫里，秘不发丧。另外派遣供奉官丁昭溥骑马赶往东都，命令均王朱友贞杀死朱友文。

初三，朱友珪假造诏旨称：“博王朱友文谋反，派兵冲入殿中。全靠郢王朱友珪忠心孝顺，带领军队将他杀死，保全了朕的生命。然而朕的病体因为惊扰而致危殆，暂时让朱友珪主持军国事务。”韩勍替朱友珪谋划，拿出许多府库金帛赏赐各个军队以及文武百官，以收买人心。

初五，丁昭溥返回，报告朱友文已经被杀。于是发丧，宣布先帝遗留的诏书，朱友珪即皇帝位。

朱友珪即位后，马上变得荒淫无度，引起朝廷内外一片愤怒。朱友珪即使用大量金帛收买，仍旧非常不得人心。

次年二月，朱友贞鼓动禁军和龙骧军士兵造反。十七日，禁军发动兵变，朱友珪与妻子张氏逃跑不及，朱友珪命令冯廷谔先杀死张氏，后杀死自己，冯廷谔也自刎而死。

朱友贞即位，追废朱友珪为庶民，恢复博王朱友文的爵位。

相关链接

〔1〕朱友珪：？－公元913年，小字遥喜，朱全忠第三子，母为亳州营妓，封郢王，公元912年杀父而称帝。

〔2〕莱州：在今山东烟台境内。

王处直养子为患

王处直的养子王都，为了和兄弟争夺权力，将王处直劫持后囚禁了起来，并杀死了他在中山所有的子孙和亲信将领。

当初，义武节度使兼中书令王处直没有儿子，妖人李应之在陉邑得到一个名叫刘云郎的男孩，把他送给王处直，并说："这个孩子有富贵相。"让他收为养子，并起名叫王都。

王都长大后，很是聪明狡诈，王处直非常喜欢他。后来王处直新建了一支军队，就让他来统率。

王处直还有一个庶出[1]的儿子，名叫王郁，不受王处直宠爱，于是投奔晋，晋王李克用将自己的女儿嫁给他，将他一直提拔到新州团练使。

王处直的其他儿子都还年幼。王处直又任命王都为节度副大使，想让他做继承人。

晋王李存勖讨伐张文礼的时候，王处直认为平时镇州、定州唇齿相依，恐怕镇州灭亡后，定州就孤立无援了。因此极力劝说李存勖，认为如今正在防御后梁军的侵略，应该对张文礼宽大处理。

李存勖回答说，张文礼有弑君之罪，从道义上讲不能宽大。何况他还暗中勾引后梁军，恐怕对易州、定州的形势也很不利。

王处直对这件事非常忧虑，认为新州与契丹相邻，就偷偷派人劝说王郁，让他贿赂契丹，让契丹侵略晋国的边境，务必以此解镇州之围。

王处直手下的将领曾多次劝谏，他都没有听从。王郁一向嫉妒王都冒他的宗族继承家业，于是就请求王处直把自己立为继承人，王处直答应了他。

军府的人都不想招引契丹入侵，王都也担心王郁夺取他的地位，于是暗中与书吏和昭训密谋劫持王处直。

正好遇上王处直与张文礼在城东宴饮。王都事先派所属新军士兵几百人埋伏在王处直的府第，王处直晚上回来，

○ 品画鉴宝

青釉四系盖罐（五代） 此罐唇口，直颈，溜肩，造型修长，是五代景德镇窑的精品。

埋伏的士兵大声呼喊，劫持了王处直，说："将士们都不愿意招引契丹入侵，请您住到西房去。"

王都把王处直和他的妻妾软禁在西房，并杀掉王处直在中山〔2〕的全部子孙以及他的心腹将领。王都自居留后，并将这些情况全部报告李存勖，李存勖就让王都代替了王处直的职位。

后来，王都到西房看望王处直，王处直挥拳击打王都的胸口，说："逆贼，我哪里对不起你？"因为手中没有兵刃，就想用牙齿咬王都的鼻子，王都拉住王处直的衣襟才避免被咬。没过多久，王处直忧愤而死。

相关链接

〔1〕庶出：古称妾所生儿子为庶出，也指正妻所生除嫡长子以外的其他儿子。

〔2〕中山：在今河北定县一带。

李存勖破契丹

在张文礼和王郁的要求下，契丹发兵南侵，李存勖和他们交战，挫败了他们的锐气，把他们赶回了北方。

后梁龙德元年（公元921年）二月，赵王王镕被部将张文礼怂恿亲兵杀死。张文礼杀死赵王后，心里很不安，就通过契丹卢龙节度使卢文进[1]向契丹国求援。

契丹国主已经答应卢文进出兵援助张文礼，正好这时新州团练使王郁因为答应王处直招契丹入侵，就去游说契丹国主，说镇州遍地美女金帛，要赶紧前往，不然就都被晋王李存勖夺取了。

于是契丹国主就不听述律皇后的劝说，于十二月派兵南侵，绕过幽州，攻下涿州，然后开始攻打定州。

李存勖从镇州率领亲军五千人前往救援。次年的正月十三，李存勖抵达新城南面。侦察的骑兵回来报告说，契丹军的前锋已经驻扎在新乐[2]，正准备涉过沙河向南进军。将士们听说后都很害怕，甚至有士兵逃跑，主将把抓到的逃兵斩首，也无法制止。

将领们都说："契丹人把全国的军队都调到这里来，我们寡不敌众。又听说梁军入侵，应当暂时把部队调回魏州以救根本之地。或者撤除镇州的包围，让部队向西进入井陉，可以回避一下。"

李存勖很犹豫，没有下决定。中门使郭崇韬说："契丹人受王郁诱惑，本来是为了夺取财物来的，并非真心要解镇州的包围。大王刚刚击败后梁军，威震夷、夏，契丹人听到大王已经到来，一定会心惊气丧，如果能锉败他们的前锋部队，契丹人就一定会逃跑。"

昭义节度使李嗣昭刚从潞州来，也说："现在强敌在前，我们只能前进，不能后退，不能轻举妄动，动摇人心。"

李存勖说："帝王的兴起，自然已有天命，契丹人能把我怎样呢？我曾用数万军队平定了山东，现在如果遇到这些小敌就回避，我还有什么面目来见天下人呢？"于是

○品画鉴宝　手持骨朵的契丹人

亲自率领五千骑兵率先前进。

到了新城北面，一半军队刚出桑林，契丹军一万多骑兵看到，就受惊逃跑了。李存勖把部队分为两支追逐他们，追出几十里，抓住了契丹国主的儿子。当时沙河桥窄冰薄，契丹人掉在河里淹死了很多。当天晚上，李存勖住在新乐。契丹国主的车帐扎在定州城下，败兵跑回来，契丹全军退到望都坚守。

十七日，李存勖率领军队直奔望都。契丹军迎战，李存勖率领亲军的一千多骑兵率先进军，正好遇上奚族首领秃馁的五千骑兵，被秃馁包围。李存勖奋力战斗，进出敌阵好多次，从午时起战到申时，还没有冲开包围。

李嗣昭听说后，率领三百骑兵从侧面包抄秃馁部队，秃馁的部队退走，李存勖才得以从包围中出来。于是命令士兵奋力攻击，契丹军队大败，晋军向北追逐败兵，一直追到了易州。

这时，正好遇上接连十几天下大雪，平地积雪有几尺厚，契丹军的人马都没有吃的，道路上的死人一个挨着一个。契丹国主举起手指着天，对卢文进说："老天不想让我到这里来。"于是往北返回。

李存勖带兵追踪，契丹人走，晋军也走，契丹人休息，晋军也休息。李存勖看到契丹人在野外睡觉的地方，地上铺的草，都环绕得方方正正，就像用剪刀剪过似的，虽然人已经离开，铺的草还没有一根乱的。李存勖感叹说："契丹人纪律竟然严格到了这个地步，中原的部队比不上他们。"

李存勖到了幽州，派二百骑兵跟在契丹军队后面，并告诉他们："契丹人出了边境，你们就回来。"这些骑兵凭借他们的勇敢，追上去攻击契丹军队，结果全部被契丹人抓获，只有两个骑兵从别的小路逃跑，才得以幸免。

契丹国主怪罪王郁，把他捆起来带回去。从此以后再也不听他的计谋了。

相关链接

〔1〕卢文进：生卒年不详，字大用，范阳（今北京）人，五代时期后唐大臣，曾引契丹兵攻打中原。

〔2〕新乐：在今河北省新乐县一带。

李存勖称帝灭后梁

公元923年，李存勖称帝，国号大唐，史称后唐。是年，他发兵南下消灭后梁，统一了黄河南岸地区。

后唐[1]同光元年（公元923年）三月，晋王李存勖在魏州牙城的南面修筑祭坛。

四月二十五日，李存勖登上祭坛，祭告上天，即位称帝，国号大唐，改年号为同光。尊母亲晋国太夫人曹氏为皇太后，尊父亲的正妻秦国夫人刘氏为皇太妃。任命百官，大赦天下。后唐正式建立，李存勖就是后唐庄宗。

李存勖听从枢密使郭崇韬建议，打算趁后梁后方空虚，冒险深入敌境，直接袭击大梁。十月初一，李存勖派人送魏国夫人刘氏、皇子继岌回兴唐府，并与他们诀别，说："事情成败，在此一举。如果不能成功，就把我们全家老小聚集到魏宫全部自焚。"然后率领军队渡过黄河。

李存勖击败王彦章[2]后，初七，后唐军到达曹州，后梁驻扎在那里的将领投降了后唐。

王彦章的败兵有先跑回大梁的，报告后梁末帝朱友贞说："王彦章已经被后唐军俘虏，后唐军长驱直入，就要到了。"朱友贞把全家集合在一起，哭着说："国运已经完了。"又召集大臣询问对策，大臣们没有人能回答。

朱友贞对敬翔说："我平时忽视你的话，才到了今天这个地步。现在情况这样紧急，你不要怨恨过去的事，告诉我该怎么办呢？"敬翔也没有办法，于是和朱友贞相对痛哭。

朱友贞在大梁城中，眼看后唐大军将至，却没有任何办法。最后又召来宰相郑珏商量，郑珏请求让自己带着传国之宝假装投降，以缓解国难。

朱友贞说："我今天固然不敢再爱惜国宝，只是如果按你的办法去做，真能解救国难吗？"郑珏低下头，过了好久，说："恐怕不能。"左右大臣们听了，都缩着脖子偷笑。

朱友贞日夜流泪，不知道怎么办好。他把传国之宝放在卧室里，有一天忽然不见了，朱友贞以为是身边的人偷去迎接后唐军了。

初八，有人报告说后唐军已经过了曹州，尘土遮蔽了天空。朱友贞对皇甫麟说：“李家与我家世代为仇，从情理上说绝不能投降他们，也不能等着被他们杀死。我又下不了手自杀，你可以把我的头砍下来。”

皇甫麟哭着说：“我为陛下战斗，可以死在后唐军的手上，但不敢接受这个命令。”

朱友贞说：“你打算出卖我吗？”

皇甫麟想自杀，朱友贞拉住他，说：“我和你一起死。”

于是皇甫麟杀了梁主，随后自杀。

朱友贞为人温和，谦恭简朴，没有什么过失，只是宠信奸臣，让他们作威作福，疏远了敬翔等旧臣，不听从他们的意见，最终导致了灭亡。

初九早晨，李嗣源的军队到达大梁城，向封丘门发起进攻，开封尹王瓒开门出降。李嗣源进入城内，安抚城内军民。同日，李存勖从梁门入城。后梁的大臣们在李存勖的马前迎接，跪拜请罪。李存勖安慰他们，让他们回到各自的职位上。李嗣源出来迎接并表示祝贺，李存勖喜不自胜，用手拉着李嗣源的衣服，用头碰了一下，说：“我取得天下，是你父子二人的功劳，我和你共享天下。”

李存勖下令访求朱友贞的下落，不久，有人拿着朱友贞的脑袋献给了李存勖。

相关链接

〔1〕后唐：公元923年－936年，李存勖所建，都城在洛阳，共历四帝，公元936年被后晋所灭。

〔2〕王彦章：公元863年－923年，字贤明，寿张（今山东梁山西北）人，五代时期后梁将领。

李存勖好优伶

李存勖从小喜欢音乐，当皇帝后对优伶更加宠爱，以至于他们在朝廷中具有很高的地位。李存勖甚至越过当年跟从他征战并立下功勋的将领而给优伶封官加爵。

后唐庄宗李存勖小时候就喜欢音乐，所以十分宠爱优伶〔1〕，让他们侍奉在左右。优伶们经常出入于皇宫，捉弄甚至欺负士大夫，大臣们非常愤恨，但又不敢对他们生气。也有的大臣反而去依附请托，希望依靠优伶求得朝廷恩泽。四方藩镇也争相用财物贿赂、巴结他们。

优伶中误政害人最严重的，景进〔2〕应数第一。景进喜欢采集一些民间小故事说给李存勖听，李存勖也想知道一些外面的情况，于是把景进当成自己的耳目。

景进每次向李存勖汇报，李存勖都要屏退左右才去问他，因此景进得以说别人的坏话，干预朝政。从将相大臣以下，所有的官员都害怕他。滑州留后李昭钦通过景进向皇宫进贡，从而被任命为泰宁节度使。

优伶中也有懂得大义的。李存勖有时自己涂上粉墨，和优伶一起在宫中演戏，让刘夫人高兴，艺名叫作“李天下”。

有一次他在演戏的时候，自己喊自己“李天下，李天下”，一个叫敬新磨的优伶突然上前打他的耳光。李存勖变了脸色，众优伶也感到害怕惊愕。敬新磨从容地说：“治理天下的人只有一个，你还喊谁呢？”李存勖听了很高兴，给了他很丰厚的赏赐。

李存勖曾经在中牟打猎，践踏坏了百姓的庄稼。中牟县令站在他马前进谏说：“陛下是老百姓的父母，怎么能毁坏他们赖以为生的东西，让他们饿死呢？”李存勖十分生气，斥责他，让他滚蛋，并准备杀死他。

敬新磨赶紧追上县令，并把他抓回李存勖的马前，责骂他：“你当县令，难道不知道我们天子喜欢打猎吗？你为什么要放任百姓在这儿种地，来妨碍我们天子驰骋打猎呢？你罪该处死！”然后请求把他处死，李存勖笑了笑，就不再追究了。

在打胡柳战役时，优伶周匝被后梁俘虏，李存勖常常思念他。后来后唐军进入汴梁，那天周匝在马前拜见李存勖，李存勖十分高兴。周匝流着眼泪对李存勖说：“我之所以能安全活到今天，全靠后梁教坊使陈俊、内园栽接使储德源的帮助，希望向陛下讨两个州封赏给他们，作为报答。”李存勖答应了。

○ 品画鉴宝　舞蹈人物画像砖（五代）琢刻线条流畅柔顺，将舞蹈者的动作、神情刻画得十分逼真传神。

○ 品画鉴宝

乐伎（南唐）顾闳中／绘　图绘五位外貌相仿的乐伎，工笔描摹，须眉传情，十分生动。

宰相郭崇韬劝说李存勖："与陛下一起夺取天下的人，都是英豪忠勇的人。如今大功刚刚告成，这些人中还没有一个人得到封赏，却首先任命优伶为刺史，恐怕会失掉天下人心。"因此周匝的建议没有实行。

一年之后，周匝经常提起这件事，李存勖对郭崇韬说："我已经答应过周匝，让我都不好意思见到这三个人。你讲的都很对，但希望能为了我通融一下。"

最后，李存勖任命陈俊为景州刺史，任命储德源为宪州刺史。当时亲军中有跟随李存勖转战南北却没有封得刺史的，人们无不愤慨。

相关链接

〔1〕优伶：俳优、倡优等，古代以乐舞或者谐戏为业的艺人的统称，后来也泛指戏曲演员。

〔2〕景进：籍贯、生卒年代均不详，五代时期后唐优伶，极受李存勖恩宠，被封为伶官之首，官至检校左散骑常侍、上柱国等。

王都反叛遭败亡

义武节度使王都暗中勾结其他节度使，想起兵反叛，恢复河北原来的割据局面，朝廷派王晏球讨伐，王都兵败自焚。

义武节度使兼中书令王都在易州、定州镇守了十几年，刺史以下的官吏都由他任命，收上来租赋都用来供养本镇的军队。等到安重诲掌权，才稍稍按国家法规处置一些事务。后唐明宗李嗣源也因为王都篡夺他父亲的职位而厌恶他。

当时，契丹人多次侵略边境，所以朝廷在幽州、易州之间驻扎了大量军队。对于军队大将的任命和调离，王都均暗中有所戒备，时间长了养成了猜疑的毛病。

王都害怕朝廷把他调到其他镇所，他的部下也劝他要准备好保全自己的办法。于是王都就向卢龙节度使赵德钧求婚。又知道成德节度使王建立与安重诲之间有矛盾，就派遣使者与王建立结为兄弟，同时暗中和王建立谋划恢复河北地区原来各镇割据的局面。王建立表面上答应他，却秘密将这些情况上奏朝廷。

王都又把用蜡封的密信送给青、徐、潞、益、梓五镇统帅，在他们中间挑拨离间。王都还派人劝说北面副招讨使、归德节度使王晏球[1]，王晏球不肯听从。于是王都送金子给王晏球的手下，让他们谋杀王晏球，但没有成功。

后唐天成三年（公元928年），四月十八日，王晏球把王都谋反的种种情况都上奏朝廷。二十五日，李嗣源下诏削夺王都的官爵。二十七日，任命王晏球为北面招讨使，暂时主管定州，负责定州各项事务。这一天，王晏球向定州发起进攻，攻下了北关城。

王都用丰厚的礼物请求奚人[2]首领秃馁援救。五月，秃馁率领一万骑兵突然进入定州。王晏球退守曲阳，王都和秃馁逼近攻打。王晏球与他们在嘉山下交战，大败王都、秃馁军队，秃馁率领两千骑兵飞奔逃回定州。

王晏球追击到定州城门，乘机发动进攻，夺取了西关城。定州城很坚固，不容易攻下，王晏球就扩建西关城作为临时官府，使定州、祁州、易州三州的百姓交纳税赋，供应这里的军队，让他们守在这里。

王晏球听说契丹人也发兵援救定州，就率领大军赶赴望都，并派遣

张延朗分出一支军队退守新乐。张延朗前往真定，留下赵州刺史朱建丰率领部队修筑新乐城。而契丹人已经从别的道路进入定州，与王都在夜晚袭击新乐，攻克新乐城，杀死了朱建丰。

二十一日，王晏球、张延朗在行唐会师。二十二日，大军到达曲阳。王都把自己的所有兵力和契丹五千骑兵会合成一万多人，乘胜在曲阳阻截王晏球等人。

二十三日，两军在曲阳城南交战。王晏球召集将领，下令说：“王都轻敌骄傲，可以一战将他抓获。今天是诸位报效国家的时候了，都扔掉弓箭，用短兵器进攻，回头向后看的斩首。”于是王晏球骑兵率先前进，挥舞兵器，直冲王都的阵地，大败王都的军队，尸体漫山遍野。

契丹人死了超过一半，其余的都逃跑了。王都和秃馁只剩下几个骑兵保护，才能免于一死。卢龙节度使赵德钧截击契丹人，逃走的人几乎没有一个活下来的。

王晏球知道定州城防备很好，急攻之下很难成功。朝廷中人宣称大将胆怯，于是李嗣源发下诏书催促王晏球进攻。王晏球不得已，就在六月二十二日下令攻城，结果损失将士三千人。

当初，后唐庄宗在河北地区扩充地盘的时候，得到一个男孩，把他养在宫中。等他长大，赐他姓名李继陶。

李嗣源即位后，将他送回河北。王都得到他，让他穿上黄袍，坐在城上的矮墙中间，对王晏球说：“这是庄宗皇帝的儿子，已经即位为帝。你蒙受前朝的大恩，难道不想报答吗？”

王晏球说：“你搞这些小花招有什么用？我现在教给你两个办法，不率领全军出来决战，就捆住手出来投降，除此之外没有什么活路。”

王都占据定州城，防守坚固，巡察严密，他部下将领经常有人想翻城墙出来响应官军，但都没有成功。

李嗣源派遣使者去催促王晏球攻城，王晏球就带着使者一起骑马沿定州城巡视了一下，指着城对使者说：“城墙如此高大陡峭，就算城主听任外面的士兵往上爬，云梯也不能架到墙头。勉强攻城，只是白白牺牲精锐士兵，对敌人一点损伤也没有，那攻了又有什么用呢？

“不如就让军队在三州取食，爱护百姓，训练士兵，耐心地等待，他们迟早会从内部崩溃。”李嗣源听从了他的建议。

次年正月，王都和秃馁在城中无法坚持，就想突围逃走，但没能冲出去。二月十三日，定州都指挥使马让能打开城门迎纳官军。王都全家自焚，秃馁和剩余的契丹士兵两千人被俘。

相关链接

〔1〕王晏球：公元873年－932年，字莹之，河南洛阳人，五代时期名将，曾为后梁、后唐两朝效劳。

〔2〕奚人：库莫奚族人。库莫奚族是我国古代北方少数民族之一，属东胡鲜卑族的一支，隋唐时活跃在饶乐水（今西拉木伦河）上游一带，以善于造车而著称。

李从荣夺位过急

李从荣因为明宗病重，怕自己做不了继承人，便同党羽等人发动政变，企图夺取皇位，结果连年纪还小的儿子都被诛杀了。

后唐长兴四年（公元933年），十一月十六日，明宗李嗣源[1]旧病复发，十七日便病得非常重了。秦王李从荣进宫探病，李嗣源低着头不能抬起。王淑妃说："从荣在这里。"李嗣源也没有回答。

李从荣出来，听到宫里的人都在哭泣，以为李嗣源已经死了，就想谋取帝位。第二天早上，李从荣自称有病没有进宫。而这天晚上，李嗣源的病情实际上略为好转，但李从荣却不知道。

李从荣知道当时的舆论对他不利，害怕做不了继承人，便同他的党羽策划，以保护皇帝为名带亲兵入宫，先制伏权臣。

十九日，李从荣派都押牙马处钧告诉山南节道节度使朱弘昭、忠武节度使冯赟，说："我想带亲兵入宫内伺候皇上，以防变故，应该在哪里居处？"

朱、冯二人说："请秦王自己选择地方。"

不久，二人又私下对马处钧说："皇上平安无事，秦王应该竭尽心力行忠孝之道，不可以随便相信坏人的胡说。"

李从荣发怒，又派马处钧告诉朱、冯二人："你们难道不爱惜自己的家族吗？怎么敢抗拒我！"

朱、冯二人很担心，就入宫报告王淑妃及宣徽使孟汉琼，大家都说："这件事没有河阳节度使康义诚[2]就一定办不成。"便召来康义诚商议。

康义诚竟然完全不拿主意，只是说："义诚是带兵的人，不敢干预朝政，全凭宰相大人的差遣。"

朱弘昭怀疑康义诚不想在大家面前表态，到了晚上，把他请到自己家里再次问他，康义诚的回答还是和原来一样。

二十日，李从荣穿着便服，从河南府带领步兵、骑兵马千人在天津桥列阵。当天黎明，李从荣派马处钧到冯赟府第，对他说："我今天一定要进入皇宫，并且要住进兴圣宫（兴圣宫是准备继位的人居住的）。你们都各有自己的宗族，做事更应该周密慎重，是祸是福顷刻可以决定。"

李从荣又派马处钧去见康义诚，康义诚答复说："秦王来了，我一定奉迎。"

○品画鉴宝
功德神像（五代）张澄／绘　此图绘四位护法神将，色彩丰富，线条繁复。

冯赟骑马奔入右掖门，见到朱弘昭、康义诚、孟汉琼及三司使孙岳正聚集在中兴殿门外商议。

冯赟就把马处钧的话详细告诉他们，并且责备康义诚："秦王说'是祸是福顷刻可以决定'，他想做什么也就可以知道了。您可不要因为自己儿子在秦王府供职，就左右观望。皇上提拔我们这些人，从平民升至将相，假如让秦王的士兵得以进入这道大门，将把皇上置于何地？我们这些人还能不被灭族吗？"康义诚还没来得及回答，看门官报告说秦王已经带兵到达端门外。

孟汉琼一甩袖子站起来说："今天的事危害到君王，你还要犹豫观望，计较个人利益得失吗？我怎么还能爱惜自己的余生，只能自己带领士兵去抵挡他了！"说完立即进入内宫，朱弘昭、冯赟跟着他，康义诚不得已，也跟着他进入内宫。

孟汉琼见到李嗣源，报告说："秦王造反了，他的士兵已经在进攻端门，很快就要打进宫里来，那就要大乱了。"宫里的人相对号哭。

李嗣源说："从荣何苦做这样的事！"就问朱弘昭等人："有这回事吗？"回答说："有这回事，刚才已经命令守门人关上大门了。"李嗣源指着天流下眼泪，对康义诚说："你自己做主处理吧，不要惊扰百姓！"

控鹤指挥使李重吉，是李从珂的儿子，当时正侍奉在李嗣源身边。

李嗣源对他说："我和你父亲冒着枪林箭雨平定天下，他几次把我从危难中解救出来。从荣他们出过什么力，如今竟受人教唆，做出这种悖逆不道的事来！我本来就知道这种人不足以交付大事，早应该把你父亲召来，将兵权交付给他。你替我安排守住各个宫门。"

李重吉立即率领控鹤军守卫宫门。孟汉琼披挂上马，召来马军都指挥使朱洪实，让他带领五百名骑兵去讨伐李从荣。

李从荣在桥上坐着胡床，派手下去召康义诚。这时端门已经关闭，就去敲左掖门，从门缝向里面窥探，看见朱洪实正率领骑兵驰来，急忙跑去报告李从荣。李从荣非常吃惊，命令取来铁掩心盔甲披挂，坐在那里调整弓弦。

过了一会儿，骑兵大量涌到，李从荣逃回府第，他的手下都逃窜躲藏，牙兵抢掠嘉善坊之后溃逃。李从荣和妃子刘氏躲在床下，皇城使安从益过去把他们杀了，并杀了他的儿子，将他们的首级进献给了朝廷。

李嗣源听说李从荣被杀，悲伤惊骇，差点从御榻上跌下来，昏过去好几次，因此病情再次加剧。李从荣有一个儿子还很幼小，寄养在宫中，将领们要求把他杀掉，李嗣源流着泪说："这孩子有什么罪！"最后不得已，还是把孩子交给将领们杀掉了。

二十一日，冯道带领群臣入朝，在雍和殿觐见李嗣源。李嗣源泪下如雨，哽咽着说："我家的事情闹到这个地步，实在不好意思见到你们。"

相关链接

〔1〕李嗣源：公元867年－993年，本名邈佶烈，应州金城（今山西应县）沙陀族人，其父李霓为李克用父亲的得宠将领，五代时期后唐皇帝，公元926年即位，庙号明宗。

〔2〕康义诚：？－公元934年，字信臣，山西代北（今山西代县以北）沙陀族人，五代时期后唐节度使。

石敬瑭甘当儿皇帝

石敬瑭起兵反叛，向契丹求助，认契丹国主耶律德光为父亲，并许诺事成之后割让土地给他们。他通过出卖自己和领土建立了后晋王国，自己当起了儿皇帝。

后晋天福元年（公元936年），后唐河东节度使石敬瑭[1]把所有储藏在洛阳以及各辖区的财物全部运回晋阳，借口用来补充军需，但大家心里都明白他图谋不轨。

当初，石敬瑭想试探一下后唐末帝李从珂的真实意图，屡次上表陈说自己体弱多病，请求解除兵权，调往其他藩镇。李从珂和执政大臣们商议是否答应他的请求，把他调去镇守郓州。房暠、李崧、吕琦等人极力劝阻，认为不可以这样做，李从珂听后，犹豫了很久。

五月初二晚上，李崧有急事请假在外，只有薛文遇一人值班。李从珂和他议论河东方面的事情。薛文遇说："俗话说，'在路上盖房子，三年也盖不成'，这种事情只能靠陛下自己的意志作决断。群臣们都各自为自身的利益打算，哪里肯说心里话？以我看来，河东方面，让他移镇他要反，不让他移镇他也要反，只是早晚不同而已，不如先想办法把他解决了。"在这之前，术士说国家今年应该得到贤人辅佐，提出奇谋，安定天下。李从珂以为这就应验在薛文遇身上了，所以听了他的话，非常高兴，说："听了你的话，使我心意豁然开朗，不论成功还是失败，我决心去做了。"说完立刻列出任命官职的名单，交付学士院草拟诏书。

初三，任命石敬瑭为天平节度使，任命马军都指挥使、河阳节度使宋审虔为河东节度使。诏书一出，满朝文武听到石敬瑭的名字，都面面相觑，惊讶得脸色都变了。

初六，李从珂派人催促石敬瑭赴郓州上任。石敬瑭很是疑惧，便和他的部下商议说："我第二次来河东的时候，皇上曾当面答应我终身不免职，也不会派别人来代替我。现在又忽然有了这样的命令，莫不是怀疑我要造反？我如果不造反，朝廷就会先发制人，我又怎么能束手就擒，死在路上呢！如今我暂且上表称病，来观察朝廷的意向，如果对我宽容，我就臣服他。如果对我用兵，那我就要另作打算了。"幕僚段希尧极力反对，石敬瑭因为他为人纯朴直率，并不责怪他。节度判官华阴人赵莹劝石敬瑭去郓州赴任。观察判官平遥人薛融说："我是个书生，不熟悉军旅之事。"都押牙刘知远说："您带兵已久，得到士兵的衷心拥戴。

现在占据形势险要的地盘，兵强马壮，如果在这儿起兵，布告天下，便可以成就帝业。为什么只因为一纸诏令就自投虎口呢？”

掌书记洛阳人桑维翰说：“皇上刚即位的时候，您入朝觐见，皇上哪会不知道蛟龙不可放归深渊的道理？然而最后还是把河东节度使这个重要的职位授给您，这说明天意要把最有用的工具交给您。

“明宗皇帝虽已驾崩，但爱戴之心还存在人们心间，当今皇上以庶子旁支的身份继位，民心并不归附。您是明宗心爱的女婿，现在皇上拿谋逆罪名加到您头上，这不是叩头谢罪就能获得赦免的，必须竭尽全力拿出一套保全自己的计策。

“契丹国主一向与您约为兄弟，现在他们的部落，就在距此不远的云州与应州。您若真能推心置腹、委屈自己来侍奉他们，那么万一出现紧急情况，可以随请随到，还用担心会不成功吗？”石敬瑭听了，决心造反，不再犹豫。

初十，昭义节度使皇甫立向朝廷报告石敬瑭已经叛乱。石敬瑭给李从珂上表说：“当今皇帝是养子，不应当继承皇位，请传位给许王。”

○ 品画鉴宝

生活图·贺礼者（五代） 图中三位贺礼者均戴软脚幞头，着圆领窄袖袍服，双手抱拳作揖。

李从珂气得把石敬瑭的奏表撕碎扔在地上，下诏书回答说："你与鄂王的关系本来并不疏远，你在卫州的所作所为，天下人都知道。所谓传位给许王之类的鬼话，谁又肯相信？"十四日，李从珂下诏剥夺石敬瑭的官职和爵位。随后，调遣各路军队前去讨伐。

七月，石敬瑭派遣使者向契丹求救，让桑维翰草拟表文向契丹称臣，并请求以对待父亲的礼节对待耶律德光[2]。还约定事成之日，割让卢龙一道以及雁门关以北各州给契丹。刘知远劝谏说："称臣就可以了，认作父亲则太过分。多送他金银布匹，就足以向他借兵，不必割让土地。

割让那么多土地，恐怕日后会给中国带来大麻烦，到时后悔也来不及了！”石敬瑭不听。表文送到契丹，契丹国主耶律德光阅后大喜，对他母亲说：“儿子接连梦到石敬瑭派遣使者来，如今果然如此，这是天意啊！”于是写了答复的国书，答应到了中秋节，率全国军队前往救援。

九月，耶律德光率领五万骑兵，号称三十万，从扬武谷向南，旌旗络绎不绝，长达五十余里。耶律德光的骑兵一到，就打败了晋阳城外的后唐军队。当天晚上，石敬瑭出晋阳北门见耶律德光，耶律德光握着石敬瑭的手，只恨相见太晚。

十一月，耶律德光对石敬瑭说：“我不远三千里赶来救你，一定要有所建树。我看你气概不凡，见识过人，真是做中原之主的人。我想将你立为天子。”石敬瑭推辞了很多次，这时他的部下也纷纷规劝，石敬瑭这才同意。

耶律德光便作书册命石敬瑭为大晋皇帝，解下自己身上的契丹衣冠授给他。石敬瑭正式即皇帝位，是为后晋高祖。石敬瑭割让幽、蓟、瀛、莫等十六州之地给契丹，而且答应每年供给契丹布三十万匹。

相关链接

〔1〕石敬瑭：公元892年－942年，一名石绍雍，太原（今山西太原）沙陀族人，公元936年称帝，建立后晋，定都大梁，是为后晋高祖。

〔2〕耶律德光：公元902年－947年，姓耶律，名德光，字德谨，契丹名尧骨；辽太祖阿保机次子，公元927年即位，庙号太宗。

○ 品画鉴宝　茶黄釉青瓷执壶（五代）

章德安奉立新君

吴越国文穆王看章德安忠诚厚道，就在临死前将自己年幼的儿子托付给他。文穆王死后，章德安辅助钱弘佐肃清不安势力，顺利登上王位。

后晋天福六年（公元941年），吴越国[1]文穆王钱元瓘[2]病重不起，他发现内都监章德安忠诚厚道，能够决断大事，便想把身后的事情托付给他。于是文穆王召来章德安，对他说："我儿子钱弘佐年纪还小，是不是应该挑选宗室中的年长者，立他为王？"

章德安说："弘佐虽然年轻，但是群臣都佩服他的英明敏锐，希望您不要为这个担心！"

文穆王说："你好好辅佐他，我就不担心了。"八月二十四日，钱元瓘去世。

内牙指挥使戴恽，受钱元瓘所信任重用，钱元瓘生前把军旅之事全部委托给他。钱元瓘养子钱弘侑的奶妈，是戴恽妻子的亲戚。有人告发戴恽阴谋拥立钱弘侑。钱元瓘死后，章德安就秘不发丧，并在帐幕埋伏下全副武装的士兵。

二十五日，戴恽一进王府，便被抓起来杀了。章德安还把钱弘侑废为平民，恢复原来的姓氏"孙"，软禁在明州。这一天，将军和官吏根据钱元瓘的遗命，秉承皇帝诏书，任命镇海、镇东副大使钱弘佐为节度使。钱弘佐当时年仅十四岁。九月初三，钱弘佐即王位，命令丞相曹仲达摄理政务。军队里声称赏赐分配不公平，举起兵器不肯接受，各位将领都不能控制。曹仲达亲自劝说，大家都放下兵器拜谢。

钱弘佐温和谦恭，礼遇士人，并亲自勤理政务，不受他人蒙骗。

百姓有人献上嘉禾，钱弘佐问掌库的官吏："现在存粮有多少？"

回答说："能用十年。"

钱弘佐说："那么供给军粮足够了，可以对百姓宽松一点。"便命令境内免税三年。

相关链接

〔1〕吴越国：公元907年－978年，都城杭州，为五代十国时期十国之一。

〔2〕钱元瓘：公元887年－941年，字明宝，杭州临安（在今浙江境内）人，本名传瓘，即位后改为元瓘。

石重贵继位孙皇帝

石敬瑭死后，冯道等人立石重贵为帝。石重贵给契丹写信报告丧事，在信中称自己为孙。

后晋天福七年（公元942年），高祖石敬瑭患病不起。五月的一天早上，石敬瑭趁面前只有宰相冯道〔1〕一个人，就叫出幼子石重睿，让他拜见冯道，又命令宦官将石重睿放到冯道怀里，意思是要冯道辅佐他，立他为幼主。

六月，晋高祖病逝，冯道与天平节度使景延广商量，认为国家多灾多难，应该拥立年长的君主，以免朝廷被奸人控制，于是奉高祖的侄子齐王石重贵〔2〕为继承人。当天，石重贵即皇帝位。

石重贵即位以后，景延广认为自己拥立有功，从此开始执掌大权，禁止都城的人凑在一起私下议论。

石重贵刚刚即位，大臣们商议，要上表称臣，向契丹报告丧事。景延广则主张写封书信而不上表，只称孙，不称臣。因为称臣事关国体，称孙则只是皇帝之间的家事。

李崧说："委屈自身是为了保全国家社稷，有什么耻辱可言？陛下如果按景延广的意见办，将来必定会被逼得披盔戴甲，和契丹人交战，到那时后悔也没有用了。"

景延广极力坚持，冯道在中间模棱两可。皇帝最终还是接受了景延广的主张，只写了一封普通书信，而且只称孙，不称臣。

契丹果然大怒，派使者前来责备，并且说："为什么不先来禀告，就急忙地继承帝位！"景延广用了一些难听的话回答契丹的使者。

相关链接

〔1〕冯道：公元882年－954年，字可道，自号"长乐老"，五代时期瀛州景城（今河北交河东北）人，历任后唐、后晋宰相及后汉、后周太师，曾著有《长乐老自叙》。

〔2〕石重贵：公元914年－964年，五代时期太原（今山西太原）沙陀族人，后晋皇帝，公元942年即位，史称后晋出帝。

将计就计败契丹

耶律德光带领契丹兵将和后晋军队对阵，忽起大风，后晋将领李守贞等人将计就计，率士兵逆风和敌人作战，于是大败契丹，耶律德光骑骆驼逃跑了。

后晋开运元年（公元944年），闰十二月，契丹再次大举入侵，扫荡邢、洺、磁三州，劫掠一空，并进入邺都境内。第二年正月，后晋出帝石重贵下诏亲征。

八月，都招讨使杜威[1]（即杜威）等人率领的各路军队在定州会合，经过几次战斗，从俘虏口中得知耶律德光亲自率领骑兵八万多人正在赶来。杜威等人害怕，就退保泰州。契丹军很快也到泰州，后晋军又退，到达阳城。

二十四日，契丹军大批赶到，后晋军与他们交战，获胜，追逐了十多里，契丹军越过白沟逃跑。二十六日，后晋军结成阵势向南行军，契丹骑兵从四面包围，气势很盛，后晋军经过苦战，抵挡住了攻击。

二十七日，后晋军到达白团卫村，埋鹿角[2]建立临时营寨。契丹军队将他们包围了好几层，还派遣骑兵穿插到营寨后面，切断了运粮的通道。

当天晚上，刮起了很大的东北风，刮破房屋，刮断了树木。后晋军在营寨中挖井，总是刚刚挖到水源就发生塌方，士兵们只好把湿泥取出来，用布绞水喝，以致人马都渴得厉害。

等到天亮，风刮得更大。耶律德光坐在车中，对他的部下说："敌人就剩这些了，我们要把他们全部抓住，然后向南夺取大梁！"然后命令铁甲骑兵下马，拔掉鹿角，冲入营寨，与后晋军队短兵交接。又顺着风向放火，扬起沙尘助长进攻的气势。

后晋士兵都很愤怒，大呼说："都招讨使为什么不让出战，让士兵们等死！"将领们也请求出战。杜威说："等风势稍缓，再慢慢看可不可以出战。"

马步都监李守贞说："敌兵人多，我们人少。但是在风沙里面，看不清哪边人多哪边人少，只有奋勇作战的人才能胜利。这风是来帮助我们的，如果等到风停了，我们这些人就剩不下了。"当即大呼："各队人马一起杀敌呀！"

李守贞又对杜威说："您善长守卫，我就率中路军与敌人决一死战了！"

马军左厢都排阵使张彦泽召集诸将询问计策，都说："敌人现在顺

窦丹主大
战高靖周

风，应该等到风向转时再与他们交战。”张彦泽也认为有道理。

诸将退下，马军右厢副排阵使、太原人药元福单独留下，对张彦泽说：“现在军中士兵又饥又渴，已经到了极点，如果等到大风转向，我们这些人早就成了俘虏。敌人认为我们不可能逆风出战，我们就更应该出其不意，赶紧发动进攻，这正是兵法上说的用兵以诡道啊。”

马步左右厢都排阵使符彦卿说：“与其束手就擒，不如以身殉国！”于是和张彦泽、药元福以及左厢都排阵使皇甫遇，率领精锐骑兵从营寨的西门出来攻击敌兵，其他将领也随后杀到。在他们的进攻之下，契丹军队后退了几百步。

符彦卿等人问李守贞：“现在我们是把部队收回来，还是一直往前冲杀，直到胜利为止？”

李守贞说：“形势都到了这个地步，哪有掉转马头的道理！应该长驱直入取胜为止！”符彦卿等人又策马冲了过去。

这时风势更大了，天昏地暗，如同黑夜一般。符彦卿等人率领骑兵一万多人从侧面攻击契丹军，喊杀之声震天动地。契丹军队大败而逃，溃败之势有如山崩。

这时，李守贞命令步兵拔除鹿角出营作战，步兵和骑兵一同向前推进，追逐败兵二十多里。

契丹的铁甲骑兵下马之后，仓促之间难以再骑上去，于是纷纷丢下战马以及铠甲兵器，丢得满地都是。契丹士兵一直溃散到阳城东南的河边，才稍稍恢复了阵形。

杜威说：“敌人已经吓破胆，不能再让他们布成阵势！”于是派出精锐骑兵追击他们，契丹士兵都渡水逃走。

耶律德光坐车跑了十几里，见追兵紧急，就捉住一头骆驼，骑上它逃走了。晋军将领请求赶紧追赶他，杜威扬言说：“碰到强盗，运气好没有死掉，还想向他们要回被抢走的衣服包裹吗？”李守贞也说：“两天来人和马都渴极了，现在有水了，都喝得饱饱的，跑不动，难以追上敌人，不如就此全军回师。”于是后晋军退守定州。

相关链接

〔1〕杜威：?－公元948年，本名杜威，为避石重贵之讳改名杜威，祖籍朔州（今山西朔县），五代时期后晋重臣。

〔2〕鹿角：古代打仗时用树枝等放在路上等地方防止敌人前进的防御设施，因树枝等形似鹿角，故名。

杜威受骗降契丹

公元946年，耶律德光再次带大军入侵后晋，将领杜威在军营被包围后，听信耶律德光将让他做中原皇帝的谎言，带领部下投降契丹。

后晋开运三年（公元946年），十一月，耶律德光大举入侵，从易州、定州直奔恒州。

杜威等人到达武强，听到这个消息，打算从贝州、冀州向南退走。彰德节度使张彦泽[1]当时在恒州[2]，领兵与他们会合，向他们分析契丹可以被打败的情形。于是杜威等人又再度赶赴恒州，任命张彦泽为前锋。

二十七日，杜威等人到达中度桥，桥已被契丹人占据。张彦泽率领骑兵前去抢夺，契丹军队把桥烧掉后退走。后晋军队和契丹军队在滹沱河两岸对峙。

磁州刺史兼北面转运使李谷劝说杜威和李守贞："现在大军离恒州近在咫尺，做饭的烟火都能互相望见。如果把很多三股木（三根木条交叉捆绑，下边撑开为三脚）放到水里，在上面放上柴枝，铺上泥土，桥

○ 品画鉴宝　卓歇图（五代）胡环／绘　此图描绘契丹贵族出猎休息宴饮的情景。

立刻就架成了。再与城中的守军秘密约定，点火呼应，招募勇士趁夜色砍断敌人营寨的栅栏冲进去，里外合兵，敌人一定败逃。"众将领都认为有道理，只有杜威认为行不通。

契丹人用大军挡在后晋军队的前面，又悄悄派出将领萧翰、通事刘重进率领一百名骑兵和羸弱的步卒，绕过西山穿插到后晋军队的身后，切断了后晋军的粮道和退路。打柴的樵夫遇到契丹军，全被他们抓走。有逃跑回来的，都说契丹军队的人马强盛，后晋军中人心惶惶。

萧翰等人到达栾城，城中后晋守军有一千多人，没有预备敌人来临，慌乱中都投降了。契丹抓到后晋百姓，在他们脸上都刺上"奉敕不

○ 品画鉴宝　卓歇图（五代）胡环／绘

杀”四个字，放他们往南走。运粮的民夫在路上看见他们，都丢弃车辆，慌忙逃跑。

十二月初八，契丹人远远地用兵把后晋军营包围起来，后晋军营与外面的联系被切断，军中粮食也将要吃完。杜威和李守贞、宋彦筠开始谋划投降契丹。杜威暗中派心腹到耶律德光的牙帐，向耶律德光请求重赏。

耶律德光骗他说：“赵延寿的威信和声望向来不高，恐怕不能当中原的皇帝。假如你真的投降，就让你当皇帝。”杜威很高兴，就打定了投降的主意。

初十日，杜威埋伏下武装好的士兵，然后召集众将，拿出降表给他们看，让他们签名。将领们很吃惊，没有人敢说话，只是唯唯诺诺地听从命令。杜威派阁门使高勋带着降表去见耶律德光，耶律德光颁下诏书慰劳他，接受了降表。

这一天，杜威下令所有的士兵在营外列阵，士兵们都欢呼雀跃，以为将要出战。杜威亲自告诉他们：“现在粮食吃光，无路可走，我将和你们共同谋求一个生存的办法。”于是命令全军放下武器。

士兵们都失声痛哭，哭声振动了原野。杜威、李守贞向众人扬言：“君主无道，信任奸臣小人，猜忌我们。”听到的人没有不咬牙切齿的。

耶律德光派赵延寿身穿赭色龙袍来到后晋军营慰抚士兵，指着赭袍对杜威说：“这将是你的东西。”杜威以下的所有将领都到马前迎接。

赵延寿也给杜威穿上赭袍，做给后晋将士看，其实这都是愚弄他们的把戏罢了。耶律德光任命杜威为太傅，李守贞为司徒。

杜威投降后，各州守将纷纷投降，很快就把后晋一朝给断送了。

相关链接

〔1〕张彦泽：？－公元947年，祖籍太原（今山西太原），突厥人，行伍出身，初为五代时期后晋节度使，后投降契丹。

〔2〕恒州：地名，在今河北正定一带。

赵延寿语赦降兵

杜威投降后，耶律德光想把降兵全部杀掉，赵延寿认为不可以，而应当让他们去戍守南部边疆，防止后蜀等的入侵，耶律德光同意了，降兵免于一死。

杜威恢复旧名重威，率领后晋军投降契丹后，契丹国主耶律德光把缴上来的所有铠甲兵器，一共几百万件，储存在恒州，并派人赶着军马几万匹回到契丹国，然后让杜威率领他的部下跟随自己南下。

到了黄河岸边，耶律德光看到投降的后晋士兵太多，担心他们哗变，想用契丹骑兵把他们统统赶进黄河。

有人劝谏说："其他地方的后晋军队还有很多，他们听到投降的都被杀死，一定都会抵抗到底，不肯投降了。不如先安抚这些俘虏，慢慢考虑万全之策。"耶律德光就派杜威带领他的部下驻扎在陈桥。

正碰上天一直下雪，官府又不供应后勤，士兵们又冷又饿，都怨恨杜威，聚在一起哭泣。每当杜威出帐，路边士兵见了都骂他。

耶律德光还是想杀掉后晋降兵。赵延寿就对契丹主说："您亲自冒着箭雨夺取后晋，是想自己拥有它呢，还是为别人夺取？"

耶律德光变了脸色，说："我动员全国南征，五年来没有停止打仗，才勉强夺得后晋，怎么会是为了别人了？"

赵延寿说："后晋的南面有南唐，西面有后蜀，常常与我们为敌，您是否也知道？"

耶律德光说："知道。"

赵延寿说："后晋东起沂州、密州，西至秦州、风州，地域广大，方圆几千里，跟吴、蜀两

地接壤的边界，得常常派兵戍守。南方炎热潮湿，契丹的人是不能居住的。

“将来您车驾回到北方，以后晋那么辽阔的土地，若没有足够的军队防守，吴、蜀之人一定争着相继乘虚入侵，这样的话，岂不是替别人夺取了后晋江山吗？”

耶律德光说：“这些我倒还不知道。既然这样，我该怎么办呢？”

赵延寿说：“陈桥[1]的降兵，可以分开来戍守南方的边境，那么吴、蜀就不能为患了。”

耶律德光又说：“当初我在上党[2]，决策失误，把后唐的士兵都交给了后晋。等到后晋与我反目为仇，这些士兵就到北边来跟我打仗，辛苦了好几年才把他们打败。现在幸而让他们落在我的手里，不趁这时把他们翦除干净，难道还把他们留作后患吗？”

赵延寿说：“过去把后晋兵留在黄河以南，没有用他们的老婆孩子作人质，所以才有这种麻烦。现在如果把他们的家庭都迁到恒、定、云、朔各州之间，每年轮番让他们戍守南部边疆，哪里还怕他们发生变乱呢？这是上策啊。”

耶律德光高兴地说：“对！就按燕王的意见办理！”

因此陈桥的降兵才得以幸免，被分别遣回各自的兵营。

相关链接

〔1〕陈桥：地名，位于今河南新乡。

〔2〕上党：地名，在今山西长治、晋城一带。

刘知远伺机称帝

契丹攻下大梁后，北方空虚，拥兵占据一方的刘知远，经过一番犹豫观望，于公元947年趁机称帝，建立后汉王朝。

当初，后晋出帝与河东节度使、中书令、北平王刘知远[1]互相猜忌，虽然任命刘知远为北面行营都统，但只是给一个虚名表示尊敬罢了，各路军队的行动实际上一点都不让刘知远干预过问。

因而刘知远大量招募士兵。阳城一战，各军的散兵游勇归附他的有几千人，他又得到吐谷浑的财物牲畜，从此各藩镇中以河东最为富强，步兵、骑兵多达五万人。

后晋出帝和契丹结怨以后，刘知远估计出帝必然凶多吉少，但从来也不加以评论、劝谏。契丹屡次纵兵深入，刘知远也丝毫没有阻拦或派兵入援的意思。

等到听说契丹已占据了大梁，刘知远就分派军队守护四方边境，以防备契丹突然袭击。然后派客将安阳人王峻带三封奏表，前去拜见耶律德光。

第一封奏表，祝贺耶律德光进入汴州；第二封奏表，说明自己因为太原是夷、夏各族混居的地方，而且又有戍边军队屯驻，所以不敢离开辖区；第三封奏表，说明自己本应进贡却还没有进贡的原因，是因为契丹将领刘九一的军队从土门出发往西，正好驻扎在南川，太原城中的百姓担惊受怕，等到这批军队被调回去，道路通畅无阻之后，就可以进贡了。

于是耶律德光颁赐诏书褒奖。等到诏书拟好，进呈审阅的时候，耶律德光亲自在刘知远的姓名之上加了一个“儿”字，又赐给他木拐。按照契丹人的礼仪，对大臣表示优厚的礼遇的时候才赐木拐，就像汉人赐茶几手杖一样，只有契丹的伟王以叔父之尊才得到过这样的礼遇。

刘知远又派遣北都副留守、太原人白文珂献上珍奇的丝织品和名贵的千里马。耶律德光看出刘知远还在观望，不肯自己来，就趁白文珂返回太原的时候，让他转告刘知远：“你又不侍奉南朝，又不侍奉北朝，你打算等到什么时候呢？”

蕃汉孔目官郭威对刘知远说：“契丹对我们怨恨很深！王峻说契丹人贪婪残暴失掉人心，一定不能长久占据中原。”

有人劝说刘知远起兵扩大地盘。刘知远说："用兵有缓有急，应当根据形势采取适当的策略。现在契丹刚刚收降了后晋的十万兵马，像老虎一样占据着都城，形势没有发生其他的变化，怎么能轻举妄动呢！

"而且我观察契丹人所贪图的无非是钱财物品，钱财物品掠夺够了，就一定会回到北方去。何况现在冰雪已融，天气转暖，他们必定不能久留。应该等他们离去，再去占领那些地方，才可以确保万无一失。"

当初，雄武节度使何重建受到契丹胁迫，就率部下投降了后蜀。刘知远听到这个消息，就感叹说："夷狄前来欺凌，中原没有君主，以致藩镇投靠外国。我作为一方之主，实在是惭愧。"于是手下将领劝他称帝，以便号令天下，观察各藩镇态度。刘知远没有同意。

后来，刘知远听说后晋出帝被契丹胁迫，要到北方去，就扬言要从井陉出兵，将出帝迎归晋阳。

当刘知远在集合军队，对他们宣布出兵日期的时候，军士们都说："如今契丹攻陷都城，俘虏了皇帝，天下没有君主。做天下君主的，除了我们的大王还有谁呢？应该先即帝位，称尊号，然后出兵。"于是大家不停地争着高呼万岁。

刘知远说："契丹的势力还很强大，我军声威也还没有得到传播，应当先建功立业。你们这些当兵的懂得什么！"命令手下阻止了他们。

之后，仍不断有部下规劝，刘知远犹豫不决。最后郭威与都押牙冠氏杨邠进见刘知远，并劝说他："现在人心不论远近，都不谋而合，希望您称帝，这是天意啊。您不趁这个机会取得天下，如果再谦让推辞，恐怕将来人心转移，反而会惹来祸患。"刘知远终于听从了他们。

后汉[2]天福十二年（公元947年），二月十五日，刘知远正式即皇帝位。刘知远自称不忍心更改后晋年号，又厌恶后晋出帝的年号"开运"，于是就沿用后晋高祖的年号"天福"，改称"天福十二年"。

相关链接

〔1〕刘知远：公元895年－948年，太原（今山西太原）沙陀族人，于公元947年称帝，建立后汉，是为后汉高祖。

〔2〕后汉：公元947年－950年，刘知远于公元947年建立，都大梁（今河南开封），历两帝而亡，为五代十国时期五代之一。

李守贞自取灭亡

李守贞跟随杜威投降契丹后又投降后汉，刘知远死后，李守贞自立为秦王，皇帝派郭威讨伐，郭威将他困在城中，李守贞最后因走投无路而自焚。

杜威投降契丹，后汉高祖刘知远称帝以后，就率领军队去讨伐杜威。杜威抵挡不住，最后投降了后汉。但刘知远并不信任他，临死的时候特意嘱咐："要小心防备杜威。"所以刘知远一死，后汉朝廷就找借口把杜威父子杀了。

后汉乾祐[1]元年（公元948年），后汉护国节度使李守贞[2]得知杜威死讯，心里害怕，暗中也萌生造反的念头。而且，他自以为在后晋曾担任上将，立下赫赫战功，平常又慷慨好施，颇得将士们的拥戴。现在后汉建立不久，皇帝年轻，刚刚即位，执掌朝政的都是资历较浅的后晋官员，所以有轻视朝廷的想法。

于是李守贞广招亡命之徒，蓄养不怕死的勇士，修筑城防工事，修治武器铠甲，日夜不停。又派人从小路携带蜡丸密信去勾结匈奴，多次被把守边关的官吏查获。

有一个叫赵修己的人，平时擅长卜筮预测之类的事，自从李守贞镇守滑州，他就署理司户参军，屡次跟随藩镇调动。

赵修己对李守贞说："时运、天命显示目前时机未到，请勿轻举妄动！"前后恳切劝谏了不止一次，李守贞不听，于是赵修己声称有病，返回家乡。僧人总伦，用他的法术讨好李守贞，说李守贞不听，于是一定会成为天子，李守贞就信以为真了。

曾经和将领们相聚宴饮，李守贞弯弓搭箭，指着《舐掌虎图》说："我如果有不平常的福分，就当射中它的舌头。"一箭射去，正中舌头，大家都向他祝贺，李守贞更加自命不凡。

恰好赵思绾夺取长安以后，向李守贞奉上表奏，献上御衣，要来依附他。李守贞认为这是天意与人心相契合，于是自称秦王。

后汉听说李守贞自立为秦王，就任命郭威为西面军前招慰安抚使，其他各军都受他调度，让他讨伐李守贞。

到了李守贞的大本营河中城下，众将想赶紧攻城，郭威说："李守贞是前朝的老将，勇猛善战，慷慨好施，屡次建立战功。况且城池又面临大河，城墙完好，坚固难攻，不可轻视。而且他们在高高的城墙上作

○品画鉴宝　维摩经变相图（五代）　图中文殊菩萨坐于宝台之上，双手作讨论状，正在大谈佛理。

战，我们在城下仰面进攻，这和带着士兵投进沸水或走上火堆有什么两样呢！

“不如先设置包围圈防守，切断他逃往外面的通道。我们暂且悠闲地享用后方输送来的物资，吃饱穿暖还有剩余。

“等到城中粮食吃完，公私物品也都用完，然后一面攻城施加压力，一面把绑上檄文的箭射进去招降他们。他们的将士急着脱身逃命，父子之间尚且不能互相保护，何况是乌合之众呢！”

于是郭威征发各州民夫两万多人，让白文珂等人率领他们，挖掘长长的壕沟，修筑相连的城堡，布置队伍，把河中城包围起来。

郭威又对部下说：“李守贞过去害怕高祖，所以不敢嚣张。如今认为我们从太原崛起，功劳并不显著，有轻视我们的意思，所以才敢于反叛。我们正应该将计就计，以静来制伏他。”于是把军旗、战鼓都收了起来，只沿着黄河设置“火铺”传递消息，绵延几十里，派步兵轮流守护。又调遣水军船只停泊在岸边，敌人有偷偷往来的，无不被抓获。这样一来，李守贞就像坐在罗网之中一样。

李守贞屡次出兵想突出长围，都战败撤回。他派人携带蜡丸密信向南唐、后蜀、契丹求救，也都被巡逻士兵抓获。城里粮食快要吃完了，饿死的人一天比一天多。

李守贞满脸愁云，召总伦和尚责问，总伦说：“大王应当为天子，别人不可能夺走。现在只是转折关头的考验，等到历尽这些考验，哪怕只剩下一人一马，也是大王腾达的时候。”李守贞仍然信以为真。

但此后李守贞仍然无法突破包围，而部下将士投降郭威的却越来越多。

乾祐二年（公元949年），七月十三日，郭威进攻河中城，攻克了外城。李守贞收集残部退守内城。后汉将领请求赶快进攻，郭威说：“鸟被逼到无处可逃时还会啄人，何况一支军队？把水抽干来抓鱼，有什么可着急的！”

二十一日，李守贞见大势已去，就和妻子及儿子李崇勋等人一起自焚而死。

相关链接

〔1〕乾祐：后汉刘知远的第二个年号，其子即位后继续使用。

〔2〕李守贞：？—公元949年，河阳（今河南孟县）人，本为五代时期后晋大臣、将领，后与杜威投降契丹。

马希萼举兵夺位

楚王马希广性格懦弱，他的哥哥马希萼富有野心。为了得到王位，马希萼投降南唐，带兵攻打马希广，登上王位后将他杀死了。

楚王马希广性格软弱，他哥哥马希萼[1]很有野心，与他争夺势力，兴兵打仗，甚至引来南方的蛮兵与楚王对抗。

后汉乾祐三年（公元950年），九月，马希萼认为后汉朝廷偏袒马希广，于是依附南唐[2]，被任命为同平章事。十一月，马希萼留下儿子镇守根据地朗州，然后动员全境人马，向长沙进发，并自称顺天王。

当初，有一个名为彭师暠的蛮族首领投降楚国，楚人嫌他太粗犷耿直，只有马希广爱惜他，任命他为强弩指挥使，兼任辰州刺史。彭师暠随时愿意以死报答马希广。

马希萼的手下朱进忠率领朗州军开到长沙的时候，彭师暠请求带领一支奇兵，绕到湘江西面，然后让大将许可琼用战舰横渡湘江，前后夹击，一定能打败敌人。

马希广本来想听从这个计策。但这时马希萼已派人用很好的条件引诱许可琼，答应事成之后，与他分享湖南。

许可琼有了二心，就对马希广说："彭师暠和梅山各族蛮人是同类，怎么能相信他的话？我家世代为楚国将军，我一定不会辜负大王。看他马希萼能有什么作为！"马希广听信了他的话，最终没有采纳彭师暠的计策。

结果马希萼很快率领四百多艘战舰停泊在湘江西岸。马希广命令诸将听从许可琼的节制调度，并每天赐给许可琼五百两银子。

马希广多次前往许可琼的营帐，与他商议军事，许可琼总是将营垒封闭起来，不让士兵知道朗州军的进退情况。马希广还感叹着说："这是真正的将军啊，我还有什么可操心的呢！"

有时候，许可琼夜晚乘坐单只小船，假装巡视江面，其实是与马希萼在湘水西岸会面，约定为内应。

一天，彭师暠见到许可琼，瞪大眼睛斥责他，然后拂袖而去，进见马希广说："许马琼准备叛国，人人都知道，请您迅速把他除掉，不要留下祸患。"

马希广说："可琼是侍中许德勋的儿子，怎么会做这样的事呢？"

彭师暠退下，叹息着说："楚王虽然仁厚，但当断不断，败亡之日很快就要到了！"

潭州下起大雪，平地积雪四尺深，潭州、朗州两军很久都不能交战。马希广相信巫师与僧侣的话，在江边塑起鬼像，抬起手做出让朗州军退兵的样子。又在高楼上制作巨大的鬼像，手指着湘江西岸，怒目而视。然后命令和尚们日夜诵经，马希广还穿上僧服向鬼像膜拜，祈求赐福。

十二月十一日，朗州军从水陆两路同时向长沙发起急攻。楚步兵指挥使吴宏、小门使杨涤互相勉励说：“以死报国的时候到了！”各自领兵出战。彭师暠则带兵在城东北角战斗。

许可琼先是按兵不动，继而率领全军投降马希萼，长沙沦陷。朗州兵和蛮兵在长沙疯狂抢掠三天，从楚武穆王马殷以来建筑的宫殿居室，全部化为灰烬，所积蓄的财宝也全部落入蛮族部落。

吴宏的袖子在战斗的时候沾满了鲜血，他见到马希萼，说：“不幸被许可琼出卖，今天虽然死了，也不愧对先王了。”彭师暠将长矛扔到地上，大呼求死。马希萼叹息着说：“真是像铁石一样坚强的人啊！”一个也没杀。

十二日，马希崇迎接马希萼进入王府治理政事，关闭城门，分头搜捕马希广等人，把他们全部抓获。

马希萼对马希广说：“继承父兄家业，难道没有长幼之分吗？”

马希广说：“我是被将官推举，受朝廷册命的。”马希萼把他们全部囚禁了起来。

十四日，马希萼自称楚王。

十五日，马希萼对将官们说：“马希广是个懦夫，过去只是被左右小人控制罢了，我想留他一命，可不可以？”将官们都不回答。

朱进忠曾被马希广鞭打，就回答说：“大王您经过三年血战才得到长沙。一个国家无法容纳两位君主，您若不杀马希广，将来一定后悔。”

于是将马希广赐死。马希广临刑之际，仍然口诵佛经。死后，彭师暠把他葬在了浏阳门外。

相关链接

〔1〕马希萼：五代十国时期南楚君主，楚王马殷之子，马希广之兄，曾任武贞节度使，负责镇守朗州（今湖南常德），生卒年代不详。

〔2〕南唐：公元937年—975年，都金陵（今南京），五代十国时期十国之一。

节度使周行逢

周行逢任武平节度使时，虽然公正廉洁，在政务上颇有作为，但同时也多疑残忍，杀害了很多人。他的妻子邓氏多次劝他，但他没有听从，邓氏便自己回到了乡下。

后周显德三年（公元956年），七月，后周世宗[1]柴荣任命周行逢[2]为武平节度使，并统辖处置武安、静江等地的军务。周行逢既然已经统管洞庭湖、湘江地区，于是就矫正前人的弊端，关心百姓生计，废除楚马氏政权的横征暴敛，除去祸害百姓的污吏刁民，选择廉洁公正的官吏担任刺史、县令。

朗州地区华夷杂居，楚国旧将大多骄纵横行，周行逢一律用法制管理，丝毫不宽容姑息，众人又是怨恨又是恐惧。

有位大将与他的党羽十几人共同谋划，准备发动叛乱。周行逢得知这件事情以后，就设宴招待众将，在酒席上擒获了这位大将，并列举他的罪状，说："我穿布衣、吃粗粮，充实国库，正是为了你们，你为何辜负我，想要谋反？今天的宴会，要与你诀别了！"当场把他打死。

在座的其他将领都吓得双腿直抖，周行逢说："诸位没有罪过，都该心安才是。"大家才高兴起来，又接着喝酒，直到散席。

周行逢足智多谋，善于发现隐患，将吏士兵有阴谋作乱和叛变逃亡的，周行逢事先一定会有所察觉，把他们捉拿斩首，因此部众对他十分敬畏。

但他生性多疑、残忍，经常派人到处秘密探察各州的情况。他派到邵州的人，没有情况可以报告，只好说刺史刘光委经常设宴饮酒。周行逢说："刘光委聚众宴饮，是想算计我吧！"立即把他召回，然后处死。

亲卫指挥使、衡州刺史张文表害怕获罪，请求解除兵权回归治所，周行逢批准了。张文表一年四季贡奉送礼，十分丰厚，同时小心侍奉周行逢身边亲信，因此得以免罪。

周行逢的妻子郧国夫人邓氏，相貌丑陋而刚强果断，善于操持生计。邓氏曾经规劝周行逢，说他用法太严，这样就没有人来亲附。

周行逢发怒说："你妇道人家知道什么？"邓氏心里不高兴，就请求到乡村草舍去看管田园，不再回归府舍。周行逢屡次派人接她，她都不肯回来。

一天早晨，她亲自带领家僮仆人前来交纳赋税，周行逢上前见她，说：“我身为节度使，夫人为何如此自找苦吃！”

邓氏说：“赋税，是国家的财富。你身为节度使，不首先交纳赋税，用什么去做下面百姓的表率！再说，你难道不记得当里正时替人交纳赋税，来免除笞打的日子了吗？”

周行逢想和她一起回家，她不答应，说：“你杀人太过分，我经常担心有一天会发生变故。如果那样，还是乡村草舍更容易躲藏。”

周行逢又惭愧又生气，他的僚属说：“夫人直言相劝，您应该接受。”

周行逢的女婿唐德要求补缺做官吏，周行逢说：“你的才能不配做官吏，我如今私下照顾你倒是可以的。但如果你当官当得不成样子，我不敢枉法来包容你，那样亲戚间的情谊就断绝了。”于是给他耕牛、农具，把他遣送回家。

周行逢年轻的时候曾经获罪受刑，在脸上刺字，然后被发配辰州。有人劝说周行逢：“您脸上刺有字，恐怕会被朝廷的使者嗤笑，让我用药帮您除去吧。”

周行逢说：“我听说汉代有个黥布，脸上也刺过字，但并不因此妨碍他成为英雄，我又何必为此感到羞耻呢！”

周行逢管辖的地区里，积累功劳的将领官吏，或者受到优待的蛮夷部落首领，经考核后，加封得到司徒、司马、司空三公头衔的数以千计。

以前的天策府学士徐仲雅，自从楚王马希广被废黜以后，便闭门不出。周行逢仰慕他，让他代理节度判官。徐仲雅说：“周行逢昔日在我手下做事，我怎么能做他幕下的官吏！”因此借口有病不接受任命。周行逢强迫征召，当面授予任职文书，徐仲雅最后还是推辞不接受。周行逢发怒，把他流放到邵州，不久以后又把他召了回来。

正好碰上周行逢的生日，各州镇分别派遣使者表示祝贺。周行逢神色很是骄傲，对徐仲雅说：“自从我兼管武平、武安、静江三镇，四方邻居也都害怕我吧？”

徐仲雅说：“您所统辖的境内，满天太保，遍地司空，四方邻居哪能不害怕呢？”

结果周行逢又把他流放到了邵州，但是最终也没能让他屈服。

有一个叫仁及的和尚，得到周行逢的信任，军府的事务都让他参与，并让他做官，还授予他检校司空。仁及娶了好几个老婆，出入开道的排场如同王公一样。

相关链接

〔1〕周世宗：公元921年－959年，名柴荣，后周太祖郭威的内侄，为其养子，邢州（今河北邢台）人，公元954年继郭威之位为后周皇帝，庙号世宗。

〔2〕周行逢：公元916年－962年，朗州武陵（今湖南常德）人，五代时期为后周节度使，后事北宋，死后追封汝南郡王。

○ 品画鉴宝

调马图（五代）赵洮／绘　图中马夫所牵之马，白地黑花，高颈昂首，体态纵恣，系大宛名马。图中景物虽简，但一索牵连，人与马的神态跃然于绢素之上。

钟允章一语累二子

钟允章因为建议南唐后主刘继兴诛杀奸臣、整肃朝纲，遭到宦官等人的嫉恨，他们便合谋诬告钟允章谋反。钟允章得知自己将死时，请求他们放过他的两个儿子，但他们把钟允章的儿子也杀了，以达到斩草除根的目的。

南汉[1]后主刘继兴因为中书舍人钟允章是自己当太子时藩王府里的旧官，所以提升他为尚书右丞、参政事，非常器重他。钟允章请求诛杀几个扰乱法纪的人，以整肃朝纲，刘继兴没有听从。

宦官们听说此事，就对钟允章怀恨在心。刘继兴准备在圜丘祭天。祭天的前三天，钟允章带领礼官[2]登上祭坛，指挥他们安放神位。

内侍监许彦真看到这些，说："这是要谋反啊！"立即带剑登上祭坛，钟允章当场斥责了他。于是许彦真骑马飞驰入宫，告发钟允章想要在祭天的那一天造反。

刘继兴说："我对待钟允章那么优厚，哪里会有这样的事情！"玉清宫使龚澄枢、内侍监李托等人共同作证，证明许彦真的话是真的，于是刘继兴下令逮捕钟允章，把他关押在含章楼下，命令宦官和礼部尚书薛用丕一起审讯他。

薛用丕平时与钟允章关系很好，就告诉他一定免不了一死。钟允章抓住薛用丕的手，流着泪说："我今天就好比砧板上的肉，被仇人煮熟了也是分内应该的。只是遗憾儿子钟邕、钟昌年纪幼小，不知道我的冤屈。等到他们长大，你一定要替我告诉他们。"

许彦真听说后，大骂说："反贼还想让他的儿子报仇吗？"

于是再次禀报刘继兴，说："钟允章与他的两个儿子一起登上祭坛，私下祈祷别的东西。"于是钟允章的两个儿子也被一起斩首。从此，南汉朝廷的宦官更加骄横。

相关链接

〔1〕南汉：刘隐（公元874年－911年，祖籍河南上蔡）所建，曾称大越国，都番禺（今广东广州），盛时面积达今广东、广西两省全部及云南省的部分地区。

〔2〕礼官：古代指宫廷掌管礼仪的官员，后来成了一种泛称，指在红白之事等重大事件中主持、宣导礼节的人，现在又叫礼生、司仪、主持人等。